國家社科基金重大項目（10&ZD104）

上海師範大學古籍整理研究所編
項目首席專家、主編　戴建國
主編　朱易安　傅璇琮　周常林

国家出版基金项目
NATIONAL PUBLICATION FOUNDATION

全宋筆記

第八編

八

大象出版社

顧　　問　王水照　朱瑞熙　徐　規　李裕民

項目首席專家、主編　戴建國

主　　編　朱易安　傅璇琮　周常林

編纂委員會（以姓氏筆畫爲序）

王劉純　朱易安　李亞娜　周常林　俞　鋼　查清華

徐時儀　陳　新　張劍光　傅璇琮　虞雲國　戴建國

目録

〔宋〕晁迥 撰

昭德新編

夏廣興 整理

點校説明

《昭德新編》三卷，晁迥（九五一——一〇三四）撰。迥字明遠，生平事蹟已見《法藏碎金録》點校説明，《宋史》卷三〇五有傳。

晁迥爲著名的文學家，幼受學於王禹偁，《宋史》本傳評曰：「迥善吐納養生之術，通釋老書，以經傳傅致，爲一家之説。性樂易寬簡，服道履正，雖貴勢無所屈，歷官臨事，未嘗挾情害物。」真宗數稱其爲好學長者。

《昭德新編》爲其晚年所作，因居昭德坊，故以此爲書名。據《四庫提要》，此書得於丹棱李燾。迥五世孫溯，廣羅家中所藏，是書遂傳於世。歷代有多種刊本、抄本，有二卷本、三卷本之説。

《昭德新編》以儒、道、釋三位一體的理論出發，從人與生存時空、琴心酒德、爲善而善、自覺至智、閑靜寂照五個方面，勾勒了晁迥的人生觀。

此次整理，以文淵閣四庫本爲底本，校以南京圖書館藏明刻本。四庫本分上下兩卷，明刻本有上中下三卷，其下卷爲四庫本所無，然其體例與前二卷有異；其間關係不明。此次整理據以收入，重新編次爲上中下三卷。

原序

予嘗歷覽古賢風烈，子劉子唐劉禹錫有云：「讀書三十年，百慮而無一得，然後知世所謂無非畏途，唯出世間法可盡心耳。」繇是置几案者，皆旁行四句之書；備將迎者，多赤髭白足之侶。深入知地，淨通還源，客塵觀盡，妙氣來宅。予服勤斯言，景行先哲，而能和長者之論，蹈高世之行者，則見之於故太子太傅文元晁公。一日具手疏，談向來道義，繼以所著《昭德新編》三策相示，且曰：「非尚辭華，多存勸戒，止述大意，勿用虛飾。自爲冠引，申明篇旨，俾之別敘芳篗，用施華槧。」嘉故人之雅意，遘仍歲之多疾，文方嗟於將落，公倏悲於先露，追惟疇昔，泫然流涕。今里中多暇，一發珍蘊，復雪塵慮，翫繹辭理，有如子劉子焉。近之者則薰服乎椒蘭之媚，法之者則性靜乎龍鯢之淵。將廣布傳，諒資探擷，思其人不可得而見矣！今翰林公以懿文華國，登鸞鳳之署；榮於世官，以淡水論交。挺金玉其相表於風俗，懷先正緒餘之感形尺牘。欵密之情，勉從踐言，無爽修許云爾。時皇宋景祐三年七月一日，李遵勗序。

後序

愚嘗汎覽前史，見有老而好學者，知其性之所樂也。今記憶其一二焉，因直書之。蜀向朗少時涉獵文學，潛心典籍，孜孜不倦，年踰八十，猶手自校書。南齊沈麟士少好學，及長隱居，年過八十，耳目猶聰明，手自抄寫細書，時人以爲養身靜默之所致也。後魏高允少孤，夙成有奇度，好文學，年九十餘，誨人不倦，手常執書，吟詠尋覽。愚竊不揆，因而省己，自筮仕及致仕越四紀，自未冠及大耋越五紀，而閑居已久，年踰八旬，從昔至今，苟未有故，未始一日廢觀書、弄翰之學，絶無餘好，性自然也。第寒迹孤進，禀賦愚直，猥以薄藝，幸會清世，策名委質，自結明主，綿歷兩制，逮事三朝，進退以禮，榮願滿足。揣循愧惕，久於尸素，無功以利國，無德以惠人，深思立言，庶幾補過。今故旁求内外經典中事，並耳目思慮所及之事，非爲屬辭充筆苑，會友資談柄，直以積學歲深，晚節感悟，諸緣悉備，難得易失，浸加衰朽，不可虚過。切欲於古聖教法中，力行萬分之一，覺利及他亦如之。竊詳東魯之書文而雅，垂爲格言，簡淡隱微，不可以洞曉；西域之書質而備，充於大藏，重復浩博，不可以周知。故此五説，酌中而作。夫信士屬意而有福慧二業，慧業可以登妙道，此則別論；若欲勤修福業，結人天之勝緣，即此五説，最爲精當，事貴洞曉是也。

釋氏經典其説甚明，惟許作正觀，不許行邪道，敏識之士固當知之也。老馬之識，猶可使導人以歸路；老人之語，豈不能曉人以知方？敢告英妙，慎勿輕蔑！噫！棟宇宏壯，居之者當知經構之勞；品味豐潔，食之者當知烹造之勞。區區采述，其勞亦爾。流布心術，以代面談，不在乎文，而在乎意，意之所至，斯可見也。彭門晁迥。

目録

卷上

新新理説序

愚以引年退居，杜門佚老，日開書帙，甘味道腴，觸緒，油然發爲辭句。雖涉真性之外事，斯蓋宿習之勝緣，乘興而書，興盡而止，潦倒踈闊，不切才情，鋭思鉤深，時得新意。意之所立，獨謂當然，大率己心多以道勝爲主。今復就而詳擇，取其不甚駭衆者，雜而録之，凡一百六十七條，目之曰「新新理説」云爾。

一

晉羊祜起平吴之策，而議者多不同，祜歎曰：「天下不如意，常居十七八。」又唐權德輿《古興辭》有句云：「沈憂戚戚多浩歎，不得如意居大半。」愚因知世間事差别齟齬，自古而然，率以爲常，夫何足怪？

古人有琴心酒德之言。愚謂閑邪納正，宣和養素，以此爲琴之心也；無思無慮，其樂陶陶，以此爲酒之德也。二者深趣，誠足多尚，然必因物自娱，可得而言也；至若無所思之心，無所得之德，不假於物而恬愉美妙，不可得而言也。

愚之至願，酷愛天馬行地之駿也，旦刷幽燕，晝秣楚越；又愛鯤魚乘流之迅也，朝發崐墟，暮宿孟諸。雖愛其如是駿、如是迅，自勵進速，不望處世而乘亨衢，唯望出世而登妙道也。

必然之期，素定之分，謂之命。其理自然謂之天命，知識此理謂之知命，委順此理謂之委命。命與情兩不相制，而於命中起一切之情，徒自苦耳。能不爾者，謂之達人。

上德至人之心理有四大：清而容物，豁然如大空，群有不能礙；明白四達，皦然如大明，五翳不能障；中立不倚，崎然如大山，八風不能動；寂湛生光，晏然如大海，萬象不能隱。四者備矣，此名自覺聖智境界。

夫人之在道，如魚之在水，得水即活，失水則死；人順道則吉，違道則兇。此皆必然之理。故曰：「魚相忘於江湖，人相忘於道術」，造極之語，信而有憑，苟能涉道深廣，則不屑求於人矣。

學日益之道，譬如習射，非於一日之内便得箭箭中的。學日損之道，譬如習馭，非於一日之内便得步步如意。有應未應，此理當然；或順或違，其事各別；無煩過悔，姑務漸成。

有一徑直簡當之論：不煩養身，但勿縱外物來傷；不煩修心，但勿縱外事來傷。守之有常，爲法中王。

今之三教雖分明，立相有所不同，其實都是道也。故儒書《禮記》云：「天命之謂性，率性之謂道。」道書《老子》云：「道可道，非常道。」佛書《華嚴經》云：「如來自在力，無量劫難遇。若生一念信，速登無上道。」此各舉一端，其諸類例抑亦多矣。

孔子曰：「朝聞道，夕死可矣。」愚謂此言處世之道也，因而別得新意。設使有人學出世之道者，聞而復思，思而復修，日月歲時，相繼不已，比夫朝夕之促，不亦多乎？比夫不及思修，不亦幸乎？是知雖在暮年，學道必爲殊勝，若少年能爾，又何以加焉？

諺曰：「揚湯止沸，不如散薪。」愚因擬之，別爲偈句曰：「制心息慮，不如簡緣。」

唐獨孤及《送李白序》有語云：「才全者無虧成，志全者無得失。」愚愛之重之，因而比擬，別爲偈句云：「道勝者無窮通，智勝者無憂喜。」

晉樂廣以王澄、胡母輔之皆任放爲達，廣曰：「名教内自有樂地，何必乃爾？」愚嘗出其意表，復繼之以言曰【一】：「清靜内自有樂地。不得同日而語矣。」

公孫鞅初見秦孝公，爲談帝王之道，公則睡而弗聽；後談霸强之術，則不覺膝之前席。魏文侯端冕而聽古樂則唯恐卧，聽鄭衛之音則不知倦。今人聞説仁義之道，世間法也，已不樂聞，而况道德之士、理性之論，糠粃仁義，宜乎懵然不知也！

古德云：「能忍於事，謂之有力大人。」愚以爲能達於理，謂之有智大人；能遣於情，謂之有斷大人。

【一】復繼之以言曰　「繼」原作「維」，據明本改。

古人憫乎執炙者，終日執之而不知其味，因與啗之，其後報恩焉。愚亦憫乎誦經者，終日誦之而不知其義，因與説之。爲惠之大則與錫炙不同，若能感悟，其可忘此恩乎？

效官者嚴明公正，人不敢干以私，必然矣。學道者純直堅固，物不能惑以邪，亦如之。學道之人，當務深居絶跡以成二妙【二】，先當安置其身，深居絶跡，世俗不能見之，一妙也；又當安置其心，深居絶跡，鬼神不能見之，二妙也。此二妙者次第愈難，於難而能者，得道必矣。

身老浸衰，理之常也。心老浸高，道使然也。身相人可見，心相人不知。

夫曲終而奏雅，猶勝終不變其淫聲；年老而修善，猶勝終不改其前過。

賢人君子但能持二種勝心，亦不可多得矣。俗心則義勝於利，真心則性勝於情是也。

愚夙慕白樂天之爲人，雖才識不逮乎樂天，而志願閫域，其殆庶幾乎？樂天有《新製布綿裘詩》，其末句云：「安得萬里裘，蓋覆周四垠。穩暖皆如我，天下無寒人。」愚有《擊壤辭》，其末句云：「安得大金柅，制彼日月輪。免同流水車，今人續古人。」

觸情之境，直視爲空，情未能空，所應如響，響應即止，豈復有餘？情之不留，亦當如是。此一法者，至簡至奇。難然能然，乃妙中妙。

《書》云：「責人斯無難，惟受責俾如流，是惟艱哉！」愚因擬之，就改兩字，别立意

【二】當務深居絶跡以成二妙「二」字原缺，據明本補。

云：「教人斯無難，惟受教俾如流，是惟艱哉！」前言謂改過之人也，此言謂學道之士也。

愚思至理有三勝：力勝者，可以舉大器；智勝者，可以斷大事；志勝者，可以適大願。愚既愚且老，智、力二勝，素非所能，志勝之一期乎適願，不敢廢志，所謂志於道者是也。

老子教人「知止足、驚寵辱」，莊子教人「齊物理、和天倪」，非權教，是實教，深識之士，必以爲然。

古教以踐言爲信，愚好踐意爲信，行之雖未多，亦嘗行之矣。何謂也？意之所及，未始輕許於人，懼口惠而實不至耳。踐言之信，當如子路無宿諾；踐意之信，當如季札掛劍之類是也。

萬物空，萬念空，萬事空，萬世空，唯有一不空爲四萬空之主，自古以來，人日用而不知者多。

羿、基之矢，百發百中；和、緩之藥，百法百用。愚之立意，亦欲盡妙；愚之立言，亦欲百辭百要。區區之心，務乎破苦的，療迷病，其理一也。

《曲禮》曰：「博聞强識而讓，敦善行而不怠，謂之君子。」《莊子》曰：「以仁爲息，以義爲理，以禮爲行，以樂爲和，薰然慈仁，謂之君子。」愚據此儒、道二書各言君子之事，人能兼而有之乎？人能得其少分乎？稱君子者，不亦難乎？

常人發意，率多妄想，不名實想；　常人發言，率多戲論，不名至論。　能反是者，非常人也；　若能自得於言意之表者，又於非常人中非常人也。

物生而後有象，象而後有滋，滋而後有數，是知萬物皆有數矣。　夫人以有涯之數，而營無涯之事，多見其不知量也。

「天地之大德曰生」。　生者死之根，一死而不可見，故智者盡心焉。

老子曰：「名與身孰親？」愚因而展轉別得新意，而自言：「身與心孰親？心與性孰親？」若有人極深研幾，貫徹洞密，臻乎理性之妙，然後知甘蔗氏之法，味漸入真境也。

嘗見前輩有詩句云：「但知行好事，不要問前程。」誠如是言。　夫君子第專修名節，不必專求所利，且顧名實相稱，不可與愚俗雷同，反自虧損。　而況爲美事，必然有美利。

言有是非，口之過也；　意有愛憎，心之過也。　自疎及親，次第化服，入道之理，孰曰無階？

處世仕宦之人，有進有退是也；　越世高尚之人，有退無進是也；　出世超絶之人，有進無退是也。　此明大意，不復具陳。

過去無始，生滅常爾；　即今非堅，生滅自然；　未來無終，生滅何窮？既能知之，不當戀厭；　有戀有厭，盡爲障礙；　無戀無厭，是名逍遥。

《論語》云：「父母之年，不可不知，一則以喜，一則以懼。」愚因擬之，別作四句云：

「形神之候，不可不知，一則勿喜，一則勿懼。」何謂也？夫學道之人，當知形是空相，隨氣運而終衰；神是實相，得沖和而必盛。盛而勿喜，避客氣而養恬；衰而勿懼，悟幻質而成覺。

曲士所見大概頗同，或觀像貌而爭論，二字去聲。或聞言語而爭論，或臨文字而爭論：三者皆虚妄矣。不到真實之處，真實之處無可爭論，此理尤難和會；須得有自然智，入無師覺，始可爲愚莫逆之交。

教文中有語云：「鞭心入裹。」愚愛此四字，有如莊子所説「鞭羊著群」之意，彼以養生而設喻，此以入道而爲言，攝念歸真，其法當爾。

學世間法致人倫欽服者，其道淺；人倫不知者，其道深。學出世間法致鬼神欽服者【三】，其道淺；鬼神不知者，其道深。

《論語》云：「君子憂道不憂貧。」愚以爲何必患於貧，貧乃士之常也。是以賢人，人不堪其憂而獨忘憂。道則須求，道乃理之善者也，是以聖人，人謂無所得，自謂有得。

見天機者，必因根本智、自然智，成妙道者須得法，忍力勝定力。此語至當、真學乃知。

三教利益，大約體同，不必須歸局分，妄稱彼我。愚於保身之要，嘗究嵇康《養生論》，此乃儒家之文也，非求術於鍊丹道侶。又於清心之要，嘗究李翺《復性書》，此亦儒

【三】學出世間法致鬼神欽服者　「出」字原缺，據明本補。

家之文也，非傳法於擁毳禪師。苟未該明，則多滯固。

道則須臾而不離，靜則刹那而可貴，仁則造次顛沛必於是。古聖賢之言，意何如哉？噫！學道、習靜、修仁，此三者安可怠忽？

唯道可信，觀錬薫修。入無有之鄉，吾其逍遥；到自得之場，吾其優遊。知我者謂我馴柔，不知我者謂我何求。

一氣未判，萬物未生，名曰混沌；一念不動，萬緣不起，名曰禪那。故須達本識先，方可棲真入道。

學多增智，定勝成功，至理所歸，此言居最。

素王及隱君子之書，多涉外事，明在世智，而在人言意之内。古先生之書，多涉内事，明出世智，而出人言意之外。此二者，亦可見其聖神分限。

夫歆然之欲，慽然之忿，隱然之憂，皆逆道心，於道爲損；翛然自得，怡然自適，恬然自息，皆順道心，於道爲益。去彼取此，服之無斁。

《酉陽雜俎》中有辭句，題曰「閑中好」，其第一首云：「閑中好，盡日松爲侶，此趣人不知，輕風度僧語。」愚因擬之，別作一首，名曰「靜中好」，其辭云：「靜中好，冥心歸宴寂，齋己不虚吟，靜是真消息。」

學而成道，始終四法：閑、靜、寂、照是也。先以智斷一切事皆空，盡撥去外，方得身心閑。閑而後能靜，世間境界可得而言也，可得而至也。寂與照，出世間境界，不可得而言也，不可得而至也。至而當自知，言之不能及。

具信根之人，先有信心，後有深心，所以於道彌近。不具信根之人，先有戲論，後有爭論，二字並去聲。所以於道彌遠。順違向背，其理如此。

民之行法，行，音德行之行。剛柔以合理，勤儉以足用，止於此而備矣，可以爲良民。施之於士，士有百行，亦宜包此，可以爲良士也。

法相之學，習氣未已，若論至當，唯有窮理盡性以爲觀，澄神定靈以爲止，二者足矣。

舊説云：「凡言合聖道。」信有之矣。俗語云：「言多傷行，食飽傷心。」愚知此意，從正經根本中來，變雅成俗耳。《周易·頤卦》象曰：「君子以慎言語，節飲食。」此是根本之言也。

《莊子》云：「嗜欲深者天機淺。」愚因别立一句以擬之，云：「障礙多者道眼喪。」

一真本無，自無而有，有萬靈，分萬類；一心本靜，自靜而動，有萬念，成萬事。還源返本，謂之妙一。

愚嘗自省尚有微細勞擾之事焉，目有觀書究理之勞，心有立言助化之擾。此二者，在無爲法中爲動相，在有爲法中爲善緣，蓋由積習而然，未能頓除者也。

愚詳觀字之法有其二焉：觀照之觀，去聲並同。此乃燭理之妙智，學法者用必居先。

觀想之觀，此乃小根之權術，結想爲化，只會三歸一之階漸耳，上根大達者，不必用之也。道家者流，多存想成物，過當則入邪，皆屬有爲之法，愚所不取。

天地間有形而無靈者，有靈而有形者【四】，統而言之曰萬物也。靈之又靈，而形肖天地者，謂之人倫； 人倫賦象者，無邊無數，其中有英、妙二識焉。英識者秀出人倫，有處世之識而入於塵，已不可多得； 而妙識者，又秀出英識，有出世之識而入於神，尤不可多得也。

世間法妄生分別，種種名相，若以實際照之，都是一大虛妄。作是觀者，名爲達觀。人倫大概之理，應緣而生，隨類而化，觸境有惡欲，惡字音汙。係情有憂喜。若以道眼諦觀，斯皆真性之塵垢也。

《詩》云：「雖有兄弟，不如友生。」愚以爲誠哉是言也！夫兄弟雖親，或有鬩墻尋戈之釁； 朋友雖疎，或有同方莫逆之契。而況以至真之道相知者，其可忽之乎？

莊生有言云：「死生爲晝夜。」愚因獨斷其事云：晝夜雖殊，都在十二時之數也； 死生雖殊，都在三世之數也。常晝不夜，必無此理； 長生不死，其可得乎？是故達人混然一致。

人無古今，不可榮，不可陋； 性有智愚，□□有。可移如此，相知□難深此章疑有缺文。

古人戒筮數占夢，不許無疑而問卜。愚達此旨，蓋緣習性過多，一則入邪見，一則稔

【四】有靈而有形者　明本作「有形而有靈者」。

貪心也。

觀惡德，當如惡物而去之； 觀美德，當如美物而取之，此乃己之美利也，而多不然。豈非歷劫以來，習成顛倒之想乎？

晉陶侃在荆州日，無事輒運百甓於齋外，暮運於齋内。人問其故，答曰：「吾方致力中原，過爾優逸，恐不堪其事。」又常語人曰：「禹聖者【五】，乃惜寸陰，至於衆人，當惜分陰。」愚詳侃之志力精勤，而能建功名、升爵位，有之矣。此乃世間之事，可思議耳； 若有人移其志力以求出世之事，此不可得而思議也。

漢桓譚欲借班嗣《莊子》之書，嗣不許而報云：「吾子既繫戀於世教矣，何用夫道？」晉陶侃又謂：「《莊子》非先王之法言。」夫陶、班二賢，所見不同，蓋其適用有倫類，致意有分限，未可輕議其取舍。愚能唯變所適，無可無不可。

《坐忘論》云：「舊緣漸斷，新緣莫結。」愚謂學道之士，固當然也，猶以爲該明未盡耳。夫累身新緣，則宜勿結，結之則塵勞羈紲； 入道新緣，豈宜勿結，勿結則勝因斷絶：二者不同，在乎區别。

唐賢文章，有狀其法門之語者，精雋殊絶【六】，愚嘗耽味久之，因而比喻：夫古聖經論，有如具陳品物，唐賢文章，有如用其品物，造爲珍膳，得而食之，不亦幸乎哉？

愚老矣，日進妙道，唯守二法，可以足用： 存靈明之心，期乎長不昧； 習安住之心，

【五】禹聖者　「聖」明本作「舜」。

【六】精雋殊絶　「雋」原作「集」，據明本改。

期乎永不動。此外世故變移，物情差别，自古而然，不能顧問之也。

俗語云：「匹上不足，匹下有餘。」愚詳此語，亦是變雅成俗耳。其根本出於晉張華《鷦鷯賦》，賦中有語云：「陰陽陶烝，萬品一區；巨細舛錯，種繁類殊。鷦螟巢於蚊睫，大鵬彌乎天隅。將以上方不足，而下比有餘。普天壤以遐觀，吾又安知其大小之所如？」

《論語》所云「子絶四」，愚因推而演之，明其大概：夫毋意、毋我，謂其以道爲度，無縱越逸之情也；毋固、毋必，謂其唯變所適，以備周圓之智也。苟有執其舊語，斯則名爲豎儒。

漢班嗣有言：「莊子獨師友於造化。」噫！愚未能然，但師友古聖賢爾。每覽前言往行，布在方策之善者，竊忻慕之，而克己踐履，冀少分焉。不求名，不求福，庶乎内無深愧而已。

夫隱君子之道，淡乎無味，古先王之法，妙而難思。愚於無味而得味，難思而能思，所以三徑就荒，絶來賓之迎送；九陽奮發，不駕言而出遊，恬然塊居，怡然自適。

世間之法，順理而動，鮮不成；逆理而動，鮮不敗。出世之法，順理而動則符會，逆理而動則違礙。此直言大概爾。凡諸委細，智者詳而行之。

昔孔墨車不停軌、駕不俟旦，力行化導，不求名利，爲立名教。今老先生手不釋卷，筆不停綴，多所采述，亦不求榮利，爲明心法。自用自知，有如此者。

人或情之鬱結，原至理以發之，有時覺理道之勝，其情開釋而恬愉也。人或氣之逆滯，服名藥以攻之，有時覺藥力之勝，其氣消融而和暢也。學人漸修之法，固當如是。

夫陸行緣崖谷，同途者視險易，而醉不如醒；水行冒風波，同舟者共安危，而醒不如醉。智人處世也，外釋利，內忘憂，當思此法。醉墜者身不傷，比夫專氣致柔，此則爲假也；病忘者心不亂，比夫坐忘遺照，此亦爲假也。假猶若是，而況真乎？

文中子有言曰：「通變之謂道，執方之謂器。」又曰：「通其變，天下無弊法矣；執其方，天下無善教矣。」愚以爲通其變者，周萬物之大智也；執其方者，守一隅之小智也。故先生以通字爲名，愚知其才與智、名與迹咸相應也。

文中子《中説》云：「子讀《無鬼論》，乃曰：『未能知人【七】，焉知鬼？』」愚詳此言，有以見此書葉得中之説，不以無鬼爲然者，恐違《繫辭》有云：「知鬼神之情狀。」且必知晉阮瞻著論而親經鬼，證其論不勝，若執以爲無，是令人入斷滅之見。又不言有者，恐涉《論語》語怪之事，令人起幻惑之心，此頗與孔聖意同。先生儒宗之宏達者，後人發言肆意，豈能出先生之域？

愚有所得，嘗試陳之老子云「知足不辱」，莊子云「佚我以老」，言念克諧，式符久禱，日省已往之非，馴致未來之道，自天授之，永以爲寶。

【七】未能知人　《中説・王道篇》作「未知人」。

鋭智鉤深以窮理，漸見理多而有餘；泯相歸真以盡性。未到性空而無餘，若到性空，其道成矣。

事有二如意，人多願外如意，罕有願内如意。此理可以智取，不可以言及。

究觀萬化，不測者靈，靈而形，形而情，情而聲，聲而名。覺而唯識者，混而爲一；覺而唯智者，莫之與京。至凝至融，其道大成。

愚今於儒書經史中兩處，各取四字一句，以爲精修勝進之法。《周易》文字中取「閑邪存誠」四字，《後漢書》文字中取「清心釋累」四字，依言入理，可以足用矣。智者詳之可也。

或問愚曰：「先生深居不出，何以自娱？」愚對曰：「嘗聞逸士隱身，止依蝸舍；高僧送客，不過虎溪。駕言寫憂，愚無此意。」

古今名賢多好讀老、莊之書，愚知大意，以其於無爲無事之中，有至美至樂之理也。

愚於三教，自得三全。三全之説，儒教本法，務在言行相合，以全其名；道教本法，務在神氣相合，以全其形；釋教本法，務在理性相合，以全其靈。大率如此，無煩具陳。

蜀丞相諸葛亮與李豐書云：「思道則福應，自然之數也。」余今采而書之，以爲法言。

愚有二好，非因外獎：好濟其困苦而不求福報，好遵乎善道而不求人知。

老子曰：「五色令人目盲，五音令人耳聾，五味令人口爽。」愚因言見意，雖聖人矯激太過，而善利之心極於深切。人能不耽耳目之娱，不縱口腹之美，勿問有得，決定無失。

天時、人倫、形器，此三者，愚觀其勢數，皆於四也定矣。天時則春夏秋冬，人倫則嬰壯耄終，形器則成住壞空。此三者之好乃瑣瑣者也。若於其中有一枉用智力，保無變衰，愚不信也。

上智之士，有如刷燕秣楚之神駿，指鄭麾晉之利刃。以此駿利，學出世法，何所不可？

愚有二大順：外順世間法，無所礙；內順出世間法，無所違。內外無違礙，强名大自在【八】。

古德有云：妄執有爲之法，名爲邪見；若遂落於空，亦名邪見。唯不有不空之理，須是自然明了而符契之，不可以筆舌縷陳也。於事得自在，故曰「無可無不可」；於道得自在，故曰「無爲無不爲」。何必多言，率由深智。

身從造化而有不可盡如意，事從因緣而亦有不可盡如意。遇樂貪樂，遂荒於樂；遇苦患苦，重增於苦。觀照裁處，名具足智。

一氣暫聚，萬緣皆空，身與事何所有哉？此智斷之道也。深入實相，安住妙境，志與行不可無之，此力致之法也。非此二者，愚將疇依？

愚謂：耀其心者致其昏，冥其心者存其明。明極見妙境，昏極落諸趣，必然之理也。

【八】强名大自在　「名」原作「人」，據明本改。

學道之人，其智明了，其行真正，其斷果決，其志堅久，相資而進，何往不到？

氣質有衰，物數之常也； 靈明不昧，天真之本也。 知常達本，始可與言道已矣。

入道之法，隨用有説，因理著名。 愚究其極，皆須不取，相不留迹，方臻妙處。

愚謂： 屏迹絶交遊，則輩流不能加其是非； 攝心入虛無，則鬼神不能窺其朕兆。 退藏於密，故幾於道。

愚所讀莊老之書，各得一法。 讀《莊子》得身心虛閑，以自放曠，既優既遊，一如不繫之舟； 讀《老子》得質性渾粹，以自鎮静，匪雕匪斲，又如無名之璞。 所得如此，人其謂何？

愚以爲自得則象前言智，老子云： 「吾有大患，爲吾有身，及吾無身，吾有何患？」愚因則而象之，自立言曰： 「吾有大慮，爲吾有心，及吾無心，吾又何慮？」噫！ 身心之累，其唯患慮乎？ 若得身心無患慮，乃爲出世之人也，故莊子云「有大覺然後有大夢」也。 註云： 夫人大覺者，聖人也，大覺者乃知。 夫患慮在懷者，皆未寤也。

漢班嗣答桓譚書云： 「夫嚴子者漁釣於一壑，則萬物不奸其志，棲遲於一丘，則天下不易其樂。」愚嘗自謂： 「得則象智，因復則而象之，以言己之所趣云： 『安身於一空，則百空不可易其居； 安心於一法，則萬法不可奪其志。』」

士有清遠絶奇之行而能越世高蹈，不嬰患累，有如鴻飛冥冥、鳳翔千仞者，已不可多得。或於其中更有正真明微之見，而能窮理盡性，別見志趣，猶獨象無侶，龍乘風雲者，豈可以世智評品哉！

情以理奪，事以道應，彼之違負，是彼之非，不當駭歎。己能不然，己則無咎，反成道勝，又何不足之有？

夫人分一元之氣，有形而成身；分一真之精，有識而成心。故曰：精氣爲物，物極則反，復歸無物；故曰：遊魂爲變，强名生死，何有彼我哉？

愚以晚年之心，入道彌切，觸目會意，皆得法門。夫注水入瓶者，器漸深則無聲；炷炭入爐者，火漸熾則不動。禾穗漸重則低垂，樹果漸熟則甘美。因而成法言以自規曰：觀水觀火，觀穗觀果，此法漸修，理無不可。

莊子云：「薰然慈仁，謂之君子」。又云：「能體純素謂之真人。」愚謂人能外量己力隨分，慈仁及於物；內求己志隨分，純素存乎心。得與君子、真人爲徒，不亦善乎哉？

愚嘗諦思養身之法：隨分多少在乎動，導引是也；養心之法，隨分多少在乎靜，宴息是也。此亦自是動靜交相養之一說也。

教中之語有云：「大達大觀，大慧大覺。」如此之類，非垂空言，非樂小法，體此存誠，不可輕廢。

觀煉恬虛之法，善入無爲；詳求保養之方，永錫難老。二者之外，愚不知也。

莊生之旨謂：附贅懸疣以爲形之累，決疣潰癰其苦乃盡。愚謂：執身有我以爲性之累，空蘊無礙其樂自生。觸類明理，固當如是。

愚謂：動心之勞不如息心之逸，多聞之惑不如獨覺之得；但能觀照入理而不失其正，融練臻極而不住於相。如此足矣，更復何求？

歷年增高而年顔衰，入道彌深而道心盛，此理必爾，何煩詢求？愚今則然，勿憂有喜。

利物者不期於福而福自應，學法者不期於慧而慧自證。故愚不忘修詣，不著希求。

《莊子》云「聖人休休者」，愚以此爲合乎道也；「吉祥止止者」，愚以此爲道之應也。愚但見讀《莊子》者有之矣，而未見有得意而演之者也。

愚讀《易》，愛「鉤深致遠」凡四字，因而點化敷演以自明其志云：「鋭於求智，如專釣之釣鉤重淵之深；力於行道，如專馭之馭致千里之遠。」

唐白居易有詩云：「當壯已先衰，暫泰還長窮。」此嘆天均之薄也。漢馬援有語云：「窮當益堅，老當益壯。」此圖世間之事也。愚身雖老，不覺在己之衰窮，而覺康泰之慶幸；愚心益壯，不圖世間之事，而求出世之道：自謂所得多於昔賢矣。

依於外踈遠之事，迷者之心也；依於内親近之事，悟者之心也。智斷已定，復何疑乎？

動中有靜，靜是其體，不失應緣之精真；　靜中有動，動是其用，不傷歸一之根本。洞曉冥契，乃上上智。　莊老之言，書爲法利。

愚謂調禦之法，調禦心氣而已。　大約學道之士，其心也定動相半，其氣也純雜不一，調禦之淺者也。　若能在心爲志，定而不動，專氣致柔，純而不雜，此則調禦之深者也。　舉要而言，姑務心以平寧爲本，氣以和順爲本，此名無爲真見，乃法之利也，可以師之也。　而有存想構致其心，又有鼓動吸納其氣，此名有爲異見，乃法之病也，不可師之。　統名調禦之法，在乎精鑒而已。

益其智者學也，所以觀書而窮理盡性；　寧其志者道也，所以宴坐而澄神定靈。　古德歸心，必不過此。

脱葉辭柯，見有時而終落；　閑雲出岫，仰無心而自高。　何必讀書然後能覺？

《左氏春秋》有言云「在德不在鼎」，愚亦自有言云「在心不在境」。　前言之意，蓋謂國以德，而輕重不在於鼎，鼎不可問也。　愚謂居以心，而躁靜不在於境，境不必擇也。

愚嘗讀《漢書》，見張子房事迹，始受教於黄石公者，遇彼神人也，終欲從赤松子者，學彼仙人也。　愚謂子房非徒列將相之傑，抑亦神仙中人。

昔向子平讀《易》，盛稱損、益二卦。　愚初未詳古人之意，今自讀《易》至此，而愛其損卦懲忿窒欲，益卦遷善改過，損益之要，其在兹乎？

昔晉王衍有言云【九】：「聖人忘情，最下不及於情，情之所鍾，正在我輩。」愚因而自有言曰：「聖人復性，最下不達於性，達而求復，正在我輩。」

愚以歷年浸衰，思道彌切，空野獨步，歎大象之絕儔；高岸期登，愧小狐之未濟。樂天知命故不憂，窮理盡性故不疑，少私寡欲故不貪，澄神定靈故不動。四者備矣，一以貫之。此參用諸書，助修善行。

自念大耋爰臻，近思愈切：觀一切事，不計順違，推理安常而已；隨一切時，不以多少，息緣反照而已。止此足矣，何復言歟？

愚讀三聖之書，各是一法之妙。孔子書中，愚見大和之德，油然而生，是謂無聲之樂。老氏書中，愚見大象之道，混然而成，是謂無名之璞。釋氏書中，愚見大寂之光，自然而明，是謂無心之覺。必也讀書，當如是學。

至聖禦世，乃情之術，以權而濟；至神出世，乃性之道，以實而致：用有攸宜，理無不可。

唐柳公度善攝生，年八十餘，步履輕便，或有求其術，公度曰：「吾初無術，但未嘗以元氣佐喜怒，氣海常溫耳【一〇】。」愚詳公度所言，乃攝生之法，而令元氣和而復暖也。愚因類舉，別得攝念之法，保護本覺，勿以本覺隨夢幻，常令本覺明而復正是也。彼以身而言，此以心而言，若能並用一法，何勝如之！

【九】有言云　原作「有云言」，據明本改。

【一〇】氣海常溫耳　「海」明本作「誨」。

晉嵇康文章有《絶交書》、《養生論》，涉乎高邈之地矣。而孫登答康之問，以火之光喻人之才，其言大意云：「火用光在乎得薪，所以保其耀；人用才在乎識真，所以全其年。今子才多識寡，難免乎今之世矣！」後果如登之言。愚愛重登之所言，「識」、「真」二字，最爲精要，有以見康之賦分不識其真，未得其全，所以失於周身之防【一一】，反以薄鍾會而速禍。愚謂必須才識兼茂，表裏俱濟，然後可以成道器。

愚聞古有大人先生，天真之心誠而明，天和之氣虚而清，混而爲一，莫之與京。愚當思古，自明而誠。

愚以顧惜殘年，詳求妙道，真誠達本，洞分了義之經，蠲忿忘憂，兼采養生之論。苟能自得，何假朋來？

愚讀經史而記得「三無悶」。《周易》云「遯世無悶」、「不見是而無悶」，晉嵇康云「自得而無悶」，愚録之爲心要焉。

觀微妙書，窮理盡性；　生微妙智，温故知新。閑覺心而愈明，致道力以增勝。苟無曠日，夫復何言？

愚覽群書，不拘類例，姑務唯變所適，曲盡其妙，采諸文句，立爲心法。《樂記》云「和順積中」，愚因此四字，但以氣和爲貴。《玄綱論》云「虚明含元」，愚因此四字，但以心虚爲貴，心虚氣和，可以入道，不煩致詰，久當自知。

【一一】所以失於周身之防　「失」原作「先」，據明本改。

自求多福，福會由乎外，非己力之能必全，故可否相參也。馴致其道，道成由乎內，斯由己力而無不可。夫求福者衆，致道者寡，蓋萬分或有其一爾。

孔子之「燕居申申」，此表和舒之貌，適性而已矣。莊子云「吉祥止止」，此表齋明之心，致道使然也。二者不同，愚能辨之。

情恕理遣以接物，靜安閑樂以奉身。持此相資，於焉是用，其它細故，何必介懷？

愚得四法，凡八字，可以足用。何謂也？「究觀先覺，理遣對治」，音持。此皆群書舊語，己之演述涉入多矣，今又略集大端，以爲細要，庶事分攝，應機而行，自能了知，不可條陳縷細也。

虛緣而委順，無必無固，聞法而開悟，不驚不怖。自謂真修智力，粗得百分之一爾。

善惡之事，譬諸草木：爲善如植樹，宜其徐也，深固則易茂；去惡如薙草，宜其疾也，滋蔓則難圖。

練天真之心，養天和之氣，守天均之分，求天然之智。率茲素履，協彼清休，人雖不知，自云有得。

嘗用三法：智照、理奪、對治是也。嘗集三心：不著、不動、不退是也。大略如斯，細分由己。六者無虧，可以足用。

孟子曰：「孔子登東山而小魯，登泰山而小天下。」愚晚年歸趣，好讀古聖人述作該明理性之書，其有廣大精微條暢臻極者，讀之令人胸中廓然，下視小學、舊百家秘物之言，一何叢脞哉！

屈其道而不屈其身者，常情也；屈其身而不屈其道者，非常情也。常情者至多，非常情百中有一。

俗語云：「有福之人不居無福之地。」愚謂此説繫乎天者也。愚因擬之而言曰：「有智之人不作無智之事。」此則繫乎人者也。

言者，心之聲也；夢者，心之影也；想象者，心之畫也。無言者，譬如復雷而無聲也；無夢者，譬如處陰而無影也；無想者，譬如絶筆而無像也。其理必爾，是故智人不可不知止、觀二法。

愚偶爲五字二句以自述云：「臨文觀衆妙，就枕得三休。」上句謂廣求細論，智也；下句謂每覺微倦，即時而寢，寢則眼力、心念、支體三者得休息也。

愚晚年讀《周易》，頗愛其「遯世無悶，樂天無憂」，所以觀外事悠悠，得中心休休。讀《莊子》，又愛其「純素之道，唯神是守」，守而勿失，與神爲一，所以杜門不出，退藏於密，庶幾葆貞，永膺元吉。

水靜極則影像明，心靜極則智慧生。詳此體用，其理備矣。真學不必多，多則惑也。日影冉冉轉移，心相念念遷謝，形終歸空，故强名曰「夢」。

數必有定，勢不暫停，聖人有先知，凡人都不覺，誰明此理，愚當與談。

夫厚於利則薄於義，束於教則笑於道，中人以下之常情也，古今而然，不當驚異。

入道之門，愚自立法：收視返聽，絀聰明以求性；　撫心定氣，務恬虚以養智。守而勿失，用之不匱，過此以往，則非愚意。

外緣之動如雲也，内貞不動如山也。至人虚心順緣，不失其真，猶雲山相依而不相妨也。

夫道充於内者，豈惟捐爵屏貴？可使文侯輕其魏，而以國爲累，斯可知也。

有客問愚曰：「丈人何故久不出？」愚對曰：「愚愛身心俱不出。愚身不出，退藏於密，燕居方丈之室；　愚心不出，深入不二，杳冥方存之地。」人以愚爲愚，愚自以爲智。

卷中

靜深生四妙辭並序 並次題共四十七首，今止存二十九首

夫氣聚成物，聚久則散；炳靈鍾秀，出必冠倫。多以宿習睽真，失在於動；或知靜趣則近道焉。諦思淵靜中，自然生四妙，勢數相繼，若歲之時，天機可窺。大信不約，爰得心要，以爲秘寶，安虛明樂，端如貫珠，因書《靜深生四妙辭》云：

了知入道門，先從靜爲祖。靜勝則心安，安久虛靈府。虛極發明靈，洞徹無不睹。天然法樂多，豈比聞簫鼓！

有警辭

圖上華夷能盡記，未始經行一步地。博聞强識總周知，心不能行亦如是。

三悟辭

若能覺其夢，且悟浮生如戲弄；若能智其識，漸悟狂知枉心力；若能性其情，大悟歸真即妙明。喜得自然三悟法，書之聊以表研精。

書紳二法辭

心如常滿杯，所以明知足。心似不燃灰【一】，所以明無欲。二法可行持，書紳聊

校勘記

【一】心似不燃灰　「灰」原作「火」，據明本改。

自勗。

高年約己自誨辭

愚嘗究觀萬物、萬情、萬事、萬理，同異相雜，自古而然，目爲太常，順爲心要久矣。今茲漸老，因更約己，裁定自誨之辭，作方便門。夫世間之法，理須決擇，則有辨白褒貶耳；出世之法，本貴混融，雖未能即行方外聖賢之行，但且學古來之名士【二】，衛叔寶不見喜怒之容，阮嗣宗口不臧否人物，斯亦甚善。此外虚懷任運，勿復以悠悠介意，一切之事即時而過，去如空中雲；一切之念即時而消，盡如湯中雪。唯有詳味道腴，膏潤深智，避諸憒鬧，日臻凝寂，此則不可滅裂也。

超真獨覺辭

了達事終虚，往事何殊夢？此後事來干，屹如山不動。了達事終虚，往事今何在？此後事來干，豁若空虚礙。獨覺貴高奇，傑出群迷外。

知常委順辭

紛然往來事【三】，浮雲經大空。喧然是非聲，驚飆觸灌叢。古今無奈何，委順於其中。

自爲觀照總持辭

事往終空，如雲如風；事來不絶，如日如月。攝念神凝，久習而成。觸境情起，實時

【二】且學古來之名士　「來」字明本無。

【三】紛然往來事　「來事」原作「事來」，據明本改。

而止。不可殫言，自當求理。

反本觀空無礙辭

形是幻，情是夢，寢興視息隨群動。當念元來一切無，豁然頓遣心中空。去聲。

簡求心要書紳辭

以靜制動，靜爲躁君。以虚受有，虚緣葆真。詳而後習，可書諸紳。

道貴養生辭

若夫殉乎物，輕乎身，有如千金之劍用以析薪，百鍊之鑑委於窮塵。愚嘗觀妙法，見大倫不欲汩音骨。其真、虧其神。動與天親，靜與道鄰，故作是説，敢告同人。

並用存心微妙訣

處世間法，或伸或屈，用觀察智，無固無必。出世間法，勿違勿失，用決定信，惟精惟一。曲盡其妙，退藏於密。

四方觀練深心訣

性之生情，爲夢爲想；性之生緣，如影如響。不有古聖，愚將安仰？不有妙道，愚將安倣？爰得智刃，決開疑網，人不同心，超然獨往。明融日新，率由天獎。

學道三深略論

愚以爲學道之人，三者備而道可成：謂智也，斷也，決斷之斷。修也。見諸相之非相，知一真之甚真，智之深者也。破堅摧剛，無以挫其鋭；窮勢極利，不可奪其志：斷之深者也。備更夷險常率履，未始須臾忘致力，修之深者也。苟能如是，何往弗濟？

洞心情境定心篇

物來誘之而不隨，物來觸之而不動。不隨不動由自心，何須結社詢千衆？萬事悠悠過即空，追思豈異春宵夢？

與道相知最樂篇

人多樂於新相知，又多悲於生别離。唯能與道相知久，如魚樂五教切。水無睽時。樂道樂字音洛，下同。至樂非常樂，冥真造音操。適潛熙怡。逌然在心不在境，安能更與白雲期！

三法自然歌

心本不慜自然戒，何用科條防毁敗？心本不動自然定，何用勤勞止自兢？心本不迷自然慧，何用參尋叩倫類？即今知此三自然，奉以周旋無失墜。

無有所求歌

無所求，擺落人間萬事休。有所求，安養衰年樂聖猷。不願竹木林内隱，不願蓮花社裏收。願在清平仁壽域，含華守素得優遊。

醒默居士歌

白氏先生耽醉吟，銜杯灑翰咨歡心。樽空才盡若爲計？釋悶遺懷功未深。愚稱居士名醒默，清思忘言求妙德。習此功成道更高，不到詩魔兼酒惑。

素履嘉祥讚并次題共二首。

愚不求名，含華隱曜。愚愛棲真，坐忘遺照。愚獨聞和，披音露妙。視履考祥，兹爲吉兆。

了知妙湛歸心讚

空中聖真，具大威德。善入無爲，允臻其極。愚心師之，密與神會。凝然不動，皦然不昧。日慎一日，有進無退。

三言約己自修箴

愚修心，自作戒。勿馳散，勿昏昧。不分别，勿留礙。去纏縛，令自在。破憂恚，成歡泰。保其身，無敗壞。進其道，無懈怠。銘座隅，書紳帶。

過幻日損箴

過而能改，自然寡悔。知幻即離，何勞用智？日損之師，簡要如是。

道爲心寶銘

名非身親，利令智昏。身智之外，夫何足論？食充且美，衣敝仍温，深藏至寳，道心常存。

心要銘并序

心要之法妙矣哉！先之以自覺，濟之以力學。自覺者，生知之本也；力學者，閑覽之助也。言不盡意，舉其宏綱，辭約意微，繹之爲貴。銘曰：物靈而貴，貴乎先覺。大道坦明，迷心踳駮。妙法難思，精微淵邈。必也讀書，然後爲學。

放歸去來辭

陶令曾言「歸去來」，解印還家不迴首。屏貴都遺身外名，忘憂酷嗜杯中酒。白傅曾言「歸去來」，了知浮世非長久。獨步逍遥自得場，飲食寢興隨所偶。羅隱曾言「歸去來」，濩落生涯何所有？明日船中竹一竿，要學江湖釣魚手。鼂叟亦言「歸去來」，抗表辭榮養衰朽。京洛紅塵舊滿衣，總脱臨風都抖擻。

雙喻辭

人事常酌中，取象如攲器。器平不攲覆，有同身爽利。道心常不繫，取象如虛舟。舟閑隨逝止，可比性優遊。能符雙喻者，何慮復何憂？

智斷身心辭

咨咨爾幻身，誰能住世久？洪纖研醜，豈長存而不朽？咨咨爾幻心，常隨外物誘，風生電滅，求其狀而何有？豁然達理，忽洞見於天真；未能無悶，或沃之以聖酒。去鄉遊蕩久不歸，今覺窮途自迴首。

集句書紳自用辭

蒙以正德而隱，專於靜遯於遯，無是無非無所求，無名無迹無諸悶。愚自書紳用此言，深心更與何人論！

卷下

祛迷五説

《左氏春秋》有言曰：「太上立德，其次立功，其次立言。」昔愚初學之時，嘗接儒林文人、篤行君子，精確之論論此三者，而蒙兼該適變貫微，盡妙曲而暢之用，祛未寤也。愚記其語云：「德字以心爲本，功字以力爲本，言字以口爲本。心得善道謂之德，力致美利謂之功，口成文化謂之言。」愚愛之重之，而願衆賢知之，久未能述。三者不可談悉，固當混而爲一，是用追承宿日誨誘之言，辨明功德正眞之理，庶乎敏識知勸，迷而思復也。噫！世故萬狀，情僞差别，古先垂戒，抑亦稱是，而散在諸書，其數無極，覽而知之者，幾何人哉？安能廣引其事？今但旣舉其灼然而可見，浩然而大同，理最深妙者，條陳其數，命之曰「祛迷五説」。若有鑒此五説，本乎立言，而能虚受力行，即是大悟眞正功德者也。內典中多以聞、思、修，謂之「三慧」。若據《金剛經》義，該説亦謂之「三功德」。又唐時刺史李繁著書名曰《玄聖籧廬》，內引《法華經》云：「諸佛世尊，唯以一大事因緣故，出現於世。」繁稱：「此十六是經之大意耳。大事謂開示悟人，佛之知見是也。」又言：「唯大事因緣爲眞功德，若思法施，立言可也。」噫！内外典故，證據甚明，談功德者當如是解。

其一　説報應之必然

報應之説，雜舉大端。此蓋内外經典之中百千之一二者也。《易》云：「積善之家，必有餘慶；不善之家，必有餘殃。」《書》云：「惠迪吉，從逆凶，唯影響。」《論語》孔子曰：「君子畏天命。」謂：「作善降之百祥，作不善降之百殃【一】。」順吉逆凶，天之命也，故君子畏之，其後因之。故《藏録集》中有《正誣論》云：「吉凶之隨善惡擾，影響之依形聲有。」晉孫綽《喻道論》云：「世清理治，擾能善令，善惡得所，曲直不濫。況神明所涖無遠近幽深，聰明正直罰惡祐善者哉！故毫釐之功、錙銖之寡，報應之期不可得差矣！」歷考古今禍福之證，皆有由緣，載籍昭然，豈可掩哉！又晉時有廬山慧遠法師者，才識宏睿，律儀嚴整。群倫企仰，翕然推重，所著述有《明報應論》云：「心以善惡爲形聲，報以罪福爲影響，感之而然，故謂之自然。自然者，即我之影響耳。」遠公又引經教作《三報論》，論中有説云：「或即今生而受報，或當來生而受報，或即多生而受報。受之無主，必由於心；心無定司，感事而應；應有遲速，報有後先。」有宋顔延之有論云：「凡氣數之内無不感對，施報之道必然之符。」又引前志之言云：「報應之勢，各以類至。」又有不顯名氏著論者云：「計天下昆蟲之數不可稱計，而人倫之少不可比其倍數，則如背善向惡者，至多枉入諸趣矣。」又唐相裴休節略注解《十善業道經》，其中所説，若行十善業道

【一】謂作善降……百殃　案：此處引文出《書·伊訓》，但其承「孔子曰」，則易生誤解，當承上「書云」（引文出《書·大禹謨》）。原本蓋有誤植。

者，得生人天；行十不善業道者，墮諸惡趣。其經警戒深切，條列備具：叙爲善之報，令人踴躍而希慕；叙爲惡之報，令人震驚而恐懼。夫人爲萬物之靈，禀五行之秀，豈可昧懵而不知，輕忽而不信乎？吉人爲善，惟日不足；性之所好，出於天然。譬如幽蘭在谷，不求人知而自有香；美玉韞石，不求人知而自有光。故漢東平王稱「爲善最樂」，豈無富貴之樂具哉！是知爲善之樂，其樂居最。苟好爲惡，有何可樂？所以君子敦善行而不怠者，性分所安，本非求報，何況爲善必有福，爲惡必有禍，事之常也。故牟子曰：「陰施出於不意，陽報皎如白日。懷善者應之以祥，挾惡者報之於殃。」未有種稻而得麥，施禍而獲福者也，智人決擇，合如何哉？迴心向善，的理何難？不費財，不用力，止從一念而起。故老子曰：「善之與惡，相去何若？」蓋言善惡之發祇自由心一念變易，如反掌耳，何遠之有耶？若據内典所言，善惡異報，就中善惡報駭聽難説，何啻差之毫釐，失之千里哉！晉宗炳有論云：「向背一差，升墜天絶，可不懼乎？」此其類也。竊詳一言之善可感悦於人情，此必然也。一念之善必洞貫於神理，又何疑乎？古昔宏達之士，敏洞者甚衆矣；亦有多疑之人，或説未應之事。豈不見黯然已應者，十有八九，偶然未有應者，十有一二。故宗炳論又云：「但因緣有先後，故對至有遲速，猶一生禍福之早晚者耳。」愚詳此言此理，信不虚也。即今世間之人，受之有早晚，爲罪者致敗亦如之。一槩詰難，自伐善根，此意不詳，非爲正問，遠公所述三報之論、大爲之防，蓋爲此也。又《圓覺道場修證儀》引《涅槃經》後分云：「善惡之報，如影隨形；三世因果，迴圈不失，此生空過，後悔無追。」又難《維摩經》中泛舉報應大綱【二】，凡十九條，其語云：「是身邪行，是身邪行報；是口邪行，是口邪行報；是意邪行，是意邪行報；是殺生，是殺生報；是不與取，是不與取報；是邪淫，是邪淫報；是妄語，是妄語報；是兩舌，是兩舌報；是惡口，是惡口報；是無義語，是無義語報；是貪嫉，是貪嫉報；是瞋惱，是瞋惱報；是邪見，是邪見報；是慳吝，是慳吝報；是毁戒，是毁戒報；是瞋恚，是瞋恚報；是懈怠，是懈怠報；是亂意，是亂意報；是愚癡，是愚癡報。」據此經語報應之理無不對至，若懲惡勸善，令人自求多福，安可輕蔑其事乎？今者勵精引喻，並勸爲善，警彼沉迷之俗，極其淪墜之苦，非自求利。果如之乎，豈無他人與我同志？

其二説用刑之本意

夫用刑之意，本以風俗下衰，恥格彌寡，禮不能制，遂及于刑，蓋不得已而用之也，故前志有云：「立法明刑者非以爲治，衰亂之起也。」竊詳古聖垂世之大略，刑法所以助治也，不當鋭其鋒芒，以克好生之德，而後之昧道求進者，失其本源，溺於末流，樂視滋豐之獄，罕思欽恤之戒。故前志又云：「今之聽獄者求所以殺之，古之聽獄者求所以生之。與其殺不辜，寧失有罪。」今之獄吏上下相繼，以刻爲明，深者獲公名，平者多患害。諺曰：「鬻棺者喜歲之疫，非憎人欲殺之，利在於人死也。」今治獄吏欲陷害人，亦猶此矣。

【二】又難維摩經中　案其下引文均出《維摩詰經・香積佛品》。「難」字疑衍。

今所以引證亦非願，故從疏略以惠姦，但不欲過爲繁密以羅衆。昔商鞅佐秦，輒造三夷之刑，專用威雹，而鞅也貽禍敗。蕭何相漢，繼作九章之法，必取時宜，而終饗封。歷代以來，亦多此類。今因惻隱勸戒，豈非兼濟吏民乎？《九》建議創法務在仁恕，勿偏好于深文，流毒無窮，已爲造意之首也。當官決獄，務在清審，勿濫及於無辜，已往難追，自悔入人之罪也。歷觀傳記之文，有説慶殃之極，其中殃報之事，讀之令人寒心。必要迎慶避殃，莫若奉遵經訓。今舉其一，可書諸紳，《易》曰：「君子以明慎用刑而吝留獄。」既明且慎，仍不滯留，依此而行，其理備矣。

其三説施（去聲）濟之善利

施濟之説，蓋取諸博施濟衆人之義。此爲善利，最處仁之大者也。儒書釋典，垂文甚多，聊舉宏綱，用昭古訓。《曲禮》曰：「積而能散。」謂已有畜積，見貧窮者則當能散以賙救之。《論語》曰：「君子周急不繼富。」謂君子當周救人之窮急，不繼于富有。又有説賑窮救乏之事，聞則行之，此外或刺或勸，經史俱存。有財不能用，有鐘鼓不能以自樂，卜子夏形於《詩序》；賙人之急，雖乏必先，顔延之著爲《庭誥》。儒教三德以仁爲首，釋氏六度以佈施爲首，蓋緣布德施惠，正是仁者急用之事也。故《維摩經》云「資財無量，攝諸貧民」是也。又此經中有説「法樂」之事，條目甚多，其一有云：「樂廣行施，是知詳名經。」昔有廣行施濟爲法樂，豈許其有難色哉？敏識君子可不務乎？晉謝靈運注《金剛經》

有云：「捨心無私，謂之佈施。」又《金剛經》疏有云：「未來果中，由施財故，得大福報。」又《寶積經》云：「損己佈施，給諸貧乏，謂之財要。」蓋言施濟困窮與用財中以爲要切也。經又云：「施濟之事，譬于商人，持少財物，往詣大城，有所貿易，廣獲財利，福報亦爾。」蓋云施濟之事，自然獲福，其理如此。又云：「若見乞兒，除慳惜心，具足大施，是名檀波羅蜜。」又晉郗超字嘉賓，有曠世之度，性好施，善談論，與王文度齊名，故當時有語曰：「盛德絶倫郗嘉賓，江東獨步王文度。」而超洞曉精修密旨之法，酷好浄行白業之事，嘗著文一篇，名曰《奉法要》指事直説，警勸精詳，其中語引《十二門經》云：「當念財物珍寶，生不持來，死不俱去；流遷變化，朝夕難保；身不久存，物無常在。宜及當年，施恩行惠，賑乏以財【三】，救疾以藥。終日欣欣，務在營濟。」又裴楷有言曰：「損有餘，補不足，天之道也。」又内典《經》云【四】：「治財則以惠施爲善，修道則以導人爲正。」竊詳此言，正是財法二施也。好施濟者前代頗有，固難具載，今略取其彰灼殊尤者，條而陳之。後漢伏波將軍馬援【五】，初有馬羊數千頭，穀數萬斛，既而歎曰：「凡殖貨財産，貴其能施賑也，否則守錢虜耳。」乃盡散以頒昆弟故舊，身衣羊裘皮袴。又包咸爲鴻臚，明帝以咸有師傅之恩而素清苦，常特賞賜珍玩束帛，俸禄增於諸卿，咸皆散與諸生之貧者。又宣秉爲大司徒司直，所得禄奉，輒以收養親族，其孤弱者分與田地，自無擔石之儲。又趙典爲太常，每得賞賜，輒分與諸生之貧者。又張奮司空，純之子，襲爵富平侯，少好學，節儉行義，

【三】賑乏以財　「以」原作「之」，徑改。
【四】又内典經云　「經」前有脱文，據吴支謙譯《佛説孛經抄》，疑爲「孛」字。
【五】伏波將軍馬援　「馬」原無，徑補。

常分損租奉，贍卹宗親，雖至傾匱而施與不怠。又梁商爲大將軍，每有饑饉，輒載租穀於城門賑貧餒，不宣己惠。又馮緄家富好施，賑赴窮急，爲州里所歸愛，位至廷尉。又种暠父爲定陶令，財有三千萬，父卒，暠悉以賑卹宗族及邑里之貧者。又魏毛玠爲太祖丞相東曹掾，雖居顯位，賞賜以賑施貧族，家無遺財。又管甯，所居姻親知舊鄰里有困窮者，家儲雖不盈擔石，必分以贍救之，位至太中大夫。吴魯肅，家富於財，性好施與，肅不治家事，大散財貨，標賣田地以賑窮弊，甚得鄉邑歡心。周瑜俠肅，並求資糧，肅家有兩囷米，各三千斛，肅乃指一囷與周瑜。瑜益知其奇也，遂相親結，定僑劄之分，肅位至横江將軍。又晉周訪少沉毅，謙而能讓，果於斷割，周窮振之，家無餘財，位至梁州刺史。又祖逖輕財有節，尚散□帛以賑貧乏。鄉黨宗親以是重之，位至豫州刺史。又梁唐絢寬和少詳慎，在朝廷見人如不能言，號爲長厚。在省每寒，見省官有襤褸者，輒遺以襦衣，其好施如此，位至衛尉卿。又劉敲少而好施，務周人之急。又徐陵爲侍中太子少傅，器局深遠，容止可觀，性又清簡，五所營樹，禄俸與親族共之食。建昌邑送米至于水次，陵親戚有貧寠者皆令取之，數日便盡。又後魏李沖爲南部尚書，謙卑自牧，積而能散，虚己接物，垂念羈寒，時人以此稱之。又崔敬友爲梁郡太守，恭寛懷下，修身厲節，饑寒諸丐者皆取足而去，又置逆旅於肅然山南，大路之北，設食以供行者。又宇文測尚陽平公主，爲駙馬都尉，仁恕好施與，衣食之外家無蓄積。又北齊畢義勇爲兖州刺史，七兵尚書，頗以施惠爲心，家富於財，士之匱乏多有拯濟。又後周唐瑾爲司中大夫兼内史，性好施與，家無餘財，所得禄賜，常散之宗族；其尤爲貧者，又割膏腴田宅以賑之；所留遺子孫者，墝埆之地，朝野以此稱之。又房彦謙終於涇陽令，家有舊業，資産素多，兼前後居官，所得俸禄皆以周恤親友，家無餘財，車服器用，務存素檢。自少及長，一言一行未嘗涉私，雖致窶空【六】，怡然自得，常從容獨笑，顧謂其子玄齡曰：「人皆以禄富，我獨以官貧。所遺子孫，在於清白。」又李士謙家富於財，躬處節儉，每以賑施爲務，至春出給糧種，分給貧乏，隋有天下，畢志不仕。又唐李軌有機辯，頗閲書籍，家富於財，賑窮濟乏，人亦以此稱之。又李勣少與父蓋皆疏財好施，拯濟貧乏，勣位至太子太師。李百藥不事産業，見人士闕乏，莫不極力遺之，位至宗正卿。又李進太僕少卿，暈之子，家素豐贍，其于交友能賙貧拯急，由是知名，位至兵部侍郎。又張巡輕財重施，人有窘迫，必輕産以給，爲士友所宗，位至主客郎中。又李藩家富於財，愈務散施，濟人之急，少從軍，官至試太子賓客。又後唐趙鳳，性豁達，輕財重義，凡士友以窮厄告者，必傾其資而賑之，或賓友過從，飲之食之無倦色，位至平章事。已上所舉，或居顯官，或在下位，或爲貴戚，或則不仕，皆能持力以濟貧，非爲有求而繼富，布在前史，爛然盈編，蓋表古有人焉。此固不可及矣。又後漢術人折象者，散其金帛，周施親疏，兒女盈前，自甘殫竭。又晉高士孫晷，見人饑寒并周贍之，或解衣推被以卹之。伊此二人又與「損有餘補不足」之道異矣。輟己惠人，難中難者，此皆深心大道，志行絶倫。

【六】窶空　原作「窶空」，徑改。

惟濟於人之乏，不顧於己之闕，間生獨立，無以效而爲之。今所演勸，隨意寬舒，行之非甚難，用之無大費，量己贏餘之有，救人至困之危，植爲福田，必不舉誤。且夫廣殺衆禽之生性，資充口腹之所欲，過惜百倍之餘物，不救饑寒之欲死，仁當惻隱，于理安乎？故孟子曰「無惻隱之心，非人也」，又曰「惻隱之心，仁之端也【七】」。舊聞執友之言曰：「多積學而不能行，與無學同；多積財而不能用，與無財同。」噫！誠哉是言也。誠熟思之，所積之財本爲資目前之用度耶？本爲留身後而破散耶？請以智斷二者孰是。老子曰：「持而盈之【八】，不如其已；金玉滿堂，莫之能守。」莊子曰「平爲福，有餘則爲害」者，物莫不然，而財其甚者也。《左氏春秋》曰：「象有齒以焚其身，賄也。」是知多積而不能散施，非但無福，抑亦賈害。豈不見潤屋多藏而致攻劫之害，送終多藏而致發掘之害？古先智人而有不願留財，獨以清白遺子孫者，且曰：「賢而多財，則損其智；愚而多財，則益其過。」斯言甚當，埋不可奪。歷觀於世，何嘗無之？没身多藏，鮮不爲累：或財歸惡子，横生交訟之端；或宅屬他人，暗獲宿藏之物。此既不曾自享，則是己分原無。故《莊子·外篇》云：「大富者，苦身疾作多積財，而不得盡用，其爲形也亦外矣。」蓋言於身疏遠之故也。又郄嘉賓所著之文名《奉法要》者，有一説云：「慳貪專利，常苦不足，則墮餓鬼趣中。」又《列子》云：「身非汝有，是天地之委形也；性命非汝有，是天地之委順也。」而况妄計我所輾轉無窮，何止影外之微陰哉？又《孔子家語》云：「楚昭王出游，亡

【七】仁之端也　「仁」原作「人」，據《孟子·公孫丑上》改。

【八】持而盈之　「而」原無，據《老子》九章補。

烏號之弓，左右請求之。王曰：『楚人亡弓，楚人得之，又何求焉？』孔子聞之曰：『惜乎其志不大也。不曰人亡之，人得之，何必楚也？』」愚因以財比弓，則當言曰：「人施之，人受之，何必己也？」又《列子》楊朱之言曰：「原憲窶於魯【九】，子貢殖於衛。原憲之窶損生，子貢之殖累身。然則窶亦不可，殖亦不可。可在樂生逸身。故善樂生者不窶，善逸身者不殖。」愚原其大意，蓋謂善樂生者不至貧窶而闕禮，善逸身者不貪貨殖以勞神。愚詳此言，最得中道。擾欠使用之説，別有可否之宜，今試決擇而論議之。若縱迷惑之身而輕其財，此則不合枉用，如何迷惑，使押于損友，肆諸末游。或冒禁成明，爲蒲博之戲，負惜非宜；或稔好貽欺習誑耀之事，營求□費□：此等事甚無謂。若存施濟之心而重其義，此則所當力行，如何施濟，若有抱器屯蒙，羈旅未達之士，或有賦分微弱，困窮無告之民，濟此等人，此必有報償。傷蛇病雀、觳虎顧龜猶能報恩，況人倫乎？古者或美士涉窮途之際，或匹夫當賤役之中，一飯之德必償，一炙之恩亦報。又有受施薄而報之厚者，承恩淺而感之深者，代有其人，昭布前史，此名陽報，謂乎顯見其事。其有凍餒于康衢，將委棄於溝壑，此朝夕之急，舍其毫菽之微救此等人，自有陰報，謂乎暗貨其福，其福何也？或富或貴耳。最可信者，聊舉大端。夫《金剛經》者，上乘經典之簡妙者也，流行之盛，倍百他經，從古迄今，自近及遠，高卑則異，持誦大同。此經序分首説在舍衛國祇樹給孤獨園，與大衆説法之事。謹按經解，圃有長者，梵語名曰須達多，此云善施。謂有少而無父

【九】窶　原作「簍」，據《列子·楊朱》改，下同。

之孤者，老而無子之獨者，長者善能給施救其窮。鄉人美之，故號曰「給孤獨長者」。王之太子梵語名曰祇陀，此云戰勝也。太子有園林浴池，美茂無比。長者欲就此園崇飾精舍，請佛談經偈，愛甚深，如何可得？而乃懇求太子，願側布黄金以買其地。太子許之，仍自施其樹，共造精舍，奉請如來。以其祇陀太子所施之樹，給孤長者所買之園，故曰「祇樹給孤獨園」。詳夫側布黄金，貴買園地，其富可知也。蓋以本固仁恕，善救孤獨貧窮，大致豐饒，豈非陰報？此則以施濟獲福，極人倫之常富者也。又前所引唐時李藩、後唐趙鳳，并能傾資罄室救人窮厄，而皆位至宰相，此則施濟獲福，極人臣之貴者也。是知因施濟而享富貴，如影響之對形聲。一出大乘之妙經，一出近朝之政史，坦然明白，誰曰不然？夫人勤誦經文，何如究彼經中之事；多看史傳，何如究彼經中之事。學者爲己，其利百倍。前所引多積學而不能行與無學同，多積財而不能用與無財同，非謬言也。愚於禧聖二天之年，歷官爲工部、禮部尚書，充集賢院學士，判西京留司御史台。有東京白馬寺主持淨慧大師詡者，俗稱裴氏，時來過從，特相重，愚與之談而有可采也，善守僧業，不聞違失，若使常遇益友，深相切磋，此僧必學，可及第二等，惜其重聽，人難交談。愚嘗慨其著謹確之誠者三，業仁恕之言者一，即令條次而陳之。此僧雖自無文章，而愛之重之加於人一等。或有儒士之流，注書立理，得而觀之，必先盥手焚香，然後批讀；讀之會意，彈指頂禮，稱善讚歎者久之。又或求别寺院中，見近代名賢所撰碑文，來爲愚説，但舉其姓氏官稱，而曰：「此文奇特驚人。」因問撰者之名，乃低聲言之，仍云：「文詡不欲斥乎大賢之名。」又曾於東京尋買得雕印注解《圓覺經》一部，躬自攜來，請愚觀覽。比於舊日印本，其字大而精真，且曰：「文詡甚喜，如獲一寶。」無言。自此更擬編覽藏經，愚因謂之曰：「大師年已七十，何不自取安閒？所讀大藏經必倍費眼力。」而復對愚曰：「文詡昔爲童行，恪奉本師，有事弟子服其勞，給添瓶洗鉢之役。爲僧既久，遂成遺構，自當主首，應務彌多。然有餘閒，即開經秩。不期障起，目翳相妨，乃業至誠像前懇禱，其疾頓愈，忽若批雲。自謂有緣，致兹相應，今則事委徒衆，且欲盡閱諸經，原於此生，無愆宿志。」愚謂此有三善，尋思罕見能然。又嘗謂愚曰：「教中所説植福之道，救人饑寒最爲急務。文詡有志隨分力行。若使脱衣與人，自慫嚴寒之苦，此則難事，的不能行。若己綿衣有餘，見彼窮民受凍，必當取其剩者與此至寒之人。」愚乍聞之默而驚異，詡其言信行果，此則不可定知。然愚生身以來，未見如此言者，若踐言不失，是有仁恕之心。嗚呼！唯兹施濟之門，曲盡古今之所，仁人君子忍不動心乎？

其四説好殺之大咎

《書》曰：「與其殺不辜，寧失不經。」所以立法垂世，務從寬大，處律文失之減三等，失出減五等，有以見古先賢哲制作之本意也。皇朝御世，率由中興，體三章以詢衆，哀一成而盡心，雖專司殺之威權，惟布好生之德澤，爲人臣者安可不然？愚自綿歷以來，見聞不可之事，憶昔强仕之歲，識一方壯俊才，爲升朝官，歷試外任，勇於求進，姑務求速成，嘗聞其自言曰：「某性好殺。」愚乍聞其言，不寒而慄者久之，原其本意，自以文武兼備爲己任，酷愛東晉持節之權，欲得威重獨斷，便宜用鉞，加罪逆志，以卜奇遇。無何，鬢髮不至於艾色，囊錐未及於穎脱，奄忽而没，脆如浮漚。好殺之言不當輕發。又一少年亦登朝列，著文從政，俱要出群萃而自異焉。屬受任爲使職，當提揔之柄，嘗臨决一事。時有十卒捕賊，格鬥敗失，陷其主首殁於賊中。不復究情約法，而乃恃勇裁遣十卒共了一狀，巧構數行之語，以臆斷爲能，特赦十人之死，以軍法行事。此所謂發言含天憲，奮筆作霜威者也。遽没於彼，焚屍而還。又有一官好奇，自負策多，委質多歷年所，有剛褊之性，作豪俠之氣，似是而非者。曾與愚説：「某于任之地，累用軍中之法殺及二百餘人矣。」此謂衆中構恣，所以特致死，絶其亂萌，恐貽害于平民之故也。其獨斷自强也如此。又復言曰：「既猛且速，寧無寃枉？」其追思自覺又如此。大凡好作專殺，末年巨癰發腦，下侵領髮，癰既潰决，厥狀甚異，呀然而斷，如遭刃傷。飲食之物逆行攻疰，厥狀大苦，未嘗見有。醫藥備至，幾時而卒。噫！權宜之殺，教法有之。故《寶積經》云「渡海五百人，内一惡人欲害衆人，獨取財物，菩薩殺一至衆」是也。唯此一殺，是古聖廣大慈仁之意。若但求名恣殺，此則爲害至深。尤而效之，吁可畏也。不應爲而爲之，事理猶有重者；不應殺而殺之，情狀不亦甚乎！《漢書》云：「三代之將，道家所忌。」陳平亦云：「我多陰謀，子孫不昌。」且夫謀臣出奇，猛將致果，此皆在公之職也，然而道家忌其世濟，古人憂其門衰，而況務專殺以求名？乃私心之欲也，何得安然無慮，自以爲是？昔季康子問政於孔子：「如殺無道以就有道，何如？」孔子對曰：「子爲政焉用殺？子欲善而民善矣。君子之德風，小人之德草，草上之風必偃。」原季康導之意欲多殺以止姦，孔子憂不許之。令康子自政以率下，則民必化於上也。又有言曰：「善人爲邦百年，亦可以勝殘去殺矣。」言善人君子治國至百年以來，亦可以勝殘暴之人，使不爲惡，去刑殺而不用矣。又曰：「不教而殺謂之虐。」謂先是教令於民，不從，後乃誅也。先師至聖頗多善教，若當官者肆意横殺，于理何安？晉宗炳所著論云：「尊其道，信其教，不以尊豪輕絶物命。」夫如是，則知人命尤重也。觀其肖翹蠢蠕之類，無有不惜其生性者，況於人乎哉？賢愚貴賤則有殊也，皆稟五行之氣，共列三才之位，豈合弄己威權，不問可否，視人如草芥，殺人如螻蟻？以己喻彼，物理何殊？言念非辜，痛心疾首！愚嘗著書，有一説云：「古之病人身變爲虎，而人但聞牛哀而已。孰不驚異其事乎？世之迷人，恃權挾私，忽視於人，容易殺其非辜。自矜奇特以殊寵者有之矣；乘勢睚眦，以慮宿憾者有之矣。斯則心變爲虎也，鮮有驚異其事者，世情之慣習也如此。噫！身變不由己，心變不由天。夫病者識隨形變，本無害人之心，止可同於過失。若或怙勢枉殺，有欲心以取寵，有忿心以慮憾，於理自斷罪，合如何報應影響？前事多矣，其咎最大，無以加也！故老子曰：「罪莫大於可欲，禍莫大於不知足。」前所述三輩好殺者，不顧其枉横之死，自欲有雄傑之名，眞爲罪之大者也。志希崇進，不知極禍，可口乎哉？據其享年之不永，發疽之甚異，已知報不旋踵矣。若看内典别説，令人心悸股慄。愚又曾博覽傳記，有述古人之事，或高僧，或高士，自知死難將及，不肯先期避匿，且曰：「宿債須償耳。」愚每與名公確論古德之心，死債猶能甘償，而况他物之債？予又知死債必償，賢愚皆不能免，雖别作彌縫懺悔，而本罪不可解也。辟如有官故殺甲之命，又曾雪活乙之命，乙之獲雪其感則深，甲之枉殺其罪終在。人命各别，此理易曉。敢告來者，當知陰險害物，輕易殺人决定，招無間之苦，慎勿誤愛而輒效之。善避覆車之危轍，自循致速之大道，斯言警悞，亦何異執炬前驅，導宵征於巖險之路也。鑒之鑒之！

其五説神明之名理

若夫設象備物，諂祭徼福，自以爲崇奉神明者，萬萬皆然，罕有洞分其名理也。愚嘗師友鉅賢，獲聞至論云：「陰陽不測之謂神。」天地造化屬在於陰陽，晝夜照臨屬在於日月，言神明者，義本於此。而有以「石言」之怪，或云云然驚異而神之，推爲神；憑陰燐之光，或熒熒然瞻望而神之，且曰「聖燈」。夫陰陽均和，經無窮時不歇；日月燭幽，經無窮時不闕。未嘗有人驚異而神之，瞻望而聖之者。是則惟見其小而不見其大，貴其異而不貴其常，非大逆而何？詳觀載籍之垂訓，動天地，感鬼神，在乎至誠而已矣。何謂至誠？聊舉大概。其有信如皦日，不欺闇室，如此之類是也。其有色取行違，意忌貌飾，如此之類非也。何以言不欺闇室？歷覽儒言釋典，並言屋室之中皆有神，故《毛詩》云：「尚不媿於屋漏。」注云：「什公曰：無宅無神，隨宅主有優劣，故神有精粗。」又生公曰：「夫有福之家，必有福神附焉。」又《禮記·中庸》云：「戒慎乎其所不睹，恐懼乎其所不聞。」是知不欺之行，當以心爲始，有如後漢侯瑾常以禮自牧，独處一房，如對嚴賓焉。又晉孫晷恭友清約，獨處幽蘭之中，客止瞻望，未嘗傾邪。又宋何子平幼持檢操，故厲名行，雖處闇室，如接大賓。又梁范元琰獨坐如對嚴賓，見之者莫不改容正色。又後周唐瑾方重有風格，遇迅雷烈風，夜寢必起，冠帶危坐。如此等人，必不欺心也，群邪亦不能干之矣。唐朝道士吴筠，出萃之翹翹者也，著《玄綱論》，内有《畏神道章》云：「夫心者，靈之府也，神棲於其間，苟心謀之則神知。神知，則天地神明知之。未有善惡不謀於心者，既謀於心，則神道知察，無遺於分毫矣；無遺分毫，則福善禍淫信不差矣。」竊詳此論，即心是神，與天地神明混而一，何所容其隱匿乎？故後漢楊震從荆州刺史移爲東萊太守，道經昌邑，而故所舉荆州茂才王密爲昌邑令，夜懷金遺震曰：「暮夜無知者。」震曰：「天知神知，我知子知，何謂無知者？」密懷愧而出。亦明天道神理不可欺也。愚又於往歲嘗見暑毒之際，濯袚洪濤，雷霆暴作，電火隨之，一人震死，揚起復落，雨中烈焰，久之方滅，肌肉焦爛，觀者大驚異。推演至理窮，謂天地之道易簡者也，天之網羅恢疏者也，故時顯大信，懲其甚者，安若盡行誅罰？則生成之生不能補歲殺之殺也。當時友議亦爲然。夫如是，則皇矣上帝，臨下有赫，安可不信，安可不懼？且夫接人倫或能用其巧智，接神理不可得而欺。何謂也？人之視神不得見之，辟如明燈之下内視幽室之中；神之視人無不見之，辟如幽室之中外視明燈之下。其理如是，安可虚於慎獨哉？《易》曰：「無有師保，如臨父母。」蓋謂此也。古之聖賢所禱，有異於今之禱也，在乎内，不在乎外，在乎行，不在乎言。孔子云：「丘之禱久矣。」注云：「孔子素行合於神明，故曰『丘之禱久矣』。」此則古聖所禱也。《左氏春秋》曰：「神聰明正直而一者也。」觀今庶民，率多矯口以祭，非理相干。設使神靈信其虚辭，得曰聰明乎？從其曲意，得曰正直乎？佞禱泛容，何一之有？噫！使若貪厚賄而鬻獄，其罪枉法，神若歆非祀而降福，其罪如何？必無此理也。積習迷情，不悟久矣！愚因静而追思，又有甚於此者。昔曾同判郡事，披詳寇盜辭欵。有説群行攻劫，先於山廟禱告，惟願往彼大獲，當具酒牢賽神。如此識是更無比倫，不在評品之數也。莊子云：「爲不善于顯明之中者，人得而誅之；爲不善于幽閒之中者，鬼得而誅之。」明乎鬼者，然後能獨行。注云幽顯無愧之心，則獨行而不懼。自念區區之懇而彌勤，具陳忠告之文，旁達聞行之士，願詳所引，改圖自新，緬慕聖師，虔遵聖教。若能峻節貫於霜雪，素行合於神明，外祗畏于國章，内祗畏于天道，此則是崇奉神明，善爲人禱之事也。必有深鑒，披尋豁然。

◎路振撰

乘軺録

黄寶華整理

點校説明

《乘軺録》一卷，路振撰。路振（九五七—一〇一四），字子發，其先永州（今屬湖南）祁陽人，避地湘潭。淳化中登進士，擢甲科。通判邠州，真宗大中祥符初遷太常博士、左司諫，擢知制誥。路振作品文辭温雅，屢奏賦頌，尤長歌詩，爲時輩所稱。嗜酒得疾，卒於大中祥符七年，終年五十八。《宋史》卷四四一有傳。

此書爲路振於大中祥符元年（一〇〇八）奉命出使遼（契丹）時所撰。「軺」乃一種輕便馬車，此指使節所乘之車，故用於書名，此指稱其爲出使行程之記録。本書記述了出使過程中的見聞，于山川地理、驛站要塞、民情風俗多有所録，尤詳於對遼南京幽州及中京大定府的記述，於其規制幅員、接送禮儀等記載尤爲詳實，所載事蹟有可補史傳或互爲校正者，具有一定史料價值。

陳振孫《直齋書録解題》著録此書爲一卷，惜未見傳本。北宋晁載之《續談助》卷三收入此書，但僅爲摘録，内容不全； 南宋江少虞《皇宋事實類苑》卷七十七也收有此書，雖非完帙，但可與《續談助》互補。今《續談助》一系的《乘軺録》收載於清道光間的《指海》第九集、《粤雅堂叢書》三編二十三集、《十萬卷樓叢書》三編、《叢書集成》三編等書中。近人羅繼祖將此二者合爲一帙，收於《願學齋叢刊》。今人顧宏義、李文又將羅氏所輯此書收入其所整理的《宋代日記叢編》。今次整理，以羅氏所輯本爲底本，校以《指海》本及《宋朝事實類苑》（上海古籍出版社一九八一年七月版），后者乃據上海圖書館所藏日本木活字本《皇宋事實類苑》（七十八卷）及明鈔本（六十三卷）參校而成。

大中祥符元年十二月四日，過白溝河，即巨馬河也。

五日，自白溝河北行至新城縣四十里。新城屬涿州，地平無邱陵。

六日，自新城縣北行至涿州六十里【一】，地平。十五里過橫溝河，三十五里過桑河。涿州城南有亭曰脩睦。是夕宿於永寧館。城北有亭曰望雲。

七日，自涿州北行至良鄉縣六十里，道微險，有邱陵。出涿州北門，過涿河，河源出太行山，與巨馬河合流，五里過胡梁河，十里過溺河，四十里過琉璃河，又云劉李河。西見太行山隱隱然。太行東至薊門，北至虎口，接奚界，凡八百里。山之秀拔者有六屏山，屬涿州。山多蘭若，國業寺石經院，唐舊寺也。五天梵文咸刻石於東峰之上。太行山以下事，順州刺史梁炳言。

八日，自良鄉縣北行至幽州六十里，地平無邱陵。十里過百和河，三十里過鹿孤河，五十里過石子橋，六十里過桑根河，河繞幽州城，桑乾河訛而曰「根」也。以上晁載之《續談助》卷三引【二】。至幽州城南亭。是日大風，里民言：朝廷使來，率多大風。時燕京留守、兵馬大元帥秦王隆慶，遣副留守、秘書大監張肅迎國信，置宴於亭中，供帳甚備，大閹具饌，醆

校勘記

【一】涿州　原作「涿河」，據指海本改。

【二】以上晁載之續談助卷三引　案：此注爲羅繼祖輯集此本時所加。以下小字注同。

罣皆頗璃、黄金釦器。隆慶者，隆緒之弟，契丹國母蕭氏之愛子也。故王以全燕之地而開府焉，其調度之物悉侈於隆緒，嘗歲籍民子女，躬自揀擇，其尤者爲王妃，次者爲妾媵。炭山北有涼殿，夏常隨其母往居之，妓妾皆從，穹廬毳幕道路相屬。虜相韓德讓尤忌之，故與德讓不相叶也。蕭后幼時嘗許嫁韓氏，即韓德讓也，行有日矣，而耶律氏求婦於蕭氏，蕭氏奪韓氏婦以納之，生隆緒，即今虜主也。耶律死，隆緒尚幼，襲虜位。蕭后少寡，韓氏世典軍政，權在其手，恐不利於孺子，乃私謂德讓曰：「吾嘗許嫁子，願諧舊好，則幼主當國，亦汝子也。」自是德讓出入帷幕，無間然矣。既而酖殺德讓之妻李氏，每出弋獵，必與德讓同穹廬而處，未幾而生楚王，爲韓氏子也，蕭氏與德讓尤所鍾愛，乃賜姓耶律氏。是夕，宿於永和館，館在城南。

九日，虜遣使置宴於副留守之第，第在城南門内，以駙馬都尉、蘭陵郡王蕭寧侑宴。文木器盛虜食，先薦駱糜，用杓而啖焉。熊肪、羊、豚、雉、兔之肉爲濡肉，牛、鹿、雁、鶩、貉之肉爲臘肉，割之令方正，雜置大盤中。二胡雛衣鮮潔衣，持帨巾，執刀匕，徧割諸肉，以啖漢使。幽州幅員二十五里，東南衍曰水牕門，南曰開陽門，西曰清音門，北曰北安門。内城幅員五里，東曰宣和門，南曰丹鳳門，西曰顯西門，北曰衙誤北門。内城三門不開，止從宣和門出入。城中凡二十六坊，坊有門樓，大署其額，有罽賓、肅慎、盧龍等坊，並唐時舊坊名也【三】。居民碁布，巷端直，列肆者百室，俗皆漢服，中有胡服者，蓋雜契丹、渤海

【三】舊坊名也　「名」原無，據《皇宋事實類苑》卷七十七補。下卷數同。

婦女耳。府曰幽都府。光禄少卿郎利用爲少尹，有判官、掾曹之屬。民有小罪，皆得闕決；至殺人非理者，則決之於隆慶，喜釋而怒誅，無繩準矣。城中漢兵凡八營，有南北兩衙兵、兩羽林兵、控鶴神武兵、雄捷兵、驍武兵，皆黥面給糧如漢制。渤海兵別有營，即遼東之卒也。屯幽州者數千人，并隸元帥府。隆慶驕侈，不親戎事，兵柄咸在蘭陵郡王、駙馬都尉蕭寧之手。國家且議封禪，有諜者至涿州，言皇帝將親征幽薊以復故地，然後東封泰嶽。虜大駭，遽以寧爲統軍，列栅於幽州城南，以虞我師之至。既而聞車駕臨岱，遂止。虜舊有韓統軍者，德讓從弟也，取蕭后姊，封齊妃。韓勇悍，多變詐，虜之寇我澶淵也，韓爲先鋒，指麾於城外，我師以巨弩射之，中腦而斃，虜喪之如失手足。自是虜無將帥，遂以寧統之，年五十，勇略不及韓，虜咸憂焉。虜政苛刻，幽薊苦之，圍桑税畝，數倍於中國，水旱蟲蝗之災無蠲減焉。以是服田之家，十夫并耨，而老者之食，不得精鑿；力蠶之婦，十手并織，而老者之衣，不得繒絮。徵斂調發，急於剽掠。加以耶律、蕭、韓三姓恣横，歲求良家子以爲妻妾，幽薊之女有姿質者，父母不令施粉白，弊衣而藏之，比嫁，不與親族相往來【四】。太宗皇帝平晉陽，知燕民之徯后也，親御六軍傅於城下，燕民驚喜，謀欲劫守將出城而降。太宗皇帝以燕城大而不堅，易克難守，炎暑方熾，士卒暴露且久，遂班師焉。城中父老聞車駕之還也，撫其子歎息曰：「爾不得爲漢民，命也！」自「虜政苛刻」以下事，并幽州客司劉斌言。斌大父名迎，年七十五，嘗爲幽州軍政校，備見其事，每與子孫言之，其蕭后、隆慶事亦迎所説。近有

【四】不與親族相往來　「相」原無，據《皇宋事實類苑》補。

邊民，舊爲虜所掠者，逃歸至燕，民爲斂資給導以入漢界【五】，因謂曰：「汝歸矣，他年南朝官家來收幽州，慎無殺吾漢兒也。」其幽薊民心嚮化如此。

十日，自幽州北行至孫侯館五十里，地平、無邱陵。出北安門，道西有華嚴寺，即太宗皇帝駐蹕之地也。民言僧堂東壁有御札十五字，虜不令人見，覆以漆板，虜主每至，必開觀之。以上江少虞《事實類苑》卷七十七「安邊禦寇」門引。十里過高梁河，三十里過孤溝河，三十五里過長城。

十一日，自孫侯館北行至順州三十里，地平。二里過温渝河，順州古城周約七里。

十二日，自順州東北行至檀州八十里，路險有邱陵。二十五里過白絮河，河源出太行山。七十里道東有寨柵門，崖壁斗絶，此天所以限戎虜也。虜置榷場於虎北口而收地征。

十五日【六】，自虎北館東北行，至新館六十里。下虎北口山，即入奚界。五里有關，虜率十餘人守之。澗水西南流至虎北口南，名朝里河。五十里過大山，名摘星嶺，高五里，又謂之辭鄉嶺【七】。

十六日，自新館行至卧如館四十里。七里過編廂嶺。

十七日，自卧如館東北行，至柳河館六十里。五里過石子嶺，道險。三十里過鑾河，四十里過纏斗嶺。又行十餘里至平州路。六十里過柳河。

十八日，過柳河館，東北行至部落館八十里。十里過小山，六十里過契丹嶺。

【五】斂資　原作「致資」，據《皇宋事實類苑》改。

【六】十五日　原缺，據指海本補。

【七】又謂之辭鄉嶺　「又」原作「人」，據指海本改。

十九日，自部落館東北行，至牛山館五十里，山勢平漫。

二十日，自牛山館東北行，至鹿兒館六十里，地勢微險。

二十一日，自鹿兒館東北行，至鐵漿館八十里，山勢平遠。

二十二日，自鐵漿館東北行，至富谷館八十里，山勢平遠。

二十三日，自富谷館東北行，至通天館八十里，山遠路平。

二十四日，自通天館東北行，至契丹國三十里，山遠路平。以上《續談助》引。　奚漢民雜居益衆。里民言：漢使歲至，虜必盡驅山中奚民就道而居，欲其人烟相接也。又曰：虜所止之處，官屬皆從，城中無館舍，但於城外就車帳而居焉。契丹國外城高丈餘，東西有廊【八】，幅員三十里。南門曰朱夏門，凡三門，門有樓閣。自朱夏門入，街道濶百餘步，東西有廊舍，約三百間，居民列廛肆廡下【九】。街東西各三坊，坊門相對，虜以卒守坊門，持梃擊民，不令出觀。徐視坊門，坊中闃地【一〇】，民之觀者無多。又於坊聚車、橐駝，蓋欲誇漢使以浩穰。三里至第二重城，城南門曰陽德門，凡三間，有樓閣，城高三丈，有睥睨，幅員約七里。自陽德門入，一里而至内城閶闔門，凡三門。街道東西並無居民，但有短墻以障空地耳。閶闔門樓有五鳳狀如京師，大約制度卑陋。東西掖門去閶闔各三百餘步，東西角樓相去約二里。是夕宿大同驛，驛在陽德門外，驛東西各三廳，蓋仿京師上元驛也。虜遣龍虎大將軍耶律照里爲館伴使，起居郎邢祐副之。

【八】東西有廊　原作「步東西有廊」，「步」字衍，徑删。

【九】廛肆　「肆」原作「舍」，據《皇宋事實類苑》改。

【一〇】闃地　原作「閴地」，據《皇宋事實類苑》改。

二十六日，持國信自東掖門入，至第三門，名曰武功門。見虜主於武功殿，設山棚，張樂，引漢使升。虜主年三十餘，衣漢服，黄紗袍，玉帶，鞾互靴，方床累茵而坐，左右侍立凡數人，皆胡竪。黄金飾栝案，四面懸金紡絳絲，結網而爲案帳。漢官凡八人，分東西偏而坐，坐皆繡墩。東偏漢服官三人，首大丞相，晉王韓德讓，年約六十；次曰前都統相公耶律氏；不得名。次曰參政僕射，姓邢氏。不得名。胡服官一人，駙馬相公姓蕭氏。不得名。西偏漢服官二人，一曰秦王隆慶，次曰楚王；不得名。胡服二人，一曰惕隱相公耶律英，次曰常温相公。不得名。惕隱、常温皆虜官。呼漢使坐西南隅，將進虜主酒，坐者皆拜，惟漢丞相不起。俄而隆慶先進酒，酌以玉璀、玉醆，雙置玉臺廣五寸，長尺餘，有四足，璀、醆皆有屈指。虜主座前先置銀盤，盤有三足，如几狀【一一】，中有金罍。進酒者升，以璀、醆授二胡竪執之，以置罍側，進酒者以虚臺退，拜於階下，訖，二胡竪復執璀、醆以退，傾餘酒於罍中。拜者復自階下執玉臺以上，取璀、醆而下，拜訖，復位。次則楚王進酒，如前儀。次則耶律英進酒，如前儀。其漢服官進酒，贊拜以漢人【一二】，胡服官則以胡人。坐者皆飲，凡三爵而退。

二十七日，自西掖入，至第三門，名曰文化門，見國母於文化殿。設山棚，張樂，引漢使升，蕃漢官坐者如故。國母約五十餘，冠翠花玉充耳，衣黄錦小褧袍【一三】，束以白錦帶，方床累茵而坐，以錦裙環覆其足。侍立者十餘人，皆胡婢，黄金爲耳璫，五色綵纏髮，盤以爲髻，純練綵衣，束以繡帶。有童子一人，年十餘歲，胡帽錦衣，嬉戲國母前，其狀類

【一一】如几狀　原作「有几牀」，據《皇宋事實類苑》改。

【一二】贊拜　「贊」原作「替」，據《皇宋事實類苑》改。

【一三】褧袍　原作「褷袍」，據《皇宋事實類苑》改。

韓丞相，蓋國母所生韓氏子也。隆慶以下，遞相讙、醆進酒，如進虜主儀。二胡豎執之至國母前，以授二胡婢，婢以進，伶官致辭於前，大約敘兩朝通讙之意。虜主坐西偏，其應用器皿皆降殺，以餘官進酒但用小玉卮，蓋尊其國母故也。

二十八日，復宴武功殿，即虜主生辰也。設山棚，張樂，列漢服官於西廡，胡服於東廡，引漢使升坐西南廡隅。國母冠當陽翠鳳大冠，冠有綏纓垂覆於領，鳳皆浮，衣黄錦青鳳袍，貂裘覆足。俄而殿上施紅罽毯，虜主先起，具玉臺，酌讙醆，以進其國母。拜訖，復位。次以餘官進虜主酒，降殺如前儀。次則諸王及蕃官皆進酒，中置其虜食，如幽州宴儀。酒十數行，國母三勸漢使酒，酌以大玉斝。卒食，盤中餘肉悉以遺漢使。

正月一日，復宴文化殿，如前儀。胡服官一人先以光小玉杯酌酒，以獻國母，名曰「上壽」。其次，則諸王遞進酒，如前儀【一四】。國母亦三勸漢使酒，乃遣贊酒者勞徠之。

四日又宴於文化殿【一五】。階下列百戲，有舞女八佾。

六日，又宴於武功殿【一六】，國母不坐，百戲、舞女如前儀。隆慶先進虜主酒，衆官皆拜，韓丞相避席。虜主遣一童子，是前日所見狀貌類韓丞相者，就請之，丞相乃坐。

七日，又宴射於南園，園在朱夏門外，虜遣大内惕隱、知政事令耶律英侑宴，贈漢中的者馬五疋、綵二十段、弓一、矢十。英又贈馬二疋。園中有臺，樹皆新植，射畢就坐。英舉大觴以屬漢使曰：「兩朝通讙千萬年，今日也【一七】，願飲此酒，記英姓名耳。」

【一四】如前儀　原缺，據《皇宋事實類苑》補。

【一五】文化殿　原作「武功殿」，據《皇宋事實類苑》改。

【一六】階下列百戲……又宴於武功殿　原缺，據《皇宋事實類苑》補。

【一七】今日也　「也」原無，據《皇宋事實類苑》補。

八日，辭國母於文化殿，漢使升，酒三行而出。

九日，辭虜主於武功殿，遺漢使及從人鞍馬、衣物、綵段、弓矢有差。虜名其國曰中京，府曰大定府，無屬縣，有留守、府尹之官，官府、寺丞皆草創未就，蓋與朝廷通使以來方議建立都邑。內城中止有文化、武功二殿，後有宫室，但穹廬毳幕。常欲遷幽薊八軍及沿靈河之民以實中京，民不堪命，虜知其不可，遽止。中京南至幽州九百里，至雄州白溝河界一千一百四十五里，東至靈河五百里。靈河有靈、錦、顯、霸四州，地生桑、麻、貝、錦，州民無田租，但供蠶織，名曰太后絲蠶户。東至黄龍府一千五百里，虜謂黄龍府爲東京，有府尹、留守之屬。又東至高麗、女真四千里【一八】，自靈河以下事，皆接伴副使李詢言，詢嘗使高麗，經女真，涉靈河，凡五十程。東北至遼海二千里。遼海即遼東也，樂浪、玄菟之地皆屬焉。遼海民勇勁樂戰，歲簡閲以爲渤海都。遼海以下事，館伴使劉經言。北至上國一千里，即林胡舊地，本名林荒，虜更其名曰臨潢府，國之南有潢水故也，皮室相公爲留守。西至炭山七百里。炭山即黑山也，地寒涼，雖盛夏必重裘，宿草之下，掘深尺餘，有層冰瑩潔如玉，至秋分則消釋。山北有涼殿，虜每夏往居之。西北至刑頭五百里，地苦寒，井泉經夏常凍。虜小暑則往涼殿，大熱即往刑頭，官屬、部落咸輦妻子以從。自臨潢以下事亦劉經言。東北百餘里有鴨池，鶩之所聚也。虜春種稗以飼鶩，肥則往捕之。接伴副使邢祐言之。西南至山後八軍八百餘里，南大王、北大王統之，皆耶律氏也。控弦之士各萬人，二王陸梁難制，虜每有徵發，

【一八】四千里　「千」原作「十」，據指海本改。

多不從命，虜亦姑息。此二王事得之於檀州知州馬壽。上國西百餘里有大池，幅員三百里，鹽生著岸如冰凌，朝聚暮合，年深者堅如巨石，虜鑿之爲枕，其碎者類顆鹽，民得採鬻之。上國之地，北有秣笪國，有鐵驪國，二國産貂鼠，尤爲温潤，歲輸皮數千枚。鹽池、貂鼠事皆邢祐言之。虜之兵有四，一曰漢兵，二曰奚兵，三曰契丹兵，四曰渤海兵，駙馬都尉、蘭陵郡王蕭寧統之。契丹諸族曰横帳兵，惕隱相公統之，即虜相耶律英也。奚兵，常温相公統之，歲籍其兵，辨其耗，登以授於虜。給衣糧者唯漢兵，餘皆散處帳族，營種如居民。每欲南牧，皆集於幽州，有四路，一曰榆關路，二曰崧亭路，三曰虎北口路，四曰石門關路。榆關在薊州北百餘里，崧亭關在幽州東二百六十里，虎北口在幽州北三百里，石門關在幽州西一百八十里，其險絶悉類虎北口，皆古控扼奚虜要害之地也。虎北口東三十餘里，又有奚關，奚兵多由此關而南入，山路險隘，止通單騎。榆關事，涿州刺史李質言；崧亭關、石門關等路，幽州客司牛榮言之。虜有翰林學士一人，曰劉晟，知制誥五人，其一曰劉經。歲開貢舉，以登漢民之俊秀者，牓帖授官，一效中國之制。其在廷之臣，則有俸禄。李詢爲工部郎中，月得俸錢萬，米麥各七石。典州縣則有利潤莊。蕃漢官子孫有秀茂者，必令學中國書篆，習讀經史。自與朝廷通好以來，歲選人材尤異、聰敏知文史者，以備南使，故中朝聲教皆略知梗槩。至若營井邑以易部落，造館舍以變穹廬，服冠帶以卻氈毳，享廚爨以屏毛血，皆慕中國之義也。夫惟義者可以漸化，則豺虎之性庶幾乎變矣。去年車駕東巡，虜受諜者之訴，遂徵兵幽薊，以備王師之至。朝廷推示大信，邊郡撤警，虜聞之大慚，自以爲誤於小民，失信於大國，於是械送諜者以歸於我。洎臣等持國信以至境上，虜乃下令曰：「昨者徵兵幽薊以備南，敢有言於漢使者，誅及其族。」虜下令事，殿侍魯進聞之於契丹語。自是迎侍國信，彌勤至矣。自白溝至契丹國凡二十驛，近歲以來，中路又添頓館，供帳鮮潔，器用完備，燭臺炭鑪，悉鑄以銅鐵。奚民守館者，皆給土田以營養焉。國信所至，則蕃官具芻秣，漢官排頓置，大閹執栝案，舍利勸酒食，與漢使言，率以子孫爲契。觀其畏威懷德，必能久守歡約矣。以上《皇朝事實類苑》引。

路氏《乘軺録》一卷，《宋史·藝文志》著録，今無傳本，僅見江氏《皇朝事實類苑》、晁氏《續談助》所稱引，兹合兩書輯録，首尾粗具。案宋人使遼還者，必有記録上諸朝，若王沂公、富鄭公、薛映諸《行程録》，張舜民《使遼録》附見《契丹國志》，宋綬、李維上契丹事，附見《續資治通鑑長編》。第皆寥寥短章，完具者祇一陳襄《使遼語録》而已。路氏此録，山川道里而外，兼詳事實，證之史，頗有異同，或足補其未備，約舉之，得數事。如云景宗睿知皇后於韓德讓有辟陽之幸，生二子，史所不載，而《長編》諸書皆有此説，然謂后先許嫁德讓，則屬剏聞，一也。云德讓從弟統軍娶后姊，澶淵之役中弩死。考死澶淵者爲蕭撻凛，撻凛官南京統軍使。宋、遼兩史無異辭，非德讓從弟。《長編》載來歸供奉官李信之言，謂后有姊二人，長適齊王，次適趙王，亦非適韓氏。德讓從弟不見史傳。世有客省使韓瑜墓誌，瑜爲鄴王匡美之子，於德讓爲從弟，統和間出征中創死，而官非統軍。匡美曾官南京統軍而未嘗死綏，且皆不言娶皇后之姊，疑莫能明，二也。云去年封禪，虜信諜者言，徵兵幽薊，以虞王師之至，朝廷推示大信，邊郡撤警，虜聞之大慚，械送諜者以歸於我，則兩史皆不之載，賴此知之，三也。云幽州内外城門，東曰水牕、宣和，南曰開陽、丹鳳，西曰清音、顯西，北曰北安、衙北。史則水牕、宣和作安東、迎春，清音作清晉，北安、衙北作通天、拱辰。清音當是清晉之僞，餘或後來改稱。而所載中京門名朱夏、陽德，則史所失載，四也。云見國母，伶官致辭於前，叙兩朝通讙之意，亦不見禮志，五也。云虜嘗欲遷幽薊八軍及沿靈河之民以實中京，民不堪命，遽止。而史云統和廿五年城中京，實以漢民，相牴牾，六也。所見契丹達官，多不得其名，今以史證之，所謂前都統相公耶律氏者，耶律奴瓜也。本傳：統和廿一年，以南府宰相伐宋，擒王繼忠。參政僕射姓邢氏者，邢抱質也。紀：統和廿九年，以南府宰相爲南院樞密使。駙馬相公姓蕭氏者，蕭繼先也。本傳：拜駙馬都尉，北府宰相。惕隱相公耶律英者，老君奴也。紀：統和廿三年，以行軍都監爲惕隱。駙馬都尉、蘭陵郡王蕭寧者，蕭排押。本傳：拜駙馬都尉蕭撻凜卒，專任南面事。惟常温相公於史無徵。餘如飲食之制，酬獻宴射之儀，亦資異聞。厲氏《遼史拾遺》、楊氏《補遺》皆未及見。頃將更爲續補，求前人未見之書，此其一也，原本有誤字，顯然者正之而注其原誤於下，不可知者仍之。校録既竟，爰考其略如此。丁丑嘉平六日上虞羅繼祖。

〔宋〕陶岳 撰

五代史補

黄寶華 整理

點校説明

《五代史補》五卷，陶岳撰。陶岳，字舜咨，一字介立，永州祁陽（今屬湖南）人。東晉陶侃之後，故其序自署「潯陽」，蓋用其族望。太平興國五年進士，與寇準爲同年。寇準知密州時，岳充其幕職，甚相得。歷官太常博士、尚書職方員外郎，知端州。居官四十年，五爲郡守，以清謹耿介稱。余靖過端州，父老言前後太守中不求端硯者，惟包拯與岳二人而已。以儒學著名，卒贈刑部侍郎。著有《荆湘近事》十卷，《貨泉録》一卷，《零陵總記》十五卷及本書。其中《荆湘近事》存有殘本，《零陵總記》已佚，但宋人有稱引。

宋太祖時，薛居正等修成《五代史》，即所謂《舊五代史》，陶岳嫌其尚多缺略，因取諸國創業割據事跡，撰成此書。其自序署「皇宋祀汾陰之後歲在壬子」，即真宗大中祥符五年（一〇一二）。晁公武《郡齋讀書志》著録此書作《五代補録》，且云共載一百零七事，而今本所載，梁二十一事，後唐二十事，晉二十事，漢二十事，周二十二事，凡一百零四事，蓋有所佚失也。此書雖屬史乘，《四庫全書》著録于《史部·雜史類》，但所記多遺聞佚事之類，頗近小説家言。然事涉五代諸史，尤于南方諸國史事採録較詳，爲治史者所重。《四庫全書總目》評曰：「然當薛史既出之後，能網羅散失，裨益闕遺，于史學要不爲無助也。」洵得其實。故歐陽修撰《新五代史》，司馬光修《資治通鑒》也多所採用。

此書有明毛氏汲古閣本，四庫全書本，紫藤書屋叢刻本，懺花盦叢書本等，民國時胡思敬輯《豫章叢書》亦收此書，並附有胡氏校勘記。今次整理，以紫藤書屋叢刻本爲底本，校以文淵閣《四庫全書》本及豫章叢書本。今有傅璇琮等主編之《五代史書彙編》，收有顧薇薇校點之《五代史補》，對其點校成果亦有所採納，特表謝意。

序

五代之相承也，其闢土則不廣，享祚則非永，干戈尚被於原野，聲教未浹於華夏【一】，雖唐室名儒或有存者，然俎豆軍旅，勢不兩立，故其史書漏落尤甚。近年以來，議者以國家誕膺寶命，廓清區宇，萬邦輻輳以入貢，九流風動而觀政，五代之書必然改作。岳自惟淺陋，久居冗散，一札詔下，恐非秉筆之數。因思自幼及長，侍長者之座，接通人之談，至於諸國竊據，累朝創業，其間事迹頗曾尋究，因書其所聞，得百餘條，均其年代，爲之次序，勒成五卷，命曰《五代史補》。雖同小説，頗資大猷，聊以備於闕遺，故不拘於類例，幸將來秉筆者覽之而已。時皇宋祀汾陰之後，歲在壬子序。

校勘記

【一】華夏　原作「邊隅」，據《豫章叢書》本（以下簡稱豫章本）及《四庫全書》本（以下簡稱四庫本）改。

目録

卷第一

梁 二十一條

太祖應讖

太祖朱全忠，黄巢之先鋒。巢入長安，以刺史王鐸圍同州，太祖遂降鐸，承制拜同州刺史。黄巢滅，淮蔡間秦宗權復盛，朝廷以淮蔡與汴州相接，太祖汴人，必究其能否，遂移授宣武軍節度使，以討宗權。未幾滅之，自是威福由己，朝廷不能制，遂有天下。先是，民間傳讖曰「五公符」，又謂之「李淳風轉天歌」，其字有「八牛之年」，讖者以「八牛」乃朱字【一】，則太祖革命之應焉。

太祖文健兒面

太祖之用兵也，法令嚴峻，每戰，逐隊主帥或有歿而不反者【二】，其餘皆斬之，謂之拔隊斬【三】。自是戰無不勝，然健兒且多竄匿，州郡疲於追捕，因下令文面。健兒文面自此始也。

敬翔裨贊【四】

校勘記

【一】乃朱字　「朱」原作「姓」，據豫章本及四庫本改。

【二】歿而不反　「歿」原作「没」，據四庫本改。

【三】拔隊斬　「拔」原作「跋」，據豫章本及四庫本改。

【四】敬翔裨贊　「敬」原作「景」，據豫章本改。下同。題下原有小字注：「本犯敬字廟諱，改作景。」

敬翔應《三傳》，數舉不第，發憤投太祖，願備行陣。太祖問曰：「足下通《春秋》久矣，今吾主盟，其爲戰欲效春秋時，可乎？」翔曰：「不可。夫禮樂猶不相沿襲，况兵者詭道，宜其變化無窮。若復如春秋時，則所謂務虚名而喪其實效，大王之事去矣！」太祖大悦，以爲知兵，遽延之幕府，委以軍事，竟至作相。

王彦章入軍

王彦章之應募也，同時有數百人，而彦章營求爲長，衆皆怒曰：「彦章何人，一旦自草野中出，便欲居我輩之上，是不自量之甚也！」彦章聞之，乃對主將指數百人曰：「我天與壯氣，自度汝等不及，故求作長耳。汝等咄咄，得非勝負將分之際耶？且大凡健兒開口便言死，死則未暇，且共汝輩赤脚入棘針地走三五遭，汝等能乎？」衆初以爲戲，既而彦章果然，衆皆失色，無敢效之者。太祖聞之以爲神人，遽擢用之。

楊凝式佯狂

楊凝式，父涉爲唐宰相。太祖之篡唐祚也，涉當送傳國璽，時凝式方冠，諫曰：「大人爲宰相，而國家至此，不可謂之無過，而更手持天子印綬以付他人，保富貴，其如千載之後云云何【五】？其宜辭免之！」時太祖恐唐室大臣不利於己，往往陰使人來採訪羣議，縉紳之士及禍甚衆。涉常不自保，忽聞凝式言，大駭曰：「汝滅吾族！」於是神色沮喪者數日。凝式恐事泄，即日遂佯狂，時人謂之「楊風子」也。

【五】其如千載之後云云何　「云云」原無，據豫章本及四庫本補。

楊行密錢塘侵掠

楊行密常命宣州刺史田頵領兵圍錢塘，錢鏐危急，遣其子元璙修好於行密。元璙風神俊邁，行密見之甚喜，因以其女妻之，遽命頵罷兵。初，頵之圍城也，嘗遣使候錢鏐起居，鏐厚待之，將行，復與之小飲。時羅隱、皮日休在坐，意以頵之師無能爲也，且欲譏之。於是日休爲令，取一字四面被圍而不失其本音。因曰：「『其』字上加艸，爲萁菜；下加石，爲碁子；左加玉，爲琪玉；右加月，爲期會。」羅隱取「于」字上加雨爲雩，下加皿爲盂，左加玉爲玗玉，右加邑爲邘地。使者取「亡」字，譏錢鏐必亡，然亡上加艸爲芒，下加心爲忘，右加邑爲邙，左加心爲忙，其令必不通，合坐皆嘻笑之，使大慚而去。未幾，頵果班師。先是，行密與鏐勢力相敵，其爲憤怒，雖水火之不若也。行密嘗命以大索爲錢貫，號曰「穿錢眼」。鏐聞之，每歲命以大斧科柳，謂之「斫楊頭」。至是，以元璙通婚，二境漸睦，「穿眼」「斫頭」之論始止。

楊行密詐盲

楊行密據淮南，以妻弟朱氏衆謂之朱三郎者，行密署爲泗州防禦使【六】，泗州素屯軍，朱氏驍勇，到任恃衆自負。行密雖悔，度力未能制，但姑息之。時議以爲行密事勢去矣！居無何，行密得目疾，雖愈，且詐稱失明，其出入皆以人扶策，不爾則觸墻抵柱，至於流血。姬妾僕隸以爲實然，往往無禮，首尾僅三年。朱氏聞之信而少懈弛。行密度其計

【六】泗州　「州」原作「洲」，據豫章本及四庫本改。

必中，謂妻曰：「吾不幸臨老兩目如此，男女卑幼，苟不諱，則國家爲他人所有。今晝夜思忖，不如召泗州三舅來，使管勾軍府事，則吾雖死無恨。」妻以爲然，遽發使述其意而召之。朱氏大喜，倍道而行【七】，及入謁，行密恐其覺，坐於中堂，以家人禮見，朱氏頗有德色。方設拜，行密奮袖中鐵槌以擊之，正中其首，然猶宛轉號叫，久而方斃。行密內外不測，即時升廳，召將吏等謂之曰：「吾所以兩目失明者，蓋爲朱三。此賊今已擊殺，兩目無事矣，諸公知之否？」於是軍府大駭，其僕妾嘗所無禮者皆自殺。初，行密之在民間也，嘗爲合肥縣手力，有過，縣令將鞭之，行密懼且拜，會有客自外入，見行密每拜則廳之前檐皆叩地，而令不之覺。客知其非常，乃遽升廳揖令，於他處告以所見，令驚，遂恕之，且勸事郡以自奮。行密度本郡不足依，乃投高駢，駢死，秦彥、孫儒等作亂，行密連誅之，遂有淮南之地。

朱瑾得戰馬

瑾之奔淮南也，時行密方圖霸，其爲禮待加於諸將數等。瑾感行密見知，欲立奇功爲報，但恨無入陣馬，忽忽不樂。一日晝寢，夢老叟眉髮皓然，謂瑾曰：「君常恨無入陣馬【八】，今馬生矣。」及厩隸報適退槽馬生一駒，見卧未能起。瑾驚曰：「何應之速也！」行往視之，見骨目皆非常馬，大喜曰：「事辦矣！」其後破杜洪，取鍾傳，未嘗不得力焉。初，瑾之來也，徐溫覩其英烈，深忌之，故瑾不敢預政。及行密死，子溥嗣位，溫與張鎬爭

【七】倍道而行　「行」原作「去」，據豫章本改，四庫本作「至」。

【八】君常恨無入陣馬　「常」原作「長」，據豫章木及四庫本改。

權，襲殺鎬，自是，事無大小皆決於温。既而温復爲自安之計，乃以子知訓自代，然後引兵出居金陵，實欲控制中外。知訓尤恣横，瑾居常嫉之。一旦知訓欲得瑾所乘馬，瑾怒，遂擊殺知訓，提其首請溥起兵誅温，溥素怯懦，見之掩面而走。瑾曰：「老婢兒不足爲計！」亦自殺。中外大駭，且懼温至，遽以瑾屍暴之市中。時盛暑，肌肉累日不壞，至青蠅無敢輒泊。人有病者，或於暴屍處取土煎而服之，無不愈。

錢鏐弭謗

錢鏐封吳越國王後，大興府署，版築斤斧之聲晝夜不絶，士卒怨嗟，或有中夜潛用白土大書於門曰：「没了期，侵早起，抵暮歸。」鏐一見欣然，遽命書吏亦以白土書數字於其側曰：「没了期，春衣纔罷又冬衣。」時人以爲神輔【九】，自是怨嗟頓息矣。

王建犯徒

王建在許下時，尤不逞，嘗坐事遭徒，但無杖痕爾。及據蜀，得馬涓爲從事，涓好詆訐，一作評。建恐爲所譏，因問曰：「竊聞外議以吾曾遭徒刑，有之乎？」涓對曰：「有之。」建恃無杖痕，且欲對衆【一〇】，因袒背以示涓曰：「請足下試看，有遭杖責而肌肉如是耶？」涓知其詐，乃撫背而歎曰：「大奇！當時何處得此好膏藥來？」賓佐皆失色，而涓晏然。

王建禮待翰林學士

【九】以爲神輔　「輔」四庫本作「降」。

【一〇】且欲對衆　「欲」原無，據四庫本補。

王建之僭號也，惟翰林學士最承恩顧，侍臣或諫其禮過。建曰：「蓋汝輩未之見也。且吾在神策軍時，主內門魚鑰，見唐朝諸帝待翰林學士，雖交友不若也。今我恩顧，比當時才有百分之一爾，何謂之過當耶？」論者多之。

鍾傳重士

鍾傳雖起於商販，尤好學重士。時江西士流有名第者多因傳薦，四遠騰聲【一一】，謂之曰「英明」。諸葛浩素有詞學，嘗爲泗州管驛巡官，仰傳之風，因擇其所行之事赫赫可稱者十條【一二】，列於啓事以投之。十啟凡五千字，皆文理典贍。傳覽之驚嘆，謂賓佐曰：「此啓事每一字可以千錢酬之。」遂以五千貫贈，仍辟在幕下，其激勸如此。

羅隱東歸

羅隱在科場恃才傲物，尤爲公卿所惡，故六舉不第。時長安有羅尊師者，深於相術。隱以貌陋，恐爲相術所棄，每於尊師接談，常自大以沮之。及其累遭黜落，不得已始往問焉。尊師笑曰：「貧道知之久矣！但以吾子決在一第，未可與語。今日之事，貧道敢有所隱乎？且吾子之於一第也，貧道觀之，雖首冠羣英亦不過簿尉爾，若能罷舉東歸霸國以求用，則必富且貴矣。兩途吾子宜自擇之。」隱懵然不知所措者數日。隣居有賣飯媼見隱驚曰：「何辭色之沮喪如此？莫有不決之事否？」隱謂知之，因盡以尊師之言告之，媼歎曰：「秀才何自迷甚焉！且天下皆知羅隱，何須一第然後爲得哉？不如急取

【一一】四遠騰聲　「聲」原作「然」，據四庫本改。

【一二】所行之事　「之」原無，據四庫本補。

富貴，則老婆之願也。」隱聞之釋然，遂歸錢塘。時錢鏐方得兩浙，置之幕府，使典軍中書檄，其後官給事中。初，隱罷上中書之日【一三】，費窘，因抵魏，謁鄴王羅紹威。將入其境，先貽書叙其家世，鄴王爲姪。幕府僚吏見其書，皆怒曰：「羅隱一布衣爾，而姪視大王，其可乎！」紹威素重士，且曰：「羅隱名振天下，王公大夫多爲所薄。今惠然肯顧，其何以勝！得在姪行，爲幸多矣！敢不致恭？諸公慎勿言。」於是擁旆郊迎，一見即拜，隱亦不讓。及將行，紹威贈以百萬，他物稱是。仍致書於鏐謂「叔父」，鏐首用之。

鄭準作歸姓表

鄭準不知何許人，性諒直，能爲文，長於箋奏。成汭鎮荆南，辟爲推官。汭嘗讐殺人，懼爲吏所捕，改姓郭氏。及爲荆南節度使，命準爲表乞歸本姓，準援筆而成，其略云：「臣門非冠蓋，家本軍戎。親朋之内盱睢，爲人報怨；昆弟之間點染，無處求生。背故國以狐疑，望隣封而鼠竄。名非霸越，乘舟難效於陶朱；志切投秦，出境遂稱於張禄。」又云：「成爲本姓，郭乃冐稱。本避犯禁之辜，敢歸司寇？别族受封之典，誠愧諸侯。伏乞聖慈許歸本姓云云。」其表甚爲朝廷所重。後因汭生辰，淮南楊行密遣使致禮幣之外，仍貺《初學記》一部。準忿然以爲不可，謂汭曰：「夫《初學記》蓋訓童之書爾，今敵國交聘，以此書爲貺，得非相輕之甚耶【一四】？宜致書責讓【一五】。」汭不納，準自歎曰：「若然，則非敵國【一六】，足彰幕府之無人也，參佐無狀安可久！」遽請解職。汭怒其去，潛使

【一三】隱罷上中書之日　「罷上」原作「之除」，據豫章本改。

【一四】得非相輕之甚耶　「非」下原有「方」，據豫章本及四庫本删。

【一五】宜致書　「致」原無，據四庫本補。

【一六】則非敵國　「則非」豫章本作「見輕」。

人於途中殺之。

曹唐死

曹唐柳州人，少好道，爲大小《遊仙詩》各百篇，又著《紫府玄珠》一卷【一七】，皆叙三清、十極紀勝之事。其遊仙之句則有《漢武帝宴西王母》詩云：「花影暗回三殿月，樹聲深鎖九門霜。」又云：「樹底有天春寂寂，人間無路月茫茫。」皆爲士林所稱。其後遊信州，館於開元寺三學院。一旦卧疾，衆僧忽見二青衣緩步而至，且四向顧視，相謂曰：「只此便是『樹底有天春寂寂，人間無路月茫茫』。」言訖，直入唐之卧室，衆僧驚異，亦隨之而入。踰閾而青衣不復見，但見唐已殂矣。先是，唐與羅隱相遇，隱有題牡丹詩云：「若教解語應傾國，任是無情亦動人。」唐因戲隱曰：「此非賦牡丹，乃題女子障耳。」南人以歌姬爲女子。隱應聲曰：「猶勝足下鬼詩。」唐曰：「其詞安在？」隱曰：「只『樹底有天春寂寂，人間無路月茫茫』，得非鬼詩？」唐無言以對。至是青衣亦援引此句，而唐尋卒，則隱之言豈偶然哉？

杜光庭入道

杜光庭長安人，應《九經》舉不第，時長安有潘尊師者，道術甚高，爲僖宗所重【一八】。光庭素所希慕，數遊其門。當僖宗之幸蜀也，觀蜀中道門牢落，思得名士以主張之，駕回，詔潘尊師使於兩街求其可者，尊師奏曰：「臣觀兩街之衆，道聽塗説，一時之俊即有之，

【一七】紫府玄珠　「玄」原作「元」，據豫章本及四庫本改。

【一八】爲僖宗所重　「爲」原無，據四庫本補。

至於掌教之士，恐未合應聖旨。臣於科場中識《九經》杜光庭，其人性簡而氣清，量寬而識遠，且困於風塵，思欲脱屣名利久矣。以臣愚思之，非光庭不可。」僖宗召而問之，一見大悦，遂令披戴，仍賜紫衣，號曰廣成先生，即日馳驛遣之。及王建據蜀，待之愈厚。又號爲天師。光庭嘗以《道》、《德》二經注者雖多，皆未能演暢其旨，因著《廣成義》八十卷，它術稱是，識者多之。

爾朱先生上昇

爾朱先生忘其名，蜀人，功行甚至，遇異人與藥一丸，先生欲服，異人曰：「今若服必死，未若見浮石而後服之，則仙道成矣。」先生如其教，自是每一石必投之水，欲其浮，如此者殆一紀，人皆以爲狂，或聚而笑之，而先生之心愈堅。居無何，因遊峽上將渡江，有叟艤舟相待，先生異之，且問曰：「如何姓氏？」對曰：「石氏。」「此地何所？」答曰：「涪州。」先生豁然悟曰【一九】：「異人浮石之言，斯其應乎？」遂服其藥，即輕舉矣。

上藍遺鍾傳偈

上藍和尚失其名，居於洪州上藍院，精究術數，大爲鍾傳所禮。一旦疾篤，往省之，且曰：「老夫於和尚可謂無間矣，和尚或不諱，得無一言相付耶？」上藍强起，索筆作偈以授，其末云：「但看來年二三月，柳條堪作打鐘槌。」偈終而卒，傳得之不能測。洎明年春，淮帥引兵奄至，洪州陷，江南遂爲楊氏有，打鐘之偈人始悟焉。

【一九】先生豁然　「先生」上原有「相待」，據豫章本及四庫本删。

僧貫休入蜀

僧貫休婺州蘭溪人，有逸才，長於歌詩，嘗遊荆南，時成汭爲荆南節度使。生日有獻歌詩頌德者僅百餘人，而貫休在焉。汭不能親覽，命幕史鄭準定其高下。準害其能，輒以貫休爲第三，貫休怒曰：「藻鑑如此，其可久乎？」遂入蜀，及至，值王建稱藩，因獻之詩云：「一瓶一鉢垂垂老，萬水千山得得來。」建大悦，遽加禮待，洎僭大號，以國師賜號曰「禪月」。

貫休與光庭嘲戲

貫休有機辯【二〇】，臨事制變，衆人未有出其右者。杜光庭欲挫其鋒，每相見必伺其舉措以戲調之。一旦因舞轡於通衢而貫休馬忽墜糞【二一】，光庭連呼：「大師，大師！」數珠落地，貫休曰：「非數珠，蓋大還丹耳。」光庭大慚。貫休有文集四十卷，吴融爲之序，號《西岳集》行於世。

陳黯善對

陳黯東甌人，才思敏速，時年十三，袖卷謁本郡牧，時面上有班瘡新愈，其痕炳然。郡牧戲之曰：「藻才而花貌，何不詠歌？」黯應聲曰：「玳瑁寧堪比，班犀詎可加？天嫌未端正，敷面與裝花。」

【二〇】機辯　原作「機辨」，據四庫本改。

【二一】舞轡　四庫本作「並轡」。

卷第二

後唐二十條

太祖號獨眼龍

太祖武皇本朱耶赤心之後，沙陀部人也，其先生於雕窠中，酋長以其異生，諸族傳養之，遂以「諸爺」爲氏，言非一父所養也。其後言訛，以「諸」爲「朱」，以「爺」爲「耶」。至太祖生，眇一目，長而驍勇，善騎射，所向無敵，時謂之獨眼龍，大爲部落所疾。太祖恐禍及，遂舉族歸唐，授雲州刺史，賜姓李，名克用。黄巢犯長安，自北引兵赴難，功成，遂拜太原節度使，封晉王。

淮南寫太祖真

武皇之有河東也，威聲大振，淮南楊行密常恨不識其狀貌，因使畫工詐爲商賈【一】，往河東寫之。畫工到未幾，人有知其謀者，擒之，武皇初甚怒，既而親謂曰：「且吾素眇一目，試召，亟使寫之，觀其所爲如何。」及至【二】，武皇按膝厲聲曰：「淮南使汝來寫吾真，必畫工之尤也。寫吾不及十分，即階下便是死汝之所矣。」畫工再拜下筆，時方盛暑，

【一】詐爲商賈　「詐」原作「作」，據豫章本及四庫本改。

【二】及至　「至」原無，據豫章本補。

武皇執八角扇，因寫扇角半遮其面。武皇曰：「汝諂吾也。」遽使別寫之，又應聲下筆，畫其臂弓撚箭之狀，仍微合一目以觀箭之曲直。武皇大喜，因厚賂金帛遣之。

莊宗能訓練兵士

莊宗之嗣位也，志在渡河，但恨河東地狹兵少，思欲百練其衆，以取必勝於天下。乃下令曰：「凡出師，騎軍不見賊不許騎馬，或步騎前後已定，不得越軍分以避險惡。其分路並進，期會有處，不得違晷刻，并在路敢言病者，皆斬之。」故三軍懼法而戮力，皆一以當百【三】，故朱梁舉天下而不能禦，卒爲所滅，良有以也【四】。初，莊宗爲公子時【五】，雅好音律，又能自撰曲子詞。其後凡用軍，前後隊伍皆以所撰詞授之，使揭聲而唱，謂之禦製。至於入陣，不論勝負，馬頭纔轉則衆樂齊作【六】，故凡所鬭戰，人忘其死，斯亦用軍之一奇也。

莊宗爲縣令所諫

莊宗好獵，每出，未有不蹂踐苗稼。一旦至中牟圍合，忽有縣令，忘其姓名，犯圍諫曰：「大凡有國家者，當視民如赤子，性命所繫。陛下以一時之娛，恣其蹂踐，使比屋嚻然動溝壑之慮。爲民父母豈若是耶？」莊宗大怒，以爲遭縣令所辱，遂叱退，將斬之。伶官鏡新磨者知其不可，乃與羣伶齊進，挽住令，佯爲詬責曰：「汝爲縣，可以指麾百姓爲兒。既天子好獵，即合多留閒地，安得縱百姓耕鋤，皆徧妨天子鷹犬飛走耶？而又不能

【三】皆一以當百　「以」原無，據豫章本補。

【四】良有以也　「也」原作「夫」，據豫章本改。

【五】莊宗爲公子時　「爲」原無，據豫章本補。

【六】衆樂齊作　「樂」原無，據四庫本補。豫章本作「衆歌齊作」。

自責，更敢咄咄！吾知汝當死罪！」諸伶亦皆嘻笑繼和。於是莊宗默然，其怒少霽，頃之，恕縣令罪。

明宗入倉草場

明宗之在位也，一旦幸倉場觀納。時主者以車駕親臨，懼得其罪，較量甚輕，明宗因謂之曰：「且朕自省事以來，倉場給散動經一二十年未畢。今較量如此，其後銷折將何以償之？」對曰：「竭盡家産，不足則繼之以身命。」明宗愴然曰：「只聞百姓養一家，未聞一家養百姓。今後每石加二斗耗，以備鼠雀侵蠹。」謂之「鼠雀耗」，倉糧加耗，自此始也【七】。

秦王掇禍

秦王從榮，明宗之愛子，好爲詩。判河南府，辟高輦爲推官，輦尤能爲詩，賓主相遇甚歡。自是出入門下者，當時名士有若張杭、高文蔚、何仲舉之徒，莫不分庭抗禮，更唱迭和。時干戈之後，武夫用事，睹從榮所爲，皆不悦，於是康知訓等竊議曰：「秦王好文，交遊者多詞客，此子若一旦南面，則我等轉死溝壑，不如早圖之。」高輦知其謀，因勸秦王托疾，此輩以所就之間須來問候，請大王伏壯士，出其不意，皆斬之，庶幾免禍矣。從榮曰：「至尊在上，一旦如此，得無危乎？」輦曰：「子弄父兵，罪當笞爾，不然則悔無及矣！」從榮猶豫不決，未幾及禍，高輦棄市。初，從榮之敗也，高輦竄於民家，且落髮爲僧，既擒獲，

【七】倉糧加耗自此始也　原作「倉糧起自始也」，據四庫本補改。

知訓以其毀形難認，復使巾幘著緋，驗其真僞，然後用刑。韋神色自若，厲聲曰：「朱衣纔脱，白刃難逃。」觀者壯之。

高季興據荊州

高季興本陝州硤石人【八】，爲太祖裨將，出爲郢州防禦使。時荊南成汭征鄂州，不利而卒。太祖命季興爲荊南留後，到未幾，會武陵土豪雷彦恭作亂，季興破之，遂以功授荊南節鉞。莊宗定天下，季興首入覲，因拜中書令，封南平王。初，季興嘗從梁太祖出征，引軍早發，至逆旅未曉，有嫗秉燭迎門，具禮甚厚。季興疑而問之，對曰：「妾適夢有人叩闔，呼曰『速起，速起，有裂土王來！』及起盥漱畢，秉燭開門，而君子奄至，得非所謂王者耶？所以不敢褻慢爾。」季興喜，及來荊南，竟至封王。

王氏據福建

王潮之來福建也，值連帥陳巖卒，子婿范暉自稱留後。潮攻拔之，盡有其地，遂爲福建觀察使。至其弟審知立【九】，雖天下多事，猶能修其職貢，朝廷嘉之，封閩王。審知卒，子延鈞嗣【一〇】，無識，輒改審知制度，僭稱大閩，改元龍啓。其後爲子昶殺，昶多行不道，閩人殺之，立從父延羲，改元永隆。延羲不恤政事，國亂，爲其將連重遇所殺，王氏之族遂滅。先是，梁朝有王霸者，即王氏之遠祖，爲道士，居於福州之怡山時，愛二皂筴樹，因其下築壇爲朝禮之所，其後丹成，冲虛而去。霸嘗云：「吾之子孫當有王於此方者。」乃自

【八】陝州硤石人　原作「陵州陝右人」，據豫章本改。

【九】至其弟審知立　「弟」原作「子」，據豫章本改。四庫本作「子」，亦誤。

【一〇】子延鈞嗣　「子」原作「弟」，誤，據史改。「鈞」原作「均」，據豫章本改。案：史載王審知卒，其子延翰嗣位，後唐同光四年（九二六），延翰弟延鈞殺延翰，繼爲閩王。

爲讖，藏之於地。唐光啓中，爛柯道士徐景玄因於壇東北隅取土【一一】，獲其詞曰：「樹枯不用伐，壇壞不須結。不滿一千年，自有系孫列。」又曰：「後來是三王，潮水蕩禍殃。巖逢二乍間，未免有銷亡。子孫依吾道，代代封閩疆。」議者以爲「潮蕩禍殃」謂王潮除其禍患，以開基業也。「巖逢二乍間」謂陳巖逢王潮未幾而亡，土地爲其所有也。「代代封閩疆」謂潮與審知也，「代代」蓋兩世之稱，明封崇不過潮與審知兩世耳。初，王潮嘗假道於洪州，時鍾傳爲洪州節度使，以王潮若得福建，境土相接，必爲己患，陰欲誅之。有僧上藍者，通於術數，動皆先知，大爲鍾所重，因入謁，察傳詞氣，驚曰：「令公何故起惡意，是欲殺王潮否？」傳不敢隱，盡以告之，上藍曰：「老僧觀王潮與福建有緣，必變，彼時作一好世界【一二】，令公宜加禮厚待。若必殺之，令公之福去矣！」於是傳加以援送。及審知之嗣位也，楊行密方盛，常有吞東南之志氣。審知居常憂之，因其先人常與上藍所知，乃使人賫金帛往遺之，號曰「送供」，且問國之休咎。使回，上藍以十字爲報，其詞曰：「不怕羊入屋，只怕錢入腹。」審知得之，歎曰：「羊者楊也，腹者福也，得非福州之患不在楊行密而在錢氏乎？今內外將吏無姓錢者，必爲子孫後世之憂矣。」至延羲爲連重遇所殺，諸將爭立，江南乘其時，命查文徽領兵伐之，經年不能下。會兩浙救兵至，文徽腹背受敵，遂大敗。自是福州果爲錢氏所有，「入腹」之讖始應。蓋國之興衰，皆冥數先定矣。

【一一】徐景玄　「玄」原作「元」，據豫章本及四庫本改。

【一二】彼時作一好世界　「作」原作「亦」，據豫章本及四庫本改。

孟知祥兩代讖

孟知祥之入蜀，視其險固，陰有割據之志。洎抵成都，值晚，且憩於郊外，有推小車子過者，其物皆以袋盛。知祥見，問：「汝車所勝幾袋？」答曰：「盡力不過兩袋。」知祥惡之，其後果兩世而國滅。

孟知祥搬家【一三】

初知祥將據蜀也，且上表乞搬家屬。時樞密使安重誨用事，拒其請，知祥曰：「吾知之矣。」因使密以金百兩爲賂，重誨喜而爲敷奏，詔許之。及家屬至，知祥對僚吏笑曰：「天下聞安樞密【一四】，將謂天地間未有比【一五】，誰知只銷此百金耶？亦不足畏也。」遂守險拒命。

孟知祥平董璋

孟知祥與董璋有隙，舉兵討之，璋素勇悍，聞知祥之來也，以爲送死。諸將兩端，季鎬爲知祥判官，深憂之。及將戰，知祥欲示閒暇，自書一字以遺董璋。無何，舉筆輒誤書「董」爲「重」字，不悦久之。鎬在側，大喜，且引諸將賀於馬前，知祥不喻【一六】，曰：「事未可測，何賀耶？」鎬曰：「其董字，艸下施重。今大王去草書重，是董已無頭，此必勝之兆也。」於是三軍欣然，一戰而董璋敗。

錢鏐患目

【一三】搬家　原作「般家」，據四庫本改。下同。

【一四】安樞密　「安」原作「知」，據四庫本改。

【一五】未有比　「比」原作「此」，據四庫本改。

【一六】知祥不喻　「喻」原作「測」，據豫章本改。

錢鏐末年患雙目，有醫人，不知所從來，自云累世醫内外障眼，其術在於用針，無不效者。鏐聞召而使觀之，醫人曰：「可治。然大王非常人，患殆天與之。若醫，是違天理也，恐無益於壽，幸思之。」鏐曰：「吾起自行伍，跨有方面，富貴足矣，但得兩眼見物，爲鬼不亦快乎！」既而下手，莫不應手豁然。鏐喜，所賜動以萬計，醫人皆辭不受。明年鏐卒。

房知温從事入冥

房知温爲青州節度，封東平王，所爲不法，百姓苦之。一旦有從事張澤者，素好嗜鱉，忽暴卒，但心頭微暖，家人未即殮，經宿而活，自云爲泰山所追，行未幾，過一公宇，門庭甚壯，既見有人衣紫據案而坐，自謂之府君，叱澤曰：「何故食鱉過差耶？」言訖，有執筆挾簿、引羣鬼皆怪狀，攜以鼎鑊刀機一作鋸之具至，擒澤投於沸鼎中。移時，復用鉄叉撥出，以刀支解、去骨肉，然後烹飪，大抵亦如治鱉之狀。既熟，諸鬼分噉。凡出自鼎鑊，至於支解，又至於分啖，其於惨毒苦痛之狀，皆名狀所不及。如此者近數十度，府君始恕之，且問曰：「汝受諸苦如何爾？其敢再犯乎？」答曰：「不敢。」於是遣去，將行，府君又於案上取一物，封之甚固，授澤曰：「爲吾將此物與房知温，不法之事宜休矣！」澤領而置於懷，遂覺。知温聞知澤復活，遽使人肩舁入府而問之，澤備以所受之苦對，仍於懷中探取封物付知温，即錦被角也。知温大駭曰：「吾昨覺體寒如中瘧，遂擁被就火，忽聞足下無疾而卒，遂驚起，不虞一角之被爲火所燒，此其是乎？」遽取被視之，不差毫釐，知温顫慄不知所措，謂澤曰：「足下之過小可耳，尚如此，老夫不知如何也！」自是知温稍稍近理【一七】。

宋齊丘投姚洞天

宋齊丘，豫章人，父嘗在鍾傳幕下。齊丘素落魄，父卒，家計蕩盡，已在窮悴，朝夕不能度。時姚洞天爲淮南騎將，素好士，齊丘欲謁之，且囊空無備紙筆之費，計無所出，但於逆旅杜門而坐。如此殆數日，隣房有散樂女尚幼，問齊丘曰：「秀才何以數日不出？」齊丘以實告，女歎曰：「此甚小事，秀才何吝一言相示耶？」乃惠以數緡，齊丘用市紙筆，爲詩詠以投洞天，其略曰：「某學武無成，攻文失志【一八】，歲華蹭蹬，身事蹉跎。胸中之萬仭青山，壓低氣宇；頭上之一輪紅日，燒盡風雲。加以天步淩遲，皇綱廢絶，四海淵黑，中原血紅。抱飛蒼走黄之辯【一九】，有出鬼没神之機。」洞天怒其言大，不即接見。齊丘窘急，乃更其啓，翌日復至，其畧曰：「有生不如無生，爲人不若爲鬼。」又云：「其爲誠懇萬端，只爲饑寒兩字。」洞天始憫之，漸加以拯救。徐温聞其名，召至門下。及昇之有江南也，齊丘以佐命功遂至將相，乃上表以散樂女爲妻，以報宿惠。許之。

黄損不調

黄損連州人，少有大志，其爲學務於該通，嘗上三書【二〇】，號曰《三要》、大約類《陰

【一七】近理　四庫本作「歛戢」。

【一八】攻文　四庫本作「攻書」。

【一九】抱飛蒼走黄之辯　「抱」原作「挹」，「辯」原作「辨」，據四庫本改。

【二〇】嘗上三書　「上」下原有「書」字，據四庫本刪。

符》、《鬼谷》。同光初應進士，以此書投於公卿間，議者以爲有王佐才。洎登第歸，會王潮南稱霸，損因獻十策，求入幕府。其言多指切權要【二一】，由是衆疾之，然以其掇朝廷名第，不可坐廢。逾年始授永州團練判官，未幾又得足疾，遂退居於永州北滄塘湖上，以詩酒自娱。先是，損嘗學於廬山，與桑維翰、宋齊丘相遇，每論天下之務，皆出損下，損亦自負。居無何，同遊五老峯，路遇磐石，因憩歇，頃之，有叟長嘯而至，亦憩於側。損等皆不悦，既而叟指桑維翰、宋齊丘曰：「公等皆至將相，各不得其死。」次指損曰：「此子有道氣，可以隱居。若求名宦，不過一方州從事爾，宜思之！」損甚怒，叟曰：「休戚之數定矣！吾先知者，何怒耶？」三人始異之，將再問其事，此叟不顧而去。其後皆然。

何仲舉及第

何仲舉營道人，美姿容，年十三，俊邁絶倫，時家貧，輸税不及限，李皐爲營道令，怒之，乃荷項係獄，將櫝楚焉。或有言於皐曰：「此子雖丱，能爲詩，往往可立成【二二】，希明府一察之。」皐聞，遽召而問曰：「知汝有文，且速敏，今日之事若能文不加點，爲一篇以自述，吾當貸汝。」仲舉援筆而成曰：「似玉來投獄，抛家去就枷。可憐兩片木，夾却一枝花。」皐大驚，自爲脱枷，延上廳與之抗禮。自是仲舉始鋭意就學。天成中入洛，時秦王爲河南尹，尤重士。仲舉與張杭、江文蔚俱遊其門。及其東薦也，公舉數百人，獨以仲舉爲擅場，仲舉因獻詩曰：「碧雲章句纔離手，紫府神仙盡點頭。」秦王大悦，稱賞不已，故

【二一】指切權要　「指」下原有「斥」字，據四庫本删。

【二二】往往可立成　「可」原作「間」，據四庫本改。

一舉上第。及歸，遇文昭馬氏承制依唐太宗故事，於天策府置十八學士，以皐爲學士之首，且執政柄，而仲舉自以出於皐之門下，雖策名中朝事，皐未嘗暫懈，皐感悦，遂加引用。未幾，與之同列，及出，又爲全、衡二州刺史。先是，湖南尤多詩人【二三】，其最顯者有沈彬、廖凝、劉昭禹、尚顔、齊己、虚中之徒，而仲舉在諸公間尤爲輕淺，惟李皐獨推許之，往往對衆吟《秋日晚望》詩曰：「樹迎高鳥歸深野，雲傍斜陽過遠山。」以足扣地，嘆曰：「何仲舉乃詩家之高逸者也。諸公幸見取【二四】，其餘諸家乃閏氣爾【二五】。」故仲舉感皐之見知，卒能自奮，至於名節，亦終始無玷。論者以皐有知人之鑒。

徐寅擯棄

徐寅登第歸閩中，途經大梁，因獻太祖《遊大梁賦》。時梁祖與太原武皇爲讎敵【二六】，武皇眇一目而又出自沙陀部落。寅欲曲媚梁祖，故詞及之，云：「一眼蕃人望英威而膽落【二七】。」未幾，有人得其本示太原者，武皇見而大怒。及莊宗之滅梁也，四方諸侯以爲唐室復興，奉琛爲慶者相繼。王審知在閩中，亦遣使至，遽召其使問曰：「徐寅在否？」使不敢隱，以無恙對，莊宗因慘然曰：「汝歸語王審知，父母之讐不可同天，徐寅指斥先帝，今聞在彼中，何以容之？」使回，具以告，審知曰：「如此則主上欲殺徐寅爾，今殺則未敢奉詔，但不可用矣。」即日戒閽者不得引接徐寅，坐是終身止於秘書正字。

黄滔命徐寅代筆

【二三】湖南　四庫本作「湖廣」。

【二四】諸公幸見取　原作「諸官見取」，據四庫本補改。

【二五】其餘諸家乃閏氣爾　原作「舍其餘奴岳乃間氣爾」，據四庫本改。

【二六】時梁祖　「時」原作「詩」，據豫章本及四庫本改。

【二七】蕃人　豫章本及四庫本作「胡奴」。

黄滔在閩中，爲王審知推官。一旦餽之魚，時滔方與徐寅對談，遂請爲代謝牋，寅援筆而成，其略曰：「銜諸斷索，才從羊續懸來；列在琱盤，便到馮驩食處。」時人大稱之。

敬新磨狎侮【二八】

敬新磨河東人，爲伶官，大爲莊宗所寵。惜莊宗出自沙陀部落，既得天下【二九】，多用蕃部子弟爲左右侍衛，高鼻深目者甚衆，加以恃勢凌辱衣冠，新磨居常嫉之，往往揚言曰：「此輩雖硬弓長箭，今天下已定，無所施矣！惟有一般勝於人者，鼻孔大、眼睛深耳，他不足數也。」衆皆切齒，相與訴於莊宗，其間亦有言發而泣下者。莊宗不悦，召新磨責之曰：「吾軍出自蕃部，天下孰不知？汝未嘗爲我避諱，更辱罵之，使各垂泣告朕，何也？」新磨即正色對曰：「陛下妄矣！此輩淚，便用桔槔子打亦不出，豈能見之也？」莊宗素好俳，不覺大笑。時殿上常有惡犬，及新磨退，一犬奮起，似欲肆噬。新磨意莊宗使之，遽倚柱大呼曰：「陛下勿縱男女咬人！」莊宗色變，索弓箭，新磨遽抗聲曰：「臣雖賤，與陛下一體，殺之不祥。」問其故，對曰：「陛下改元，以同光爲紀年，天下謂之同光帝。且同者銅也，不得敬新磨，銅光何以見耶？」莊宗又欣然，其謔浪狎侮、應機而發，皆此類也【三〇】。

僧昭説踏錢

僧昭者，通於術數，居兩浙，大爲錢塘錢鏐所禮，謂之國師。一旦謁鏐，有宫中小兒嬉

【二八】敬新磨狎侮　「敬」原作「鏡」，據豫章本及四庫本改。下同。題下原有小字注：「本犯敬字廟諱，改作鏡。」

【二九】既得天下　「下」原作「子」，據豫章本及四庫本改。

【三〇】皆此類也　「皆」原無，據豫章本及四庫本補。

於側，墜下錢數十文，鏐見，謂之曰：「速收，慮人恐踏破汝錢。」昭師笑曰：「汝錢欲踏破，須是牛即可。」鏐喜，以爲社稷堅牢之義。後至曾孫俶，舉族入朝，因而國除。俶年是丑，爲牛，可謂牛踏錢而破矣。

卷第三

晉 二十條

高祖先兆

高祖尚明宗女，宫中謂之石郎。及將起兵於太原，京師夜間狼皆羣走，往往入宫中。愍帝患之，命諸班能射者分投捕逐，謂之射狼。或遇諸途，問曰：「汝從何而來？」對曰：「看射狼。」未幾，高祖至。蓋「射」亦「石」也。

少主不召桑維翰

少主之嗣位也，契丹以不俟命而擅立，又景延廣辱其使，契丹怒，舉國南侵，以駙馬都尉杜重威等領駕下精兵甲禦之於中渡河橋【一】。既而契丹之衆已深入，而重威等奏報未到朝廷。時桑維翰罷相，爲開封府尹，謂僚佐曰：「事急矣！非大臣鉗口之時。」乃叩内閣求見，欲請車駕親征，以固將士之心，而少主方在後苑調鷹，至暮竟不召。維翰退而歎曰：「國家阽危如此，草澤逋客亦宜下問，况大臣求見而不召耶！事亦可知矣！」未幾，杜重威之徒降於契丹，少主遂北遷。

校勘記

【一】中渡河橋　原作「中流河橋」，豫章本作「中流渡橋」。案：契丹南侵，杜重威駐軍於中渡橋禦敵，見《舊五代史·晉書·少帝紀第五》，今據以改。橋址在今河北正定，跨滹沱河上。

【二】謂彥澤　「彥」原無，據豫章本補。

【三】戎狄　四庫本作「讎敵」。

桑維翰責張彥澤

桑維翰形貌甚怪，往往見之者失次。張彥澤素以驍勇稱，每謁候，雖冬月未嘗不雨汗。及中渡變生，彥澤引蕃部至，欲逞其威，乃領衆突入開封府，弓矢亂發，且問：「桑維翰安在？」維翰聞之，乃厲聲曰：「吾爲大臣，使國家如此，其死宜矣，張彥澤安得無禮！」乃升廳安坐，謂彥澤曰【二】：「汝有何功帶使相，已臨方面，當國家危急，不能盡犬馬之力以爲報効，一旦背叛，助戎狄作威爲賊【三】，汝心安乎？」彥澤覩其詞氣慨然，股慄不敢仰視，退曰：「吾不知桑維翰何人，今日之下，威稜猶如此，其再可見耶？」是夜，令壯士就府縊殺之。當維翰之縊也，猶瞋目直視，噓其氣再三，每一噓皆有火出，其光赫然，三噓之外火盡滅，就視，則奄然矣。

李濤納命

李濤常忿張彥澤殺邠州幕吏張式而取其妻，濤率同列上疏，請誅彥澤以謝西土。高祖方姑息武夫，竟不從。未幾，契丹南侵至中渡橋，彥澤首降，戎主喜，命以本軍統蕃部控弦之士先入京師。彥澤自以功不世出，乃挾宿憾殺開封府尹桑維翰。濤聞之，謂親知曰：「吾曾上疏請誅彥澤，今國家失守，彥澤所爲如此，吾之首領庸可保乎？然事可奈何！誰能伏藏溝瀆而取辱耶？」於是自寫門狀，求見彥澤，其狀云：「上疏請殺太尉人李濤謹隨狀納命。」彥澤覽之欣然，降階迎之，然濤猶未安，復曰：「太尉果然相恕乎？」

彦澤曰：「覽公門狀，見『納命』二字，使人怒氣頓息，又何憂哉！」濤素滑稽，知其必免，又戲爲伶人詞曰：「太尉既相恕，何不將壓驚絹來？」彦澤大笑，卒善待之。

馬希範奢侈

馬希範，武穆之嫡子，性奢侈，嗣位未幾，乞依故事置天策府僚屬。於是擢從事有才行者，有若都統判官李鐸，静江府節度判官潘玘，武安軍節度判官拓拔坦【四】，都統掌書記李皋，鎮南節度判官李莊，昭順軍節度判官徐收，澧州觀察判官彭繼英，江南觀察判官廖圖，昭順軍觀察判官徐仲雅，静江府掌書記鄧懿文，武平軍節度掌書記李松年，鎮南軍節度掌書記衛曬，昭順軍觀察支使彭繼勲，武平軍節度推官蕭銖，桂管觀察推官何仲舉，武安軍節度巡官孟玄暉【五】，容管節度推官劉昭禹等十八人並爲學士。其餘列校自袁友恭、張少敵等各以次授任，莫不大興土木，以建置府庭【六】，其最爲壯麗者即有九龍、金華等殿。迨殿之成也【七】，用丹砂塗其壁【八】，凡用數十萬斤石，每僚吏謁見將升殿，但覺丹砂之氣藹然襲人，其費用也皆此類。初，教令既下，主者以丹砂非卒致之物，相顧有憂色【九】，居無何，東境山崩，湧出丹砂，委積如丘陵，於是收而用之。契丹南侵，聞其事，以爲希範非當人，遽使册爲尚父。希範得册，以爲戎虜推奉【一〇】，欣然當之矣。

丁思僅謂馬希範起義兵

丁思僅素有才略，爲馬氏騎將，以希範受契丹册命，深恥之，因謂希範曰：「今朝廷

【四】拓拔坦　「坦」四庫本作「恆」。

【五】孟玄暉　「玄」原作「元」，據豫章本及四庫本改。

【六】建置府庭　「置」原作「康」，據四庫本改。

【七】迨殿之成也　「迨」原作「等」，據豫章本改。

【八】丹砂　原作「丹硃」，據豫章本及四庫本改。

【九】相顧有憂色　「有」原無，據四庫本補。

【一〇】戎虜　原作「邊隅」，據豫章本改。四庫本作「敵人」。

失守，正忠臣義士奮發之時，使馳檄四方，引軍直趨京師誅犬戎，天子反正，然後凱還。如此則齊桓、晉文不足數矣。時不可失，願大王急圖之！」希範本無遠略，加以興作府署未畢，不忍棄去，遂寢思僅之謀。思僅不勝其憤，謂所親曰：「古人疾没世而名不稱，今遭逢擾攘，不能立功於天下，反顧戀數間屋子乎！誠可痛也！」自是思僅常怏怏。

馬希範殺高郁

高郁爲武穆王謀臣，莊宗素聞其名，及有天下，且欲離間之。會武穆王使其子希範入覲莊宗，以希範年少，易激發，因其敷奏敏速，乃撫其背曰：「國人皆言馬家社稷必爲高郁所取，今有子如此，高郁安得取之耶？」希範居常嫉郁，忽聞莊宗言，深以爲然。及歸，告武穆請誅之，武穆笑曰：「主上戰爭得天下，能用機數，以郁資吾霸業，故欲間之耳，若梁朝罷王彦章兵權也。蓋遭此計必至破滅，今汝誅郁，正落其彀中，慎勿言也！」希範以武穆不決，禍在朝夕，因使誣告郁謀反而族滅之，自是軍中之政往往失序，識者痛之。初，郁與武穆俱起行陣，郁貪且僭，常以所居之井不甚清澈，思所以澄汰之，乃用銀葉護其四方，自内至外皆然，謂之拓裏。其奉養過差皆此類也，故莊宗得以媒蘖。自後陰晦中見郁，後竟爲患爾。

李昇得江南

李昇本爲徐温所養，温殺張鎬，權出於己，自稱大丞相、中書令、都統。及出居金陵，以嫡子知訓爲丞相，昇爲潤州節度。昇始爲宣州，忽得潤州，甚怏怏，將白温辭之。宋齊丘素與昇善，因謂昇曰：「知訓驕倨，不可大用，殆必有損足焚巢之患。宣州去江都遠，難爲應；潤州方隔一水爾，有急則可以立功，慎勿辭也。」昇聞之釋然，遂行。至潤州，未幾，知訓果爲朱瑾所殺。是夜江都亂，火光亘天，昇望之曰：「宋公之言中矣！」遂引軍渡江，盡誅朱瑾之黨，後解甲去備以待徐温，温至【一一】，且喜且怒，謂昇曰：「猶幸汝在潤州，不然，吾家大事將去矣！汝於兄弟中有大功者耶。」即日用昇爲左僕射知政事，以代知訓。昇善於撫禦，内外之心翕然而歸之，故徐温卒未幾而江南遂爲昇所有。先是，江南童謡云：「東海鯉魚飛上天。」東海即徐之望也，李者鯉也，蓋言李昇一旦自温家起而爲君爾。初，昇既畜異志，且欲諷動僚屬，雪天大會，酒酣，出一令，須借雪取古人名，仍詞理通貫。時齊丘、徐融在座，昇舉杯爲令曰：「雪下紛紛，便是白起。」齊丘曰：「着屐過街，必須雍齒。」融意欲挫昇等【一二】，遽曰：「明朝日出，爭奈蕭何！」昇大怒，是夜收融投於江，自是與謀者惟齊丘而已。

李瀚作錢鏐碑

李瀚有逸才，每作文則筆不停輟，而性嗜酒。楊凝式嘗受詔撰錢鏐碑，自以作不逮瀚，於是多市美酒召瀚飲，俟其酣且使代筆，經宿而成，凡一萬五千字，莫不詞理典贍，凝式歎伏久之。少主入蕃也，宰相馮道等至鎮州，戎主皆放還，瀚時爲翰林院學士，北主以

【一一】温至　「至」原作「之」，據豫章本改。

【一二】融意欲挫昇等　「意」原無，據豫章本及四庫本補。

其才特留之，竟卒於蕃中。其後人有得其文集者，號曰《丁年集》，蓋取蘇武丁年奉使之義。

馮道修夫子廟

馮道之鎮同州也，有酒務吏乞以家財修夫子廟，道以狀付判官參詳其事，判官素滑稽，因以一絶書之判後云：「荆棘森森遶杏壇，儒官高貴盡偷安。若教酒務修夫子，覺我慚惶也大難。」道覽之有愧色，因出俸重創之。

歐陽彬入蜀

歐陽彬衡山人，世爲縣吏，至彬特好學，工於詞賦。馬氏之有湖南也，彬將希其用，乃攜所著詣府。求見之禮必先通名紙，有掌客吏，衆謂「樊知客」，好賄，陰使人謂彬曰：「足下之來非徒然也，實欲顯族致身，而不以一物爲貺，其可乎？」彬恥以賄進，竟不與，既而樊氏怒，擲名紙於地曰：「豈吏人之子欲干謁王侯耶！」彬深恨之，因退而爲詩曰：「無錢將乞樊知客，名紙生毛不爲通。」因而落魄街市，歌姬酒徒，無所不狎。有歌人瑞卿者慕其才，遂延於家。瑞卿能歌，每歲武穆王生辰，必歌於筵上。時湖南自舊管七郡外，又加武陵、岳陽，是九州。彬作《九州歌》以授瑞卿，至時使歌之，實欲感動武穆，既而竟不問。彬嘆曰：「天下分裂之際，厮徒負養皆能自奮，我貧而至此耶！」計無所出，思欲竄入鄰道，但未有所向。居無何，聞西蜀圖綱將發，彬遂謀入蜀，且私謂瑞卿曰：「吾以干謁不遂，居於汝家，未嘗有倦色，其可輕棄乎？然士以功名爲不朽，不於此時圖之，恐貽後悔。今吾他適，庶幾有成，勿以爲念。」瑞卿曰：「君於妾不可謂之無情，然一旦不以妾自滯，割愛而去，得非功名之將至耶？妾誠異之！家財約數緡，雖不豐，願分爲半以資路途。」彬亦不讓，因以瑞卿所贈盡賂綱吏，求爲駕船僕夫，綱吏許之。既至蜀，遂獻《獨鯉朝天賦》，蜀主大悦，擢居清要。其後官至尚書左丞相，出爲夔州節度使。既領夔州，武穆王已薨，其子希範繼立，因致書於希範，叙疇昔入蜀之由，仍以衡山宗族爲託。希範得書大慙，彬之親友悉免其賦役，下令搜訪草澤，由是士無賢不肖，參謁皆延客之，因彬所致也。彬雅有風儀，其爲文，辭近而理真，聞之者雖不知書，亦釋然曉之，竟以此遇。

戴偃擯棄

戴偃金陵人，能爲詩，尤好規諷。唐末罹亂遊湘中，值馬氏有國，至文昭王以公子得位，尤好奢侈，起天策府，構九龍、金華等殿，土木之工、斤斧之聲晝夜不絕。偃非之，自稱玄黄子【一三】，著《漁父詩》百篇以獻，欲譏諷之，故其句有「纔把咽喉吞世界，蓋因奢侈致危亡」，又曰：「若須抛却便抛却，莫待風高更水深。」文昭覽之怒，一旦謂賓佐曰：「戴偃何如人？」時賓佐不測，以偃爲文昭所重，或對曰：「偃詩人，章句深爲流輩所推許，方今在貧悴，大王哀之，置之髯參短簿之間足矣。」文昭曰：「數日前獻吾詩，想其爲人，大抵務以魚釣自娱爾。宜賜碧湘湖，便以遂其性，亦優賢之道也。」即日使遷居湖上，乃潛戒

【一三】玄黄子　「玄」原作「元」，據四庫本改。

公私不得與之往還。自是偃窮餓日至，無以爲計，乃謂妻曰：「與汝結髮，已生一男一女，今度不惟擠於溝壑，亦恐首領不得完全，宜分兒遁去，庶幾可免，不然旦夕死矣！」於是舉骰子與妻子約曰：「彩多得兒，彩少得女。」既擲【一四】，偃彩少，乃携女，相與慟哭而別。偃將奔嶺南，至永州，會文昭薨乃止，其後不知所終。

安重榮叛

安重榮出鎮，常懷不軌之計久矣，但未發，居無何，厩中産朱鬃白馬，庭鴉生五色雛【一五】，以爲鳳，乃欣然謂「天命在己」，遂舉兵反，指揮令取宗嶺路以向闕。時父老聞之，往往竊議，曰：「事不諧矣！且王姓安氏，曰鞍得背而稳，何不取路貝州？若由宗嶺，是鞍及於鬃【一六】，得無危乎？」未幾，與王師先鋒遇，一戰而敗。

楊光遠叛

楊光遠滅范延先之後，朝廷以其功高授青州節度，封東平王，奄有登、萊、沂、密數郡，既而自負强盛，舉兵反朝廷。以宋州節度李守貞嘗與光遠有隙【一七】，乃命李討之，李受詔欣然，志在必取，莫不身先矢石。光遠見而懼之，度不能禦，遂降。初，光遠反書至，中外大震，時百官起居次，忽有朝士揚言於衆曰：「楊光遠欲謀大事，吾不信也。光遠素患秃瘡，其妻又跛，自古豈有秃頭天子、跛足皇后耶？」於是人心頓安。未幾，光遠果降。

彭夫人怒報恩長老

【一四】既擲　「既」原作「即」，據豫章本及四庫本改。

【一五】庭鴉生五色雛　「庭」原空缺，據四庫本補。

【一六】是鞍及於鬃　「鞍」原作「安」，據四庫本改。

【一七】李守貞　「貞」原作「正」，據四庫本改。

文昭王夫人彭氏，封秦國夫人，常往城北報恩寺燒香。時僧魁謂之長老，問曰：「夫人誰家婦女？」彭氏大怒，索檐子疾驅而歸，文昭驚曰：「何歸之速也？」夫人曰：「今日好没興！被箇老秃兵問妾是誰家婦女。且大凡『婦女』皆不善之辭，安得對妾而發！」文昭笑曰：「此所謂禪機也。夫人可答：『弟子是彭家女，馬家婦。』然則通其理矣，何怒之有乎？」夫人素負才智，恥不能對，乃曰：「如此則妾所謂無見性也。」於是慚赧數日。

羅鄴王戲判

羅鄴王紹威，俊邁有詞學，尤好戲判。常有人向官街中鞴驢，置鞍於地，值牛車過，急行碾破其鞍，驢主怒毆駕車者，爲廂司所擒，紹威更不按問，遂判其狀云：「鄴城大道甚寬，何故駕車碾鞍？領鞴驢漢子科决，待駕車漢子喜歡。」詞雖俳諧，理甚切當，論者許之。

石文德獻挽歌

石文德連州人，形質矬陋，好學，尤攻詩。霸國時屢獻詩求用，文昭以其寢陋，未曾禮待，文德由是窮悴。有南宅王子者，素重士，延於門下。其後文昭知之，亦兼怒王宅，欲庭辱文德而逐之。居無何，秦國夫人彭氏薨，文昭傷悼，乃命有學文者各撰挽詞，文德乃獻十餘篇，其一聯云：「月沉湘浦冷，花謝漢宮秋。」文昭覽之，大驚曰：「文德有此作用，吾但以寢陋而輕之，乃不如南宮小兒却能知賢耶！」於是始召文德而愧謝之。未幾，承制授水部員外郎，充融州刺史。文德晚尤好著述，乃撰《大唐新纂》十三卷，多名人遺事，詞雖不工，事或可采，時以多聞許之。

趙在禮拔釘錢

趙在禮之在宋州也，所爲不法，百姓苦之。一旦下制，移鎮永興，百姓欣然相賀曰：「此人若去，可爲眼中拔釘子，何快哉！」在禮聞之怒，欲報拔釘之謗，遽上表更求宋州一年。時朝廷姑息勳臣，詔許之。在禮於是命吏籍管内户口，不論主客，每歲一千，納之於家，號曰「拔釘錢」。莫不公行督責，有不如約，則加之鞭朴，雖租賦之不若也。是歲獲錢百萬。

僧洪道

僧洪道不知何許人，通内外學，道行尤高，大爲時人所重。天福中，居於衡州石羊鎮山谷中。馬氏文昭王之嗣位也，聞其名，召於府，使於報恩寺住持【一八】。洪不應命，文昭堅欲致之，督責州縣，憂懼計無所出，率五七十人拱擁入州。洪道知之，乃引徒弟數輩轉徙入深山中，得一巖，遂且止息。然離舊居，抵於山巖下，則衆鳥千萬和鳴而隨之。州縣雖失其蹤，或有相謂曰：「且深山之中，衆鳥何故而鳴？又聲韻優逸，得非和尚在彼耶？」試尋，果得之於巖所，父老再拜曰：「和尚佛之徒也，佛不遺衆生，顧今大王企竚【一九】，要與和尚相見，輒不應召，竄入山林，於是和尚即得計矣，而州縣與鄉村得無勞

【一八】報恩寺　「恩」原作「慈」，據四庫本改。

【一九】顧今大王企竚　原作「願今大王崇重」，據四庫本改。

擾，而和尚忍不爲之開慈憫耶？」洪道於是始點頭曰：「如此，則吾爲汝行矣。」及至府，文昭以國師待之，未幾，堅乞歸山，文昭知不可留，乃許焉。其後竟不知所終。初，洪道之入巖也，見一虎在穴乳二子，徒弟大駭，洪道叱曰：「無懼！彼當移去。」言訖，虎銜二子趨出穴，至誠之所感也如此。

僧齊己

僧齊己長沙人，長沙有大溈同慶寺，僧多而地廣，佃户僅千餘家，齊己則佃户胡氏之子也。七歲與諸童子爲寺司牧牛，然天性穎悟，於風雅之道日有所得，往往以竹枝畫牛背爲篇什，衆僧奇之，且欲壯其山門，遂勸令出家。時鄭谷在袁州，齊己因攜所爲詩往謁焉，有《早梅》詩曰：「前村深雪裏，昨夜數枝開。」谷笑謂曰：「數枝非早，不若一枝則佳。」齊己矍然，不覺兼三衣叩地膜拜。自是士林以谷爲齊己「一字之師」。其後居於長沙道林寺，時湖南幕府中能詩者有如徐東野、廖凝、劉昭禹之徒，莫不聲名藉甚，而徐東野尤好輕忽，雖王公不避也，每見齊己，必悚然不敢以衆人待之，嘗謂同列曰：「我輩所作皆拘於一途，非所謂通方之士。若齊己，才高思遠，無所不通，殆難及矣！」論者以徐東野爲知言。東野亦嘗贈之詩曰：「我唐有僧號齊己，未出家時宰相器。爰見夢中逢武丁，毁形自學無生理。骨瘦神清風一襟，松老霜天鶴病深。一言悟得生死海，芙蓉吐出琉璃心。悶見唐風雅容缺，敲破冰天飛白雪。清塞清江却有靈，遺魂泣對荒郊月。格何古，天工未生誰知主，混沌鑿開鷄子黃，散作純風如膽苦。意何新，織女星機挑白雲，真宰夜來調暖律，聲聲吹出嫩青春。調何雅，澗底孤松秋雨灑，嫦娥月裏學步虛，桂風吹落玉山下。語何奇，血潑乾坤龍戰時，祖龍跨海日方出，一鞭風雨萬山飛。己公己公道如此，浩浩寰中如獨自。一簞松風冷如水，長伴巢由伸脚睡。」其爲名士推重如此。及將遊蜀，至江陵，高從誨慕其名，遮留之，命爲管内僧正，齊己不獲已而受，自是常怏怏，故其友虛中示之詩云：「老負娥眉月，閒看雲水心【二〇】。」蓋傷其不得志也。竟卒於江陵，有詩八百首，孫元憲序之，號曰《白蓮集》行於世。

【二〇】閒看雲水心　「閒」原作「閑」，據豫章本及四庫本改。

卷第四

漢 二十條

上藍寺石榴讖

高祖嘗在晉祖麾下，晉祖既起太原，以高祖遂有天下。先是，豫章有僧號上藍者，精於術數，自唐末著讖云：「石榴花發石榴開。」議者以石榴則晉漢之謂也，再言石榴者，明享祚不過二世矣。

蘇逢吉際會

高祖在河東，幕府闕書記，朝廷除前進士丘廷敏爲之，以高祖有異志，恐爲所累，辭疾不赴，遂改蘇逢吉。未幾，契丹南侵，高祖仗順而起，兵不血刃而天下定。逢吉以佐命功，自掌書記拜中書侍郎、平章事，逾年廷敏始選授鳳翔麟遊縣令。過堂之日，逢吉戲之，且撫所坐椅子曰：「合是長官坐，何故讓與鄙夫耶？」廷敏遂慚悚而退。

樞密使擅替留守

周高祖爲樞密，鳳翔、永興、河中三鎮反，高祖帶職出討之，迴戈路由洛陽【一】。時王

校勘記

【一】洛陽　原作「京洛」，據豫章本改。

守恩爲留守【二】，以使相自專，乘檐子迎高祖於郊外，高祖遥見大怒，且疾驅入於公館，久之始令人傳旨，托以方浴。守恩不知其怒，但安坐俟久。時白文珂在高祖麾下，召而謂曰：「王守恩乘檐子俟吾，誠無禮也，安可久爲留守？汝宜亟去代之。」文珂不敢違，於是即時禮上。頃之，吏驟去報守恩曰：「白侍中受樞密命爲留守訖。」守恩大驚【三】，奔馬而歸，但見家屬數百口皆被逐於通衢中，百姓莫不聚觀，其亦有乘便號叫、索取貨錢物者。高祖使吏籍其數，立命償之，家財爲之一空。朝廷悚然，不甚爲理。

武行德察冤獄

武行德之守洛京也，國家方設鹽法，有能捉獲一斤以上者，必加厚賞。時不逞之徒往往以私鹽中人者。嘗有村童負菜入城【四】，途中值一尼自河陽來，與之偕行，去城近，尼輒先入，既而門司搜閲於菜籃中獲鹽數斤，遂縶之以詣府。行德取其鹽視之，裹以白絹手帕子，而龍麝之香襲人，驚曰：「吾視村童弊衣百結，蓋窶之甚者也【五】，豈有薰香帕子？必是奸人爲之爾。」因問之曰：「汝離家以來，與何人同途？」村童以實對，行德聞之喜曰：「吾知之矣。此必天女寺尼與門司啓倖以來求賞也。」遽問其狀，命信捕之，乃即日而獲其事，果連門司，而村童獲免。自是官吏畏服而不敢欺，京邑肅然。先是，行德以採薪爲業，氣雄力壯，一谷之薪可以盡負，鄉里謂之「武一谷」【六】。高祖在河東，見之驚異，因召置麾下，攀鱗附翼，遂至富貴，然聽訟甚非所長，至是明辨如此【七】，論者異之。

【二】王守恩　「恩」原作「思」。據豫章本改。下同。

【三】守恩大驚　「守恩」原作「留守」，據豫章本改。

【四】嘗有　原作「常有」，據四庫本改。

【五】蓋窶之甚者也　「蓋」原作「藍」，據四庫本改。「蓋窶」豫章本作「襤褸」。

【六】謂之　原作「爲之」，據豫章本及四庫本改。

【七】明辨　原作「明辯」，據豫章本及四庫本改。

馬希範見高郁爲祟

馬希範常重一僧，號報慈長老，能入定，觀人休咎。希範因問之曰：「吾於富貴固無遺恨，但不知者壽爾，吾師以爲如何？」報慈曰：「大王無憂，當與佛齊年。」希範喜以爲享壽無窮，及薨也，止於四十九。先是，希範常嫉高郁之爲人，因莊宗言而殺之，至是方臨江觀競渡，置酒未及飲而希範忽驚起，顧其弟曰：「高郁來！」希廣亦驚曰：「高郁死久矣，大王勿妄言！」而希範血自鼻出，是夜遂卒。

張少敵抗議嫡庶

馬希範卒，判官李皐以希範同母弟希廣爲天策府都尉，撫御尤非所長。大校張少敵憂之，建議請立希廣庶兄武陵帥希萼，且曰：「希萼處長負氣，觀其所爲，必不爲都尉之下，加之在武陵，九溪蠻通好往來甚歡，若不得立，必引蠻軍爲亂，幸爲思之。」李皐忽怒曰：「汝輩何知！且先大王爲都尉俱爲嫡嗣，不立之却用老婢兒，可乎？」少敵曰：「國家之事不可拘以一途，變而能通，所以國長久也，何嫡庶之云乎？若明公必立都尉，當妙設方略以制武陵，使帖然不動乃可，不然則社稷去矣！」皐愈怒，竟不從少敵之謀。少敵度無所奈何，遂辭不出。未幾，希萼果以武陵反，引九洞溪蠻數路齊進，遂之長沙，縊希廣於郊外而支解李皐。自是湖南大亂，未逾年而國滅，一如少敵之言。初，希萼之來也，希廣以全軍付親校許可瓊，使遂擊之，可瓊覘希萼衆盛，恐懼，夜送旗鼓乞降。希萼大喜，於是兼可瓊之衆，長驅而至。希廣素奉佛，聞之計無所出，乃被緇衣，引羣僧念「寶勝如來」，謂之禳災。頃之，府廨火起，人忽紛擾，猶念誦之聲未輟，其戇如此！少敵憂之，良有以也。先是，城中街道尚種槐，其柳即無十一二，至是内外一變皆種柳，無復槐矣。又，居民夜間好織草鞋，其槌芒之聲聞於郊野【八】。俄有童謡云：「湖南城郭好長街，竟栽柳樹不栽槐，百姓奔竄無一事，只是槌芒織草鞋。」人無長少皆誦之。未幾，國亂百姓奔竄，死於溝壑者十有八九。至是議者始悟：蓋長街者，通内外之路也；槐者，爲言懷也，不栽槐，蓋兄弟不睦，以至國亡，失孔懷之義也；草鞋者，遠行所用，蓋百姓遠行奔竄之義也。

馬希萼因於衡陽

馬希萼既立，不治國事，數與僚吏縱酒爲樂。有小吏謝廷擇者，本帳下厮養，有容貌，希範素寵嬖之，每筵會，皆命廷擇預坐，諸官甚有在下者。於是衆怒，往往偶語曰：「此輩舊制：有燕會，唯用兵守門以防他虞，今與我等齊列，何辱之甚也！」其弟希崇因衆怒咄咄，與其黨竊發擒希萼，因之於衡陽，又自立。未數日，江南遣袁州刺史邊鎬乘其亂領兵來伐，希崇度不能敵，遂降。先是，長沙童謡云：「鞭打馬，走不暇。」未幾，果爲邊鎬所滅。初，鎬嘗爲僧以覘湖南，尤能弄鈸【九】，每侵晨必弄鈸行乞，遇城，往往擲起鈸以度門之高下。及來湖南，士庶頗有識之者。

【八】其槌芒之聲　「其」原作「似」，據四庫本改。

【九】尤能弄鈸　「能弄」原空缺，據豫章本及四庫本補。

高從誨母夢

高從誨，季興之庶子而處長，爲性寬厚，雖士大夫不如也【一〇】。天成中，季興叛，從誨力諫之，不從。及季興卒，朝廷知從誨忠，使嗣，亦封南平王。初，季興之事梁也，每行軍，常以愛姬張氏自隨，一旦軍敗，攜之而竄，遇夜誤入深澗中。時張氏方姙，行遲【一一】，季興恐爲所累，俟其寢酣，以劍刺岸邊而壓殺之，然後馳去。既而岸欲崩，張氏且驚起，呼季興曰：「妾適夢太山崩而壓妾身，有神人披金甲、執戈以手托之，遂免。」季興聞之，謂必生貴子，遂挈之行，後生從誨。

慕容彥超擒盜

慕容彥超素有鉤距，兖州有盜者，詐爲大官從人，跨驢於衢中，市羅十餘疋。價值既定，引物主詣一宅門，以驢付之曰：「此本宅，汝且在此，吾爲汝入白本主【一二】，以請直。」物主許之，既而聲迹悄然，物主怒其不出，叩門呼之，則空宅也。於是連叫「賊」，巡司至，疑其詐，兼以驢收之。詣府，彥超憫之，且曰：「勿憂，吾爲汝擒此賊。」乃留物主府中，復戒厩卒高繫其驢，通宵不與水草，然後密召親信者牽於通衢中放之，且曰：「此盜者之驢耳，自昨日不與水草，其饑渴甚矣，放之，必奔歸家。但可躡蹤而觀之，盜無不獲也。」親信者如其言，隨之，其驢果入一小巷，轉數曲，忽有兒戲於門側，視其驢，連呼曰：「驢歸，驢歸！」盜者聞之，欣然出視，遂擒之。

【一〇】士大夫　「士」原無，據豫章本補。四庫本作「丈夫」。

【一一】行遲　原作「行陸」，據豫章本改。四庫本作「從誨」，則屬上。

【一二】吾爲汝入白本主　原作「吾爲汝白主本使」，據四庫本改。豫章本作「吾爲汝上白於主」。

安審琦惡釋氏

安審琦素惡釋氏，凡居方鎮，僧凡有過，不問輕重，殺之。及鎮青州也，一旦方大宴，忽有紫衣僧持錫直上廳事。審琦赫怒連叱，是僧安然不顧，縱步而踵內室【一三】至中門，審琦仗劍逐之，將及而滅，但聞錫杖聲鏗然入在卧所，審琦驚懼之際，有小蒼頭報曰：「國夫人生子矣！」得非紫衣錫杖者乎？因命之曰「僧哥」，即安守忠也。自是審琦稍稍信重。

梁震裨贊

梁震蜀郡人，有才略，登第後寓江陵。高季興素聞其名，欲任爲判官，震恥之，然難於拒，恐禍及，因謂季興曰：「本山野鄙夫也，非有意於爵禄，若公不以孤陋，令陪軍中末議，但白衣從事可矣。」季興奇而許之。自是震出入門下，稱前進士而已。同光中，莊宗得天下，季興懼而入覲，時幕客皆贊成，震獨以爲不可，謂季興曰：「大王本梁朝，與今上世稱讐敵，血戰二十年，卒爲今上所滅，神器大寶雖歸其手，恐餘怒未息，觀其舊將，得無加害之心？宜深慮焉！」季興不從。及至，莊宗果欲留之，樞密郭崇韜切諫以爲不可：「天下既定，四方諸侯雖相繼稱慶，然不過子弟與將吏耳！惟季興而躬自入覲，可謂尊奬王室者也。禮待不聞加等，反欲留縻之，何以來遠臣？恐此事一行，則天下解體矣！」莊宗遂令季興歸。行已浹旬，莊宗易慮，遽以詔命襄州節度劉訓伺便囚之，而季興

【一三】縱步而踵內室　「踵內」原作「蹤因」，據豫章本改。四庫本作「縱步已從閣」。

至襄州，就館而心動，謂吏曰：「吾方寸擾亂，得非朝廷使人追而殺吾耶？梁先輩之言中矣！與其往而生，不若去而死。」遂棄輜重，與部曲趫健者數百人南走，至鳳林關已昏黑，於是斬關而去。既而是夜三更，向之急遞果至襄州，劉訓料其去遠、不可追而止。自是季興怨憤，以兵襲取復州之監利、玉沙二縣，命震草奏，請以江爲界。震又曰：「不可。若然則師必至矣，非大王之利也。」季興怒，卒使爲之。既而奏發，未幾，朝廷遣夏魯奇、房知温等領兵來伐。季興登城望之，見其兵少，喜，欲開城出戰。震復諫曰：「大王何不思之甚耶！且朝廷禮樂征伐之所自出，兵雖少而勢甚大【一四】，加以四方諸侯各以相吞噬爲志，但恨未得其便耳。若大王不幸或得一戰勝，則朝廷徵兵於四方，其誰不欲仗順而起，以取大王之土地耶？如此則社稷休矣！爲大王計者，莫若致書於主帥，且以牛酒爲獻，然後上表自劾。如此則庶幾可保矣，不然則非僕之所知也。」季興從之，果班師。震之裨贊皆此類也。洎季興卒，子從誨繼立，震以從誨生於富貴，恐相知不深，遂辭居於龍山別業，自號處士。從誨見召，皆跨黃牛，直抵廳事前下，呼從誨，不以官閥，但充召而已【一五】。末年尤好篇詠，與僧齊己友善，貽之詩曰：「陳琳筆硯甘前席，甪里煙霞憶共眠。」蓋以寫其高尚之趣也【一六】。

趙惟則廉介

趙惟則官至正郎，以廉介自處。乾祐中，於京師賃一故宅，居歲餘，有叟叩門見之，自

【一四】兵雖少　「少」原作「小」，據豫章本及四庫本改。

【一五】充召　四庫本作「郎君」。

【一六】蓋以寫其高尚之趣也　「寫」原無，據豫章本補。

言：「嘗爲此宅闍吏，契丹犯闕時，故主與之深夜掘地藏金銀幾瓮。兵火之後，故主去世，人未有知者，今識其處，公取之，以少許見賜，用救朝夕。」惟則初聞愕然，欲詬責是叟，久之，佯喜曰：「甚善，甚善！寶物豈可容易而得？汝慎勿言，俟吾擇一吉日【一七】，召汝取之可也。」叟以爲然，既出，惟則謂家人曰：「平生不以貨財自汚，今日一旦爲是褻瀆，辱莫甚焉！此宅不可復居。」翌日遂遷去。

廖氏世胄

廖氏，虔州贛縣人，有子三人，伯曰圖，仲曰偃，季曰凝，圖、凝皆有詩名，偃蹻勇絕倫，由是豪橫，遂爲鄉里所憚。江南命功臣鍾章爲虔州刺史，深嫉之，於是圖與凝等議曰：「觀章所爲，但欲滅吾族耳【一八】。若戀土不去，禍且及矣！」於是領其族暨部等三千餘人，具鎧仗，號令而後行。章不敢逐，遂奔湖南【一九】。時武穆王在位，見其衆盛，恐難制，欲盡誅之。或者曰：「大王姓馬，而廖來歸，廖者料也，馬得料其勢必肥，實國家大興之兆，其可殺之乎？」穆王喜，遂善待，仍制下，以凝爲永州刺史，圖爲行軍司馬，偃以天策府列校，仍賜莊宅於衡山，自稱逸人。偃能於馬上挺身而立，取溼衣振奮而服之，以示輕捷。荆南高季興次子，忘其名，管親軍「雲猛都」，謂之「雲猛郎君」。聞偃名，因兩境交兵，請與偃鬭，偃欣然而往。雲猛能用鎗，見偃瘦小，心輕之，馳騎而刺偃，垂及之，偃佯落馬，雲猛勢未及止，偃自後奮戈一擊，墮地，因生擒之。自是其名愈振，故武穆王終世不爲

【一七】吉日　原作「日吉」，據豫章本及四庫本改。

【一八】但欲滅吾族耳　「耳」原作「矣」，據豫章本改。

【一九】湖南　原作「江南」，據豫章本改。

隣境所輕者，偃之力焉。至其子希範嗣位，九溪蠻叛，命偃率兵討之，爲流矢所傷，死於蠻中。凶訃至，希範使人報其母張氏，張氏不哭，謂其使曰：「爲妾謝大王，舉家三百餘口，受王分食解衣之賜，雖盡死未足以上報，况一子乎！望大王勿以爲念。」希範聞而嘆曰：「廖氏有此母，欲不興其可得乎？」於是厚加存恤，仍遣使召凝任爲從事。至希範薨，國亂，爲江南所滅，遂遷金陵。唐主授以水部員外郎，爲洪州連昌縣令，未幾，又遷江州團練使。凝爲人不羈，好恢諧，嘗覽裴説《經杜工部墓》詩曰：「擬鑿孤墳破，重教大雅生。」因曰：「如此，裴説乃劫墳賊耳。」聞者皆笑【二〇】。及在江州，盛暑，常患體燥，乃以一大桶盛冷水，坐於其間，或至終日，雖賓友謁見，出露其首與之談笑，其簡率如此。先是，凝嘗夢人以印授之，拜捧之際，其印缺其一角，凝不能測。及授江州之命，始悟曰：「印缺一角，蓋偏裨之象也，團練副使不亦宜乎？」時人異之。

李臯草謝馬表

李臯與弟節俱在湖南幕下，節亦有文學。同光初，馬氏武穆王授江南諸道都統，詔賜戰馬數百匹。臯爲謝表百餘字後，思意艱澀，時節在側，臯顧謂之曰：「嘗聞馬有旋風之隊，如何得一事爲對？」節曰：「馬既有旋風隊，軍亦有偃月營，何患耶？」臯欣然下筆云：「尋當偃月之營，擺作旋風之隊。」表遂成，論者以此對最爲親切。

沈彬石槨

【二〇】聞者皆笑　「皆」原無，據四庫本補。豫章本作「聞者大笑」。

沈彬宜春人，能爲歌詩，格高逸。應進士不第，遂遊長沙，會武穆方霸，彬獻《頌德詩》云：「金翅動身摩日月，銀河轉浪洗乾坤。」武穆覽而壯之，欲辟之在幕府，以其有足疾遂止。彬由是往來衡湘間，自稱進士。邊鎬之下湖南也【二二】，後主聞其名，召歸金陵，令爲縣宰，彬辭不就，遂授金部郎中，致仕年八十九。初，彬既致仕，營別業於鍾山，庭有古柏，可百餘尺，一旦爲迅雷所擊，仆於地，自成四片。彬視之欣然，謂子庭瑞曰：「此天所以賜吾也，汝宜成之。」庭瑞曰：「雷擊之木恐非祥，不宜爲棺。」彬怒曰：「吾命汝，安得違之耶？」庭瑞懼，遂如教，卒竟用此棺，及葬，掘地未及丈餘，又得石槨，上有篆文四字，云「沈彬之槨」，其制度大小與棺正相稱，遂葬之。時人異焉。

李中令好戲

李曮，岐王之子，昆仲間第六，官至中書令，世謂之六令公。情性好戲，爲鳳翔節度，因生辰，鄰道持賀禮使畢至，有魏博使少年如美婦人，秦鳳使矬陋且多髯，二人坐又相接，而魏使在下，曮因曰：「二使車一妍一醜，何不相嘲以爲樂事？」魏博使恃少俊，先起曰：「今日不幸與水草大王接席。」秦鳳使徐起應曰：「水草大王不敢承命。然吾子容貌如此，又坐次相接，得非水草大王夫人耶？」在坐皆笑。

李知損輕薄

李知損官至諫議大夫，好輕薄，時人謂之李羅隱。至於親友間往還簡牘，往往引里巷

【二二】下湖南　「下」豫章本作「伐」。

常談，爲之偶對。常有朝士奉使回，以土物爲贈，其意猶望卻回。知損覺之，且貽書謝之曰：「在小子一時間却擬送去，恐大官兩羅裹更不將來。」乾祐中，奉使鄭州，時宋彦筠爲節度使【一二二】。彦筠小字「忙兒」，因宴會彦筠酒酣，輒問曰：「衆人何爲號足下爲羅隱？」對曰：「下官平素好爲詩，其格致大抵如羅隱，故人爲號。」彦筠曰：「不然，蓋爲足下輕薄如羅隱耳。」知損大怒，厲聲曰：「只如令公，人皆謂之宋忙兒，未必便能放牛。」滿坐皆笑。

王仁裕賊頭

王尚書仁裕，乾祐初放一榜二百一十四人，乃自爲詩云：「二百一十四門生，春風初動毛羽輕。擲金換却天邊桂，鑿壁偷將榜上名。」陶穀爲尚書，素好詼諧，見詩佯聲曰：「大奇，大奇！不意王仁裕今日做賊頭也。」聞者皆大笑。

馮玉爲馬承翰所議

馮玉嘗爲樞密使，有朝使馬承翰，素有口辯【一二三】，一旦持刺來謁玉，玉覽刺，輒戲曰：「馬既有汗，宜卸下鞍。」承翰應聲曰：「明公姓馮，可爲死囚逢獄。」玉自以言失，遽延而謝之。

裴長官捕蝗對

乾祐中，有裴長官爲新鄭縣令，時蝗蟲爲災，新鄭尤甚。本州有令：使令躬行率村農掩撲，無令散入別縣。居無何，蝗蟲飛散，觸處皆是。州牧怒，下符劾之。長官素滑稽，其對狀曰：「伏以前件蝗蟲，背上有翅，肚底無糧，來時而不自招呼，去日而固難留止。」聞者皆笑。

【一二二】節度使　「使」原無，據豫章本補。

【一二三】素有口辯　「辯」原作「辦」，據豫章本及四庫本改。

卷第五

周 二十三條

高祖徵異

高祖之爲樞密使也，每出入，常恍然覩人前導，狀若臺省人吏，其服色一緋一緑。高祖以爲不祥，深憂之。及河中、鳳翔、永興等處反，詔命高祖征之，一舉而三鎮瓦解【一】，自是權傾天下，論者以爲功高不賞，郭氏其危乎！高祖聞而恐懼，居無何，忽覩前導者服色緋者改紫，緑者改緋，高祖心始安，曰：「彼二人者但見其升不見其降，吉兆也。」未幾，遂爲三軍所推戴。

高祖征李守貞【二】

高祖征李守貞，軍次河上，高祖慮其爭濟，臨岸而諭之，未及坐，忽有羣鴉噪於上，高祖退十餘步，引弓將射之，矢未及發而岸崩，其釁裂之勢在高祖足下。高祖棄弓，顧羣鴉而笑曰：「得非天使汝驚動吾耶？如此則李守貞不足破矣！」於是三軍欣然，各懷鬭志矣。

校勘記

【一】三鎮 「三」原作「二」，據四庫本改。

【二】李守貞 「貞」原作「真」，據豫章本及四庫本改。下同。

高祖以讖殺趙童子

高祖之入京師也，三軍分擾，殺人爭物者不可勝數。時有趙童子者，知書善射，至防禦使，覩其紛擾，竊憤之，乃大呼於衆中曰：「樞密太尉志在除君側以安國，所謂兵以義舉，鼠輩敢爾，乃賊也，豈太尉意耶？」於是持弓矢於所居巷口，據牀坐，凡軍人之來侵犯者皆殺之。由是居人賴以保全者數千家【三】，其間亦有致金帛於門下用爲報答，至堆集如丘陵焉【四】。童子見而笑曰：「吾豈求利者耶！」於是盡歸其主。高祖聞而異之，陰謂世宗曰：「吾聞人間讖云『趙氏合當爲天子』，觀此人才略度量近之矣，不早除去，吾與汝其可保乎？」使人誣告，收付御史府，劾而誅之。洎高祖厭世未十年，而皇宋有天下，趙氏之讖乃應於斯【五】，知王者不死，信矣哉！

高祖圍兗州夢文宣王

高祖登極，改乾祐爲廣順，是年兗州慕容彦超反，高祖親征，城將破，忽夜夢一人，狀貌甚偉異，被王者之服，謂高祖曰：「陛下明日當得城。」及覺，天猶未曉。高祖私謂：「徵兆如此，可不預備乎？」於是躬督將士戮力急攻，至午而城陷，車駕將入，有司請由生方鳴鞘而進，遂取別巷，轉數曲，見一處門牆甚高大，問之，云夫子廟，高祖意豁然，謂近臣曰：「寡人所夢，得非夫子乎？不然，何取路於此也？」因下馬觀之。方升堂，覩其聖像，一如夢中所見者，於是大喜，叩首再拜。近臣或諫，以爲天子不合拜異世陪臣。高祖

【三】賴以保全者　「者」原作「僅」，據豫章本及四庫本改。

【四】至堆集如丘陵　「至」原作「以」，據四庫本改。豫章本作「已」。

【五】乃應於斯　「乃」原作「甚」，據豫章本改，四庫本作「其」。

曰：「夫子聖人也，百王取則，而又夢告寡人，得非夫子幽贊所及耶？安得不拜！」仍以廟側數十家爲洒掃户，命孔氏襲文宣王者長爲本縣令。

慕容彦超鐵胎銀

慕容彦超之被圍也，乘城而望，見高祖親臨矢石，其勢不可當，退而憂之，因勉其麾下曰：「汝等宜爲吾盡命！吾庫中金銀如山積，若全此城，吾盡以爲賜，汝等勿患富貴！」頃之，有卒私言曰：「我知侍中銀皆鐵胎，得之何用！」於是諸軍聞之，稍稍解體，未幾城陷。及高祖之入也，有司閱其庫藏，其間銀鐵胎者果十有七八。初，彦超常令人開質庫，有以鐵胎銀質錢者，經年後庫吏始覺，遂言之於彦超。初甚怒，頃之，謂吏曰：「此易致耳。汝宜僞劚庫牆，凡金銀器用暨縑帛等速皆藏匿，仍亂撒其餘以爲賊踪【六】，然後申明吾當擒此輩矣【七】。」庫吏如其教，於是彦超下令曰：「吾爲使長典百姓而又不謹，遭賊劚去，其過深矣！今恐百姓疑彦超隱其物，宜令三日内各投狀明言質物色，自當倍償之，不爾者有過。」百姓以爲然，於是投狀相繼，翌日鐵胎銀主果出，於是擒之，置之深屋中，使教部曲輩晝夜造用。廣府庫此銀是也。

世宗問卜

世宗在民間，嘗與鄴中大商頡跌氏（忘其名）往江陵販賣茶貨。至江陵，見有卜者王處士，其術如神，世宗與頡跌氏同往問焉【八】。方布卦，忽有一蓍躍出，卓然而立，卜者大

【六】賊踪　原作「賊踐」，據四庫本改。

【七】然後　「然」原無，據四庫本補。

【八】與頡跌氏　「與」原作「因」，據豫章本改。

驚曰：「吾家筮法十餘世矣，常記曾祖以來遺言：凡卜筮而蓍自躍而出者，其人貴不可言，況又卓立不倒，得非爲天下之主乎？」遽起再拜。世宗雖佯爲詰責，而私心甚喜。於逆旅中夜置酒，與頡跌氏半酣，戲曰：「王處士以我當爲天子，若一旦到此，足下要何官請言之。」頡跌氏曰：「某三十年作估來，未有不由京洛者，每見税官坐而獲利，一日所入可以敵商賈數月，私心羨之。若大官爲天子，某願得京洛税院足矣。」世宗笑曰：「何望之卑耶！」及承郭氏之後踐祚，頡跌猶在，召見，竟如初言與之。

世宗誅高平敗將

世宗之征東也，駐蹕於高平，劉崇兼契丹之衆來迎戰，時帥多持兩端而王師不利。親軍帥樊愛能等各退衄，世宗赫怒，躍馬入陣，引五十人直衝崇之牙帳，崇方張樂飲酒以示閒暇，及其奄至，莫不驚駭失次。世宗因以奮擊，遂敗之，追奔於城下。凱旋，駐蹕潞州，且欲出其不意以誅退衄者。乃置酒高會，指樊愛能等數人，責之曰：「汝輩皆累朝宿將，非不能用兵者也，然退衄者無他，誠欲將寡人作物貨賣與劉崇爾。不然，何寡人親戰而劉崇始敗耶？如此，則卿等雖萬死不足以謝天下，宜其曲膝引頸以待斧誅！」言訖，命行刑壯士擒出，皆斬之。于是立功之士以次行賞，自行伍拔於軍廂者甚衆，其恩威並著，皆此類也。初，劉崇求援於契丹，遣騎數千，及覘世宗兵少，悔之曰：「吾觀周師易與爾，契丹之衆宜勿用，但以本軍攻戰，自當萬全。如此則不惟破敵，亦足使契丹見而心服。一舉而有兩利，兵之機也。」諸將以爲然。乃使人謂契丹主將曰：「柴氏與吾，主客之勢，不煩足下餘刃，敢請勒兵登高觀之可也。」契丹不知其謀，從之。洎世宗之陣也，三軍皆賈勇爭進，無不一當百，契丹望而畏之，故不救而崇敗。論者曰：「世宗患諸將之難制也久矣！思欲誅之，未有其釁，高平之役可謂天假，故其斬決而無貸焉。自是姑息之政不行，朝廷始尊大，自非英主，其孰能如此哉？」

世宗面諭江南使

世宗既下江北，駐蹕於建安，以書召僞主，主皇恐，命鍾謨、李德明爲使以見世宗。德明素有詞辯，以利害説世宗，使罷兵。世宗具知之，乃盛陳兵師【九】，排旗幟戈戟爲鹿項道以湊御【一〇】，然後引德明等入見。世宗謂之曰：「汝江南自以爲唐之後，衣冠禮樂，世無可比，何故與寡人隔一帶水，更不發一使奉書相問？惟泛海以通契丹，舍華事夷【一一】，禮將安在？今又聞汝以詞説寡人罷兵【一二】，是將寡人比六國時一羣痴漢，何不知人之甚也！汝慎勿言，當速歸報汝主，令徑來跪寡人兩拜，則無事矣。不然，則寡人須看金陵城，借府庫以犒軍，汝等得無悔乎？」於是德明等戰懼，不能措一辭，即日告歸。及見僞主，具陳世宗英烈之狀，恐非四方所能敵。僞主計無所出，遂上表服罪，且乞保江南之地以奉宗廟【一三】、修職貢，其詞甚哀。世宗許之，因曰：「叛則征，服則懷，寡人之心也。」於是遣使者賫書安之，然後凱還。論者以世宗加兵於江南，不獨臨之以威，抑亦諭

【九】盛陳兵師　四庫本作「盛興衛」。

【一〇】鹿項　原空缺，豫章本作「門頃」，四庫本作「鹿頂」。今據中華書局版《舊五代史·周書·世宗紀第六》引《五代史補》（周星詒過録顧廣圻校本）補。

【一一】舍華事夷　原作「舍近事遠」，據豫章本及四庫本改。

【一二】以詞説　「詞」原缺，據豫章本及四庫本補。

【一三】保江南之地　「保」原作「以」，據豫章本改。

之以禮，可謂得大君之體矣。

世宗詔陳摶

陳摶陝西人，能爲詩，數舉不第，慨然有塵外之趣，隱居華山，自是其名大振。世宗之在位也，以四方未服，思欲牢籠英傑，且以摶曾踐場屋，不得志而隱，必有奇才遠略。於是召到闕下，拜左拾遺，摶不就，堅乞歸山，世宗許之。未幾，賜之書：「勑陳摶：朕以汝高謝人寰，栖心物外，養太浩自然之氣，應少微處士之星，既不屈於王侯，遂隱居於巖壑，樂我中和之化，慶乎下武之期，而能遠涉山涂，暫來城闕，浹旬延遇，宏益居多，白雲暫駐於山中所闕，已令華州刺史每事供須。乍反故山，履兹春序，緬懷高尚，當適所宜。故兹撫問，想宜知悉。」即陶穀之詞也。初摶之被召，嘗爲詩一章云：「草澤吾皇詔，圖南摶姓陳。三峰十年客，四海一閒人。世態從來薄，詩情自得真。超然居物外，何必使爲臣。」帝鄉【一四】，好爵難縻於達士。昔堯唐之至聖，有巢、許爲外臣。朕雖寡薄，庶遵前鑒，恐好事者欣然謂之答詔詩。

世宗問相於張昭遠

世宗以張昭遠好古直，甚重之，因問曰：「朕欲一賢相，卿試爲言朝廷誰可？」昭遠對曰：「以臣所見，莫若李濤。」世宗常薄濤之爲人，聞昭遠之舉，甚驚曰：「李濤本非重厚，朕以爲無大臣體，卿首舉此，何也？」昭遠曰：「陛下所聞止名行，曾不聞才略如何

【一四】帝鄉　「鄉」原作「卿」，據豫章本及四庫本改。

耳。且濤事晉高祖，曾上疏論邠州節度使張彦澤蓄無君心，宜早圖之，不然則爲國患。晉祖不納，其後契丹南侵，彦澤果有中渡之變，晉社殲焉。先帝潛龍時，亦上疏請解其兵權，以備非常之變，少主不納，未幾先帝遂有天下。以國家安危未兆間，濤已先見，非賢而何？臣所首舉之者，正爲此也。」世宗曰：「今卿言甚公，然此人終不可於中書安置。」居無何，濤亦卒。濤爲人不拘禮法，與弟瀚雖甚雍睦，然聚話之際，不典之言往往間作。瀚娶禮部尚書竇寧固之女，年甲稍高，成結之夕【一五】，竇氏出參，濤輒望塵下拜，瀚驚曰：「大哥風狂耶？新婦參，阿伯豈有答儀？」濤應曰：「我不風，只將謂是親家母。」瀚且慚且怒。既坐，竇氏復拜濤，又叉手當胸作歇後語曰：「慚無竇建，繆作梁山，喏、喏、喏。」時聞者莫不絶倒。凡濤於閨門之内不存禮法也如此。故世宗以爲無大臣體，不復任用，宜哉。

世宗問王朴運祚

世宗志在四方，常恐運祚速而功業不就，以王朴精究術數，一旦從容問之曰：「朕當得幾年？」對曰：「陛下用心，以蒼生爲念，天高聽卑，自當蒙福。臣固陋，輒以所學推之，三十年後非所知也。」世宗喜曰：「若如卿言，寡人當以十年開拓天下，十年養百姓，十年致太平，足矣。」其後自瓦橋關回戈，未到關而晏駕，計在位止及五年餘六箇月，五六乃三十之數。蓋朴婉而言之。

【一五】成結之夕　「結」豫章本作「婚」。

世宗上病龍臺

世宗末年，大舉以取幽州，契丹聞其親征，君臣恐懼，沿邊城壘皆望風而下。凡蕃部之在幽州者亦連宵遁去。車駕至瓦橋關，探邏是實，甚喜，以爲大勳必集，登高阜因以觀六師。頃之，有父老百餘輩持牛酒以獻，世宗問曰：「此地何名？」對曰：「歷世相傳，謂之病龍臺。」默然，遽上馬馳去。是夜聖體不豫，翌日病亟，有詔回戈，未到關而晏駕。先是，世宗之在民間，已常夢神人以大傘見遺，色如鬱金，加道經一卷，其後遂有天下。及瓦橋不豫之際，復夢向之神人來索傘與經，夢中還之而驚起，謂近侍曰：「吾夢不祥，豈非天命將去耶？」遂召大臣，戒以後事。初，幽州聞車駕將至，父老或有竊議曰：「此不足憂。且天子姓柴，幽州爲燕，燕者亦煙火之謂也。此柴入火，不利之兆，安得成功？」卒如其言。

符皇后志操

世宗皇后符氏，即魏王彦卿之女，時有相工視之，大驚，密告魏王曰：「此女貴不可言。」李守貞素有異志【一六】，因與子崇訓娶之，禮畢，守貞甚有喜色。其後據河中叛，高祖爲樞密使，受命出征。后知高祖與其父有舊，城破之際，據堂門而坐，叱諸軍曰：「我符魏王女也，魏王與樞密太尉，弟兄之不若，汝等慎勿無禮！」於是諸軍聳然引退。頃之，高祖至，喜曰：「此女於白刃紛拏之際保全，可謂非常人也。」乃歸之魏王。至世宗即位，

【一六】李守貞　「貞」原作「真」，據豫章本及四庫本改。下同。

納爲皇后。既免河中之難，其母欲使出家，資其福壽，后不悦，曰：「死生有命，誰能髡首跣足以求苟活也？」母度不可逼，遂止。世宗素以后賢，又聞命不以出家爲念，愈賢之，所以爲天下母也。

郭忠恕責馮道

郭忠恕七歲童子及第，富有文學，尤工篆隸。嘗有人於龍山得鳥跡篆，忠恕一見，輒誦如宿習。乾祐中，湘陰公鎮徐州，辟爲推官。周祖之入京師也，少主崩於北崗，周主命宰相馮道迎湘陰公，將立之。至宋州，高祖已爲三軍推戴。忠恕知事變，乃正色責道曰：「令公累朝大臣，誠信著於天下，四方談士無賢不肖皆以爲長者。今一旦返作脱空漢【一七】，前功業並棄，令公之心安乎？」道無言對。忠恕因勸湘陰公殺道以奔河東，公猶豫未決，遂及於禍。忠恕竄迹久之，晚年尤好輕忽，卒以此敗，坐除名配流焉。

舉子與馮道同名

馮瀛王道之在中書也，有舉子李導投贄所業。馮相見之，戲謂曰：「老夫名道，其來久矣。加以累居相府，秀才不可謂不知，然亦名道，於禮可乎？」李抗聲對曰：「相公是無寸底道字，小子是有寸底道字【一八】，何謂不可也？」公笑曰：「老夫不惟名無寸，諸事亦無寸。吾子可謂知人矣。」了無怒色。

李穀修陳州夫子廟

【一七】今一旦　「今」原作「令」，據豫章本及四庫本改。

【一八】小子是有寸底道字　「是」原無，據豫章本補。

李相穀嘗爲陳州防禦使，三日謁夫子廟，但見破屋數間，中有一像巍然而已。穀歎息久之。俄而伶人中有李花開趨進而前，獻口號云：「破落三間屋，蕭條一旅人。不知負何事，生死厄於陳。」穀驚，以謂伶人之詞趨向有如此者，遽出俸以修之。

江爲臨刑賦詩

江爲建州人，工於詩。乾祐中，福州王氏國亂，有故人任福州官屬，恐禍及，一旦亡去，將奔江南，乃間道謁爲。經數日，爲且與草投江南表。其人未出境，遭邊吏所擒，仍於囊中得所撰表章，於是收爲，與奔者俱械而送。爲臨刑，詞色不撓，且曰：「嵇康之將死也，顧日影而彈琴。吾今琴則不暇彈，賦一篇可矣。」乃索筆爲詩曰：「衙鼓侵人急，西傾日欲斜。黄泉無旅店，今夜宿誰家？」聞者莫不傷之。

張昭遠疑《太玄經》【一九】

張昭遠特好學，積書數萬卷，以樓載之，時謂之「書樓」。張公家嘗謂所親：「《太玄經》見黄鍾不在戊巳之位，使律本從何而生乎？楊子雲本通歷象，嘗著是書。嚴君平爲之下星緯行度，凡二十八宿於參觜牛頗差其次。未知君平之學止於是耶？後人傳之誤也？未可知。」其探討如此。

馮吉好琵琶

馮吉，瀛王道之子，能彈琵琶，以皮爲弦。世宗嘗令彈於御前，深欣善之，因號其琵琶

【一九】太玄經　「玄」原作「元」，據豫章本及四庫本改。下同。

曰「遶殿雷」也。道以其惰業，每加譴責，而吉攻之愈精。道益怒，凡與客飲，必使庭立而彈之【二〇】。曲罷，或賜以束帛，命背負之，然後致謝。道自以爲戒勗極矣，吉未能悛改。既而益自若，道度無可奈何，歎曰：「百工之司藝而身賤，理使然也。此子不過太常少卿耳。」其後果終於此。

韓熙載帷箔不修

韓熙載任江南，官至諸行侍郎，晚年不羈，女僕百人，每延請賓客，而先令女僕與之相見，或調戲，或毆擊，或加以爭奪靴笏，無不曲盡，然後熙載始緩步而出，習以爲常。復有醫人及燒煉僧數輩，每來無不升堂入室，與女僕等雜處。僞主知之，雖怒，以其大臣，不欲直指其過，因命待詔畫爲圖，以賜之，使其自愧，而熙載視之安然。

何承裕詼諧

何承裕韶州曲江人，父澤嘗爲嶺南劉隱從事。承裕有逸才，爲小詞尤工，倡樓酒肆，往往流布。與翰林陶穀素不叶。世宗之征河東也，書詔填委，陶獨當之。時何以通籍，亦預扈從之數。世宗欲擢用，問陶曰：「何承裕可以知制誥否？」奏曰：「承裕好俳，發揮潤色，恐非所長。」世宗遂已。何知之，及陶之判銓，一旦方偃息，何自外抗聲唱挽歌而入，陶甚驚駭，承裕曰：「尚書豈長生不死者耶？幸甚無恙，聞其一兩曲又何妨？」陶無以抗。及知商州，有舉人投卷，初甚欣慰，及覽其詩，有「日暮猿啼旅思悽」之句，遽曰：

【二〇】庭立　「庭」原作「廷」，據豫章本及四庫本改。

「足下此句甚佳，但上句對屬未切，奉爲改之。何不云『曉來犬吠張三婦，日暮猿啼旅思悽』？」舉人大慚而去。其放蕩不羈、動以滑稽爲務也如此。

僧賦牡丹詩

僧謙光金陵人也，素有才辯【二一】，江南國主以國師禮之。然無羈檢，飲酒如常，國主無以禁制，而又於諸肉中尤嗜鵝鼈。國主常以從容語及釋氏果報，且問曰：「老僧無他願，但得鵝生四隻腿，鼈長兩重裙足矣。」國主大笑。顯德中政亂，國主猶晏然不以介意。一旦因賞花，命謙光賦詩，因爲所諷詩云：「擁衲對芳叢，由來事不同。鬢從今日白，花似去年紅【二二】。艷冶隨朝露，馨香逐曉風。何須對零落，然後始知空！」

契盈屬對

僧契盈閩中人，通内外學，性尤敏速。廣順初，遊戲錢塘，一旦陪吴越王遊碧波亭。時潮水初滿，舟楫輻輳，望之不見其首尾，王喜。曰：「吴國地去京師三千餘里，而誰知一水之利有如此耶？可謂三千里外一條水，十二時中兩度潮。」時人謂之佳對。時江南未通，兩浙貢賦自海路而至青州，故云三千里也。

【二一】才辯　原作「才辨」，據四庫本改。

【二二】花似去年紅　「似」四庫本作「妬」。

〔宋〕佚名 撰

燈下閒談

唐玲 整理

點校説明

《燈下閒談》二卷，不著撰人名。《説郛》所載撰人江洵，未知何據。張鈞衡跋稱：「文筆藻采頗似唐小説，大約宋初人，猶著於五代時也。」夏敬觀跋則言：「作者自序引唐韋絢作《戎幕閒談》爲比。絢，執誼子，蜀人。晁公武《讀書志》載《牧豎閒談》，亦爲蜀人景渙撰，疑此書作者亦是蜀人，故其自序特比韋絢，且襲其名也。」

此書所載皆唐末五代異聞，實近小説家語，内容多談神鬼精靈、因果報應。其特點則在於《閒談》作者好用駢語，然於文理似未精通，讀之頗覺不順。此外，此書所載之事與史實頗有出入，作者亦未深究，知其必是道聽途説。如卷下「神索旌旗」條載開平末陸扆往册封吴越王一事，夏敬觀已有辨誤：「考陸扆爲柳燦所害，事在天祐二年。梁改唐天祐四年爲開平元年。錢鏐在天祐元年僅更封吴王，其封吴越王在開平元年。既不得云開平末，且扆已死二年矣，安得有往册之事？小説固非信史可比，然不當誤記時代若此！」

《燈下閒談》今存《宋人小説》本、《適園叢書》本等，前者爲夏敬觀借自傅增湘影寫宋陳道人家刻本，文間多有校語；後者則爲孱守居士抄本，出自葉林宗藏罟里瞿氏録副。二本皆有大量脱文訛字，此次整理，以《宋人小説》本爲底本，以《適園叢書》本爲校本，原文校語一併删除。

校勘記

序

李太尉鎮蜀日，巡盜官韋絢編《戎幕閒談》，冀釋其所聞，用資談話。洎余燈下與二三知己談對外，語近代異事，與生左子華謂余曰：「可録之以示諸友，得之於信厚之士者。」方筆録之，編成二卷，目爲《燈下閒談》，亦類乎《戎幕閒談》云爾。

卷上

卷下

《館閣書目》載：《燈下閒談》二卷，不知作者，載唐及五代異聞。陳道人書籍鋪刊行。

卷上

榕樹精靈

桂林幕吏穆師言美丰姿，屬文辭，善知音律，好遊賞。中元節夜點燈，排百戲於府之西門。師言因觀遊，獨行青羅帳內，樹柯交蔭長衢，呼爲青羅帳。忽聞異香，瞥見一女子衣藍羅衣，服翠冠珠珥，徘徊似有相慕。師言數四送目，深欲之，相隨數十步，女子回顧微笑，語曰：「誰家少年，故相隨人？」師言應曰：「無他，欲觀燈耳。」復言曰：「觀燈常事，何妨略過敝止，況別有奇異燈。」師言疑女子風月未嘗見也。俄而，至一室而入，張燈設饌，品味尤盛，又褰帷幄。有二女子席地環坐，女語女曰：「運偶時來，乃是宿分。」女乃邀並坐，師言未允。女復言曰：「不須辭免，早來何似莫開眼覷人。」舉席大笑，師言乃坐。酒數行，因問姓氏，女曰：「郎君何氏？」對曰：「穆。」女曰：「林。」諸女起賀曰：「林穆相宜，是吉兆矣！」女曰：「三代祖藻，詞林重德【一】，翰苑名流。月裏高枝記曾折矣；室中溫樹未省言之。但抱端貞，豈慚松竹。方當直上之拜，寧防委地之虞。詢制言詞，遂遭謗鑠【二】，乃至摘伐，不返木革，荏苒流泉，飄然三代。妾承蔭育，不識風霜，惟慕

校勘記

【一】詞林重德　「重」字原缺，據《適園叢書》本補。

【二】遂遭謗鑠　「鑠」原作「録」，據《適園叢書》本改。

高才，虛心久矣。幸逢觀看，得接光容。」言訖，師言盡不曉之。因問諸女姓氏，女曰：「妾諸房枝葉。」女曰：「喜會良宵，月斜漏促，請姊與穆郎同畢合巹，諸妹各述微詞。」女遂執金鏡當心，穆郎結同心在手。內有一女子吟曰：「團圓今夕色珍輝，結了同心翠帶垂。此後莫教塵點染，他年常照歲寒姿。」復一女子上雙瑠璃盃，亦吟曰：「良宵織女會牽牛，瓊液成雙預獻酬。枝葉相隨無替改，願同松竹保千秋。」復一女褰帳【三】，詩曰：「揉藍綠色麴塵開，靜見三星入坐來。桂影已圓攀折後，願移常伴棟梁才【四】。」諸女辭去，師言與女接歡，覺困少寐。□□見一青衣相喚，持碧花牋詩一首：「珠露素中書□□，青羅帳裏寄鴛鴦。自憐顧影清秋夕【五】，沾灑徘徊□□光。」女誦之【六】，微笑曰：「可速來，同去觀光。」移刻，二女□□相呼曰：「恐逼曉看，則意中各不徹也。」師言與女相攜出門，諸女畢集，既盡向遊，略無暫捨。忽聞五更矣，女曰：「可回，此別卒未能相遇，明年今日復會耳。」女於裙帶上解素絹三尺，生拭汗畢，置懷中。女曰：「勿泄於人，不然禍及妾爾。」流梯相別。百餘步，遇同儕，執手曰：「翫弄何積年塵黦物？」嗅之，自以爲香，他人聞之，即穢氣也。生因出視之，乃亡人仰明之物。具道此事，穆與儕驚懼，復往舊所，諸女屋宇俱亡矣。翌日，穆與儕尋夜來會遇之處，乃一榕樹，空心丈餘，猶有燈燼，酒痕尚在。穆因省女所敘三代之事，遂聞公府。張玗尚書伐去此樹，樹下汁如血色。自是精靈遂滅耳。

【三】復一女褰帳　「褰」原作「搴」，據《適園叢書》本改。

【四】願移常伴棟梁才　「常」，《適園叢書》本作「長」。

【五】自憐顧影清秋夕　「顧」，《適園叢書》本作「孤」。

【六】女誦之　「之」字原缺，據《適園叢書》本補。

桃花障子

盧相國商處子，性清淡孤高，不喜繁雜，相國憐之，暫寄冠裳，朝昏閑習于步虚，宴席倦聞於音樂。一夕，女子方掩户，和衣假寐，忽有一物自窗而入，覺身隨此物而出窗，乘虚而行。不知幾里，到一家，見一眇目道士、雙環青衣，來云見備盤餚陳設，令青衣持緘，如召賓客。未頃，青衣有異香氤氲入户，俄見一美丈夫、美女子，寶冠霞帔，跨鳳乘鸞，自空而至，揖道士曰：「自從炎漢陵夷，飛盃拜遇，今一見將近千年，蓬蒿□【七】幾接遨遊之夢【八】，塵寰謫滿，應多善會，深愜乃懷。」道士曰：「伏自信絶蓬瀛，謫居人世，七百年内，履歷人間，只思賣卜燒丹，但切矜孤恤寡，立功上達，濬澤下流。范陽佳人夙契盟約，奏回上帝，命批依答。又以今來謫限將滿，既離鄽閈，特此咨邀。」遂揖環坐，舉杯命饌，語笑數巡。道士曰：「今宵佳會，況遇天人，好賦篇章以代弦管。」頃刻，道士命牋毫，書云：「鵲羽橋成星斗連，何須移室下遥天。來逢蓬蓽當諸夜，莫綴詞華染素牋【九】。霓帔豈勞施粉藻，寶冠猶更貼花鈿。人間限滿離塵土，即俟瑶階廁列仙。」道士執酒，少年亦濡毫書云：「乘鸞跨鳳下崑崙，正值三星影入門。銀燭高低攢寶帳，綵牋交互勸瑶樽。藥靈許向人間説，《易》妙期於象外論。休憶當年陪孟德，繞梁爭看酒杯翻。」詩畢，酒罷。夜闌，二少年謂曰：「且請道士與盧小娘子見親。」須臾，數青衣擁入帳中，青衣與女子卸衣服、

【七】蓬蒿□　「蒿」，《適園叢書》本作「島」。

【八】幾接遨遊之夢　「接」，《適園叢書》本作「積」。

【九】莫綴詞華染素牋　「莫」，《適園叢書》本作「共」。

插釵，道士亦解衣，欲敘魚水之意。女子初違拒不允，青衣謂曰：「小娘子勿請辭免，乃道士與小娘子萬億年之契分，非今日偶然也。」女子因從道士之情。半餘月日，女子自後稍覺清健。一夕，女子謂道士曰：「嘗聞道家去大情欲，何故誣説也？」道士曰：「不然。《易》曰：『天地絪緼，萬物化醇；男女搆精，萬物化生。』又曰：『一陰一陽，之謂道也。』蓋仙家□□離乎人也。」女子曰：「然則女當有孕乎？」道士曰：「有之矣。」至曉，却歸室中，女竟未省所由。一旦，相國與夫人坐次，見女子舉止似非室女，驚見如此，遂令妳母竊視之。是夕，初見寢寐，初更後，寂無喘息，揭其帷帳，不知所之。至曉，帳中儼然安寢，遂告夫人。夫人詢之，具告此事，夫人白於相國，相國曰：「我女處性淡泊，必遇神仙。」詰其所往，有何室宇驗之，女曰：「屋宇尋常，記有夾竹桃花障子，當堂北壁而掛，畫工實佳耳。」相國曰：「今夕去時，以針度線於障子之上。」女子乃依言記誌。相國翌日晨起，處分兩街使，遍於兩市内有夾竹桃花障子可借千條【一〇】，仍須各題坊巷、姓名。至午間，供到八百餘條，宛然有針度線處，劄題曰：「通化坊賣藥道士左元放障子。」相國急遣左右密往而召之，慎勿驚動。既見相國，命入坐，敘酒饌，去左右，欲啟露前事。道士飲酒訖，將盃擲於梁上，盃翻宛轉。相國仰視，俄失道士。歸宅，尋小娘子【一一】，亦不知所在，尋訪累年，絕無蹤跡云。

【一〇】遍於兩市内有夾竹桃花障子可借千條　「借」原作「惜」，據《適園叢書》本改。

【一一】尋小娘子　「尋」原作「命」，據《適園叢書》本改。

鯉漁變女

朱相國朴未仕日，江淮兵革之後，荏苒鍾陵，隸於軍幕之中，假以倅戎之職，手不釋卷，口無妄言。一旦，途中遇一道士【一二】，曰：「觀君之雙目，光淨射人，耳且小而輪郭聳貼，非凡俗之類也。豈宜久在塵泥耶？能隨吾入廬山爲學，必取人間厚禄。」遂解職，陳師事之禮從焉。因近山脚，臨池構一茅屋，經年屏蹤，略無人知。一夕，天地朗清，月色如晝，因臨階所誦《毛詩》。忽聞有人靸履而來，睇之，一女子自池畔徐徐而來，衣翠緑斕斑之衣，揖朴曰：「妾守空閨，不知幾更寒暑，久聞君子閑淡孤高，杜絶人世矣。妾雖敝舍咫尺，竟不敢略接風標。聞君子誦《南有嘉魚之什》，深動賤妾之意，徘徊數四【一三】，不覺吟詠而來，倘若不阻微忱，但願承奉箕箒。」朴揖而對曰：「余脱跡塵泥，苦心好學，俾夜作晝，息慮忘形，不識鉛華，罔知會遇，便希他適，不更此來。」女子泣而言曰：「可不聞『窈窕淑女，君子好逑，』讀書豈拒其義也？」朴應曰：「我壯年未立，博學無聞，遁跡蓬蒿，何堪如是？願小娘子且歸，朴定無他婚！俟朴學優而仕日，當以禮相納耳。」女子曰：「妾非庸氏，族本王侯，幸覯清風，故來匹敵。蒙君見阻，大是慚人，若得際君恩之後，何患乎妾家無官矣！」朴曰：「休更妄言，再三相惑，『我心匪石，不可轉也！』」女子見朴情似怒，吟詩一章曰：「知君見積池塘夢，遣我方思變動來。操執若同顔叔子，今宵

【一二】途中遇一道士　「途」原作「遠」，據《適園叢書》本改。

【一三】徘徊數四　「四」，《適園叢書》本作「回」。

寧免淚盈顋。」吟畢曰：「觀君心堅氣壯，神爽清高，今能不逐邪心，他後必遭斷柄【一四】。」即拜而去。又吟曰：「但持冰潔心，不識風霜警【一五】。任是懷禮容【一六】，無人顧形影。」朴慮其深夜有魅魍之事，乃入室取劍急逐之，至池側【一七】，一揮而落水。明旦視之，池中見鯉魚長三尺，而爲兩段矣。朴後徙於別所。

松作人語

賈松先輩字夢得，未仕進時，多寄寓於湘浦之間。乾寧歲中，因遊宜春涉陽岐【一八】，遇僧齊己、虚中，韋洵美、唐稟二秀才，同寄於水心寺僧浩然房中，是僧藏書千卷。松因循息此地，踰兩稔，與諸公吟詠讀書而已。松耳順之年，未遂聲名，一旦，有僧相之曰：「足下何須苦於篇章？況鬢髮星星，名利碌碌，縱得卑官薄禄，何如養志存神。貧僧曾遇至人，傳其大藥，須去羅浮，配合難得奇人。子骨貌非凡，舉止異俗，能同我往羅浮山去否？至藥若成，必有分惠，便當朱陵脱質、紫府標名。取舍之間，試爲思忖。」因成二十字贈松云：「嵯峨山上石，歲歲色常新。若使盡成寶，誰爲知己人？」松乃諾之，遂同入羅浮。三年守真丹竈，藥既無成，吟且不廢。因夜靠松，瞑目吟曰：「白髮不由己。」如是數四。至於中夜，忽聞松上應聲曰：「黄金留待誰？」松乃大驚駭，復應曰：「松居此三年，未嘗遭遇，既聞詞句不比凡常，願述因由以解疑誤。」俄聞松上曰：「夫人年少，當苦節希名榮

【一四】他後必遭斷柄　「遭」，《適園叢書》本作「操」。

【一五】不識風霜警　「警」原作「苦」，據《適園叢書》本改。

【一六】任是懷禮容　「容」原作「客」，據《適園叢書》本改。

【一七】至池側　「至」字原缺，據《適園叢書》本補。

【一八】因遊宜春涉陽岐　「涉陽岐」，《適園叢書》本作「陟楊岐」。

身，子乃日暮頹光，何須勞形役思？」松乃啓曰：「亦自知老歲矣。所吟篇什不叨名利，雖貴希範時流，規制王室【一九】，使名不朽，雖没猶生。」復曰：「子之言善也。吾乃軒轅氏，子知之乎？」松即稽首再拜：「不期今日幸遇神仙，願示長生久視之門。」曰：「長生久視，在積習而至矣，豈教詔而得乎？若使道可獻之時人，莫不獻之於君；若使道可傳之時人，莫不傳之於子。子但能行之矣，内知己病，自可得其道也。觀子乃苦志力學之人也，今學已就，志尚未酬，今吾贈子龍虎新成丹一粒，延其天年一紀，折取月桂一枝。」松即再拜，丹乃墜於手中，五色光彩。松即噏之，覺支體暢適，舉動輕便。復言：「可製《天得一以清賦》，仍請用『聖君知之爲天下正』八字爲韻，便可酬其丹藥，賦成致之於松上。」言訖，若飄風而近。松於八韻素不留心，信宿方成，依命致之於上訖，翌日便辭。及松回，復至宜春，語此事於諸公，諸公曰：「詩者，動天地、感鬼神，子之篇什達其妙矣！若西去，必捷大名。」松因詣鍾陵南平王，即以解送。光化辛酉歲，杜德詳知舉，此時禮闈試賦一字不差，將知神仙預知人事，松但濡毫書之。考試入格，果第八人成名，榜下授校書郎【二〇】，乃在五老之數，號難老，以餌丹之故耳。其年冬，復回宜春，都官鄭谷郎中時退居仰山【二一】，松因謁謝焉。問及第事，松對曰：「朝廷多事以來，公道濫濁，或以地望得之，或以權勢得之，或以趨附得之，或以才智得之，或以賄賂得之，亦有倔强得之。」鄭公曰：「子之編聯，何自得在人口？」松曰：「座稱之御柳舞弱水。」谷笑曰：「此意不是倔强得之耶？」

【一九】規制王室　「王」原作「玉」，據《適園叢書》本改。

【二〇】授校書郎　「郎」原作「神」，據《適園叢書》本改。

【二一】都官鄭谷郎中時退居仰山　「谷」原作「如」，據《適園叢書》本改，下同。

神仙雪冤

呂用之在維揚日，佐渤海王專權擅政，害物傷人，具載於《妖亂志》中，此不繁述。中和四年秋，有商人劉損挈家乘巨船，自江夏至揚州。用之凡遇公私往來，悉令偵覘行止。劉妻裴氏有國色，用之以陰事搆置，取其裴氏，劉下獄，獻金百兩免罪，雖即脱於非横，然亦憤惋，因成詩三首【二二】，曰：「寶釵分股合無緣，魚在深淵日在天。得意紫鸞休舞鏡，斷蹤青鳥罷銜牋。金杯倒覆難收水，玉軫傾欹懶續弦【二三】。從此蘼蕪山下過，祇應將淚比流泉。」其一。「鸞辭舊伴知何止，鳳得新梧想稱心。紅粉尚殘香冪冪，白雲將散信沉沉。已休磨琢投歡玉，嬾更經營買笑金。願作山頭似人石，丈夫衣上淚痕深。」其二。「舊嘗遊處遍尋看，覩物傷情死一般。買笑樓前花已謝，畫眉窗下月空殘。雲歸巫峽音容斷，路隔星河去就難。莫道詩成無淚下，淚如泉湧亦須乾。」其三。詩成，吟咏不徹。一日晚，凭水窗，見河街上一虬鬚老叟，行步迅疾，骨貌昂藏，眸光射人，彩色晶瑩，如曳冰雪。跳上船揖損曰：「子中心有何不平之事，抱鬱塞之氣？」損具對之。叟曰：「祇今便爲取賢閤并寶貨回，即發不可更停於此也。」損察其意，必俠士也，再拜而啟曰：「長者能報人間不平事，何不去蔓除根，豈更容姦黨？」叟曰：「呂用之屠割生民，奪君愛室，若今誅殛，固不爲難，實愆過已盈，抑亦神人共怒，祇候冥靈聚戮【二四】，方合身首支離，不惟戮及一身，亦

【二二】因成詩三首　「三」原作「百」，據《適園叢書》本改。

【二三】金杯倒覆難收水　玉軫傾欹懶續弦　此二句原缺，據《全唐詩》補。

【二四】祇候冥靈聚戮　「戮」，《適園叢書》本作「録」。

須殃連七祖，且爲君取妻室，未敢踰越神明。」乃入吕用之家，化形於斗拱之上，叱曰：「吕用之違背君親，特行妖孽【二五】，以苛虐爲志，以惑亂律身，仍於喘息之間，更慕神仙之事，冥官方録其過，上帝即議行刑，吾今戮爾形骸，但先罪以所取劉氏之妻并其寶貨，速便還其前人，倘更悋色顧盼，必見頭隨刃落！」言畢，鏗然不見所適。用之驚懼惶惑，遽起，秉簡焚香再拜。夜遣幹事賫金并裴氏還劉損。損不待明，促舟子解纜，虬鬚亦無踪跡耳。

墜井得道

青社李老，世業醫術【二六】，善鼓琴，自言得嵇康之妙，藥肆中多延藝術之人。龍興觀有道士伊祁立，人或云數百年往來青社。咸通十五年，自京師乘黄犢回，與李老有舊，多來鋪中賒藥或乞酒。資妙玄悟，不擲掛揲蓍以成卦，而言休咎十中八九。一旦，謂李老曰：「今日卦兆：旬日内有驚墮之苦，知言莫大焉。」秋七月十八日，早自城北别業宿行草莽間，誤墜大枯井中，向五丈餘，及醒定意，思伊祁立筮卦，强攀蘿而陟丈餘，忽捫落一片石，乃見一石竅，可通身而入，遂傴僂而前。來百步，竅廣身舒，忽聞百和沉檀馥香【二七】，五色光彩，傍列窗户關鑠，三百餘所，或赤或黄、或白或黑，皆金字標其門，悉皆書州府之名。約二十餘里，出洞門回視，洞門題云：「大唐玄都。」洞外有石橋寶閣，瞰海連雲。魚龍出没於波濤；日月回環於窗牖。雲霞似削，島嶼如描。蜃閣排空，風定而鴛鴦冉冉；

【二五】特行妖孽　「特」，《適園叢書》本作「時」。

【二六】世業醫術　「業」原作「善」，據《適園叢書》本改。

【二七】忽聞百和沉檀馥香　「香」，《適園叢書》本作「郁」。

虹梁展處，雨收而鬢鬣峨峨。恍惚不安，瞻視閣内，見一道士雪髯丹臉，凭几揞頤，旁又有捧琴執簿者。李君乃稽首拜折而坐，因顧侍者度琴而彈之，李君乃奏《廣陵散》曲。道士曰：「爾之製也？」李曰：「晉嵇叔夜感鬼神所傳。」道士曰：「感鬼神非也，此自搆神思也。爾以孽障不暇憶故事，叔夜即爾亡來之身。」道士命侍者酌石髓，曰：「此乃太行山者，爾乃飲之數也。」李乃飲之，一盃訖，覺襟靈和暢，吐納馨香，乃悉能記：從王烈入山，團其石髓，復憶忘石架之書，如信宿爾。遂致辭再拜曰：「某以業緣障魔矯妄，身端不冲霄漢之由，復陷輪迴之苦。不因仙者，宿昔何萌！」食頃，雲雨異興，天地昏暝，道士乃臨檻秉簡，叩齒焚香。忽覩一龍金色逼塞洞門，自橋升閣，顧道士而入海去，復見海上隊仗【二八】，鼓吹幢幡，移時而没。道士曰：「此咸通唐主，厭人間繁雜，却返故唐宫矣。」道士遂命陊管露刺，李瞥見曰：「大唐玄都王者抱朴子拜謁。」乃處分左右侍者俱從事，謂李曰：「止此無東西，吾即返矣。」亦自檻前飄飄入於海中。李見道士座後題牌一架，鐫以金字，亦著州府之名。李即揀其「青州」字者，往洞中尋青州。門開之，入丈餘，下瞰平川，州城廳宇【二九】，定意觀瞻，真青州也【三〇】，認其居止無差，周覽未遍，慮道士回，乃返閣候焉。逡巡，道士回，曰：「爾可歸矣。」李乃稽首：「願永爲事仙官，不歸塵世。」道士曰：「何擅離此他適？」李啟曰：「實止此，無他。」道士曰：「爾宿情未泯，咫尺萬端，是故孫登云『才復於隱淪，識劣於保身』，而更叙感鬼絶交，人不堪矣，是招不測之禍。經曰：

【二八】復見海上隊仗　「仗」原作「杖」，據《適園叢書》本改。

【二九】州城廳宇　「廳」，《適園叢書》本作「廨」。

【三〇】真青州也　「真」，《適園叢書》本作「乃」。

『多言數窮』，此之謂也。子之開鑠，吾未之怒，不實言【三一】，深明枉如此，去神仙之道遠矣。」李謝過叩頭，乞賜金玉之言、用去死之過【三二】。道士曰：「吾與弟子邂逅相遇，不可令汝復受生老之苦。」乃授其八誡云：「知語繁之侵氣，故杜口而忘其言；知富貴之驕微，故枉屈而面居下；知名利之役身，故隨身而卷舒【三三】；知思慮之損神，故抑情而守一；知喜怒之爲害，故虚己而自持；知酒肉之敗性，故量味而撙節；知哀樂之損生，故却之而内保；知情慾之竊命，故忍之而不爲。」傳授畢，道士曰：「能祛口是心非，亦誡矜功伐善；罔談彼過他短，全忘狥利貪名。汝能勤而行之，去矯枉之辭，乃小瑕耳。子其隨吾手指，抽石架上束書來，便是耕道得道、獵德獲德。」李即隨手依言抽之，展視，乃是《療三十六種風白元子方論》。道士曰：「將歸配合，遍療世人，功滿此來，顧珍重自愛。」言訖，李再拜，揮涕不已。道士曰：「石髓、仙書，俱得之矣，何苦悵望乎？吾非不能留子，但爾陰功未滿，俗態尚存，可因此《方論》而得度世間，勤不怠，吾當望也。」令侍者將匙開青州門，侍者令李閉目，片刻，身在青州北門。及到家，妻子除服矣，乃乾符三載也。遂精專配合其藥，急施於人，無遠近高下，皆與之。自後，商徒以爲貨物，歷江南塞北，救療無不痊愈也。數年果不喜聞食氣【三四】，乃斷穀，多止精舍。時訪城北枯井昔日蹤跡【三五】，一旦辭，至暮不歸，自此後得路而仙去矣。

【三一】不實言　「實」原作「直」，據《適園叢書》本改。

【三二】用去死之過　「過」，原作「故」，據《適園叢書》本改。

【三三】故隨身而卷舒　「身」，《適園叢書》本作「時」。

【三四】數年果不喜聞食氣　「果」，《適園叢書》本作「來」。

【三五】時訪城北枯井昔日蹤跡　「時」，《適園叢書》本作「因」。

政及鬼神

賈客林道恭，不知何許人也，貿易往來江淮，因過馬當廟前遭風，沉溺財貨，脱命登岸，咨嗟不已。忽覩一皤然叟來，問其緣由，道恭具事答之。老人曰：「此過者，馬當神也。足下曾知淮南令狐相公否？此人正直通神，兼主陰籍，若能陳述，必得雪之。」道恭竟往淮南投狀，相公覽狀，判付承事官孫肇急往追之【三六】。孫肇乃宣城人也，受得判，頗甚憂慼，因問道恭，具老叟之言。孫肇依言至廟，焚香啟祝，祝次視金壁背座後有一人，身長丈餘，衣紫衣，戴金帖帽子，手持骨撾，半出而言曰：「但請先返，吾當自來。」語孫曰：「謝遠追呼，不無費用，有錢一百千，來夏請於本管宣城取之，今可遣買一盌漿來。」孫依言置之神前，神即手執漿水，誦神呪訖，謂孫曰：「能療天行赤眼，人取一環。」言訖，吹炁於瓶器之中，神即遜重而影滅。孫還淮南，至府門口，見廟神紫綬金章，迎前而立，遂相將詣。內間見相府，相府責之曰：「君爲廟神，受奠享爲福佑，反損舟船，特此追邀，在實分擘【三七】。神曰：「忝居廟食，專切修持，遇行正直者，保往還安流；見爲邪僻者，俾風波没溺。」相府曰：「此事是爾掌之，何没他賈客鹽貨？」神曰：「向者賈客林道恭搗石膏末拌雜鹽中，欺吾神明。是非便請速還廟堂。」神即罄折而没。孫肇來夏返宣城，果遇一郡人悉患赤眼，以其呪水點之，應手而愈不下千餘人。凡欺心意者，豈欺神明乎！

【三六】判付承事官孫肇急往追之　「付」原作「府」，據《適園叢書》本改。

【三七】在實分擘　「擘」原作「劈」，據《適園叢書》本改。

棄官遇仙

楊内侍，忘其名，授東川監軍判官，罷後於綿竹置家。天祐中涓入蜀，聞説羈縻北司消息甚濃【三八】，楊遂不辭知舊，而竄至州，憂戚惶駭，頃刻不可過。因縱步市中，聞開場戲笑，遂往觀焉。俄見一叟，衣大白裘，揖楊曰：「觀子之貌，憂色可掬。」楊具對之。叟曰：「小事耳。此地如有舍，可税一，七日就可他適，雖露顔狀無異。」乃拜而詢之，曰：「今便可假舍矣。擗掠丈餘，其紙三數百張，凡空隙悉令塞之，不令通風。内置榻取便。不獨今來變其形，兼使他年獲其子息。」楊聞欣喜，再拜致謝於叟，曰：「某今奔迫出城，行李甚困，此地又乏知識，何以奉酬？」叟曰：「子在難中，不須是説，吾方營少錢物以贈子，但覓其金訖，可置水銀來。」乃入甘鍋子，内藥一丸烹之。俄頃出秤之，銀一斤，無少剩矣。叟曰：「子少年禁中，曾活數人命，有此小功積，惟宜傳授。子得之，可用救人急難，而蓄家財矣。」楊乃拜，伸弟子禮，遂書二十八字後，云：「五色雲英生海月，能飲南方赤龍血。生冷宫中住雌雄，紫金臺上凝霜雪。」别有陰秘【三九】，不形於文，默以口授，取藥三粒付之，曰：「入室服一粒，經三日服一粒，經七日服一粒。渴即飲參苓湯，藥力盡即思飲食。」楊依其言，日滿將出，見叟書門上云：「功滿他年，青城相見。」楊乃自□得路歸縣竹，到家滿頷生鬚，妻僕不識。後果有數子，復魚姓焉。數年後，青城訪其叟，無蹤跡耳。

【三八】聞説羈縻北司消息甚濃　「北」原作「化」，據《適園叢書》本改。

【三九】别有陰秘　「陰」，《適園叢書》本作「隱」。

負債作馬

崔寓，清河太師安潜之後。父時，光啟年，至鄭州尋親，乃值淮西士馬，不歸輦下，遂至湘南，遍歷重難，多行惻憫，行市之内，生舉之間，或有信則歸還，或無行則抵諱【四〇】。長沙中有主店人封八郎，自崔取銅錢一百千，分析之後，因循不還，崔亦不催促，乃至十一二年内【四一】。崔宅夜聞叩門甚急，伺之不見有人，如是再三。崔纔夢寐與八郎坐，見說欠負事，俄有黄衣使者持牒言曰：「封某負銅錢一百千，爲馬十五年。」封自坐化一紅騌駒，跳躍嘶鳴，下階望廐中去。崔未覺，聞僕者報馬生一紅騌駒。自後，崔乘十五年，無起卧驚蹶之苦，他人馳驟，必擺頓蹶失，或羈絆偶脱，長途所使，盡力追隨，無計而得，崔每呼「封八郎」，即眠耳低頭而歸廐中【四二】。予目擊，故録之也。

掠剩大夫

陳留劉令，咸通末罷秩，自京師抵三峯，訪舊知，憩華陰逆旅。才旦，見一人馬導從，亦入客館，劉疑是節鎮替移，修名謁焉。見一人衣紫腰金，神清貌古，相揖而坐。紫衣謂劉曰：「知足下善畫駿馬，服姓名久矣，此際欲煩畫二馬閑觀，倘不賜阻，當以厚賂奉酬。」劉未及對，左右已持裝縑至前，劉即依命畫成，置於紫衣坐前。紫衣歎曰：「飛兔紙駕不可過

【四〇】或無行則抵諱　「諱」，原作「謁」，據《適園叢書》本改。

【四一】乃至十一二年内　「至」下原有「九」字，據《適園叢書》本删。

【四二】即眠耳低頭而歸廐中　「眠」，《適園叢書》本作「泯」。疑當作「抿」。

也，乃人間之絶工矣！若能爲膊肘加焰、耳鼻添毛，則眸光艴色而射空，脛毛毿然而覆地，此殆謂之天馬，可以獻之上帝，表其臣心。」劉令乃依命添之。紫衣謝曰：「相識否？」劉令曰：「未知君名位。」紫衣曰：「吾乃天下掠剩使李大夫也，荏苒人間五百歲矣。視聽粗益，頗得均平，素以駿骨奇毛【四三】，得以聞天述績。」遂修表獻之云：「玄都大夫天下掠剩使臣李鼎貢天馬二疋。右臣某言：虔奉天恩，委司人事，執顯晦之衡鏡，掠貪婪之羨餘，今幸無曠遺，略得言述。塵寰渺邈，常傾向日之心；歲月遷移，合議聞天之貢。前件馬誠因變化，孕自涵濡。房宿四星，寥泬之光芒失色；周王十影，瑶池之蹀躞寧陪。因施丹雘之能，宛被素玄之妙。用是彰其素志，表以立功。騰驤可馭於風雲，驅策候昇於霄漢。雖屬土貢，路陟天衢。説瀆天顔，伏惟云云。」忽見畫馬毛骨駿異【四四】，踴躍嘶鳴，遂却使持其表，控其馬，乘紫霧，昇清霄。俄頃，使回，執天判而下，曰：「李某損有餘而奉不足，行道也，既明折中，方議褒稱。立功未滿於三千，清秩遽延於五律。前志越同上仙【四五】，符到奉行，爾宜從命。」紫衣焚香秉簡拜恩訖，致謝於劉令，曰：「不因足下手筆，何以致此天恩？」遂脩緘請於上都峨嵋廳院主事僧【四六】，請一房支錢，先寄五百千以酬繪綵之功。度書於劉【四七】，劉即跪受，紫衣辭出，如拏風雲，倏忽不見。劉如夢醒，移時書至，寺僧曰：「其錢已經三世闍黎，其錢貫索朽爛，檢點只及四百四十千。」即交劉。未發間【四八】，僧偶犯禁，金吾執之，約費六十千方止。後劉令歷官一十二，享壽百歲餘，棄家入華山，不知所止矣【四九】。

【四三】素以駿骨奇毛　「素以」，《適園叢書》本作「幸聞」。

【四四】忽見畫馬毛骨駿異　「忽見」，《適園叢書》本作「俄乎」。「畫馬」，《適園叢書》本無此二字。

【四五】前志越同上仙　「同」上原衍「同」字，據《適園叢書》本删。

【四六】遂脩緘請於上都峨嵋廳院主事僧　「廳」，《適園叢書》本作「廨」。

【四七】度書於劉　「度」字原缺，據《適園叢書》本補。

【四八】未發間　「間」原作「問」，據《適園叢書》本改。

【四九】不知所止矣　「不」上，《適園叢書》本有「自後」二字。

卷下

驛宿遇精

襄陽軍衙小吏歐陽訓，禀性兇猛，每遇兇怪宅宇，輒造之，無不除絶矣。因使出嶺外，經新林驛，驛吏曰：「此驛有精靈，舟車往來者不得安寢，卒未有害人。」訓聞之喜，是夕升堂，明燈而坐。夜色未分，忽見一女子，淡粧茜服，行步徐徐，言詞欵欵，自東序而來【一】，吟曰：「月明階悄悄，影隻腰身小。誰是騫翔人，願爲比翼鳥。」揖訓而入。訓意此必精靈，乃命坐杯酒。詰其姓氏，女曰：「世業醫術，妾幼産乳【二】，空度閨房，積有年矣。祖禰悉解牽飛【三】，只是往來神魂鈍濁，就枕而多成魔魅，接言而悉見荒迷。年代既深，誰傳摭實？今幸遇君子，得以論心。願揣精誠，更不疑阻。妾有催生妙藥，君子得無用乎？」訓然之，遂於裙帶間取貼之度與訓，曰：「燒灰爲末，酒服之。」復謂訓曰：「容色鄙陋，有玷君子。與君薦歡少刻，妾身永爲幸矣。不然，必罪及妾耳。」訓懼爲魔魅，數四不允。女又曰：「今幸得接英姿，况非舊契，豈敢相托？」訓因不免，就席而已。再飲，訓既執酒，女擊盤歌曰：「飛燕身輕未見輕【四】，枉將弱質在巖扃。今來不獨同鴛枕，相伴神

校勘記

【一】自東序而來　「東」字原缺，據《適園叢書》本補。

【二】妾幼産乳　「幼」，《適園叢書》本作「功」。

【三】祖禰悉解牽飛　「禰」原作「稱」，據《適園叢書》本改。

【四】飛燕身輕未見輕　「見」，《適園叢書》本作「是」。

魂入杳冥。」女與訓笑語相合，乃滿飲數杯，其女似醉。訓入房取劍揮之，忽變一飛生蟲爲兩段耳。驗其左翅下無毛，後開藥視之，有飛生蟲毛數百莖。襄陽親識間有生産者，以一莖燒灰，酒服之，有驗。自此驛中無有其怪耳。

湘妃神會

濮陽人，光啟中以中原喪亂，兵革竟起，自上蔡將命嶺隅，經於湘邑駐泊。有博陵崔渥自蒲坂相次而至，於宴席中會遇，情甚相洽，因以爲友。博陵曰：「此地歲稔人安，且可寓乎？」濮陽曰：「然。」乃同寓於湘邑。但有一山可翫，一水可游，常挈杯觴，靡不經歷。春末，因謁二妃，各題一絶。濮陽曰：「目斷魂銷正惘然，九疑山際路漫漫。何人知得心中恨，空有湘江竹萬竿。」博陵曰：「萬里同心別九重，定知陟歷此相逢。誰人翻向蒼梧路，不得蒼梧殉玉容。」翌日，登眺江亭，又各賦長韻。濮陽曰：「檻外征帆次第行，漁歌偏唱竹枝聲。荷翻水面真珠碎，柳颺灣頭綠線輕。巒隱九疑忘去處，淚經千古轉分明。寥寥日暮雲空淡，應爲嚴妝廟貌清。」博陵和曰：「閒步江亭駐客行，殿臺高敞杜鵑聲。風生屈宋魂應散，雨過黄娥恨亦輕。春筍亂穿階蘚暎，晚霞傍襯野花明。翠華不返蒲關去，鴛鷺數行松韻清。」興闌日暮，各歸旅舍。忽見二青衣自山而來，容質夭妍，言辭俊雅。謂曰：「妾家娘子令來傳語二處士，知題詠詩篇，經於莊側，幸一過訪，無以疎閒。」二生曰：「娘子誰氏？」青衣曰：「莊至此二三里，少頃便知。」生謂必風塵之家也，因從青衣而行。可三里，見門庭華盛，非凡俗所居。須臾行至殿堂，乃軸珠簾，見二女雲鬟明妝，坐於殿内，左右侍者皆類宫姬。有朱衣使者曰：「此舜帝二妃，廟貌在此。」二子肅拜，如臣禮。二妃曰：「妾乃舜之妃，與處士不相君臣。」乃答拜，召升階，坐於殿側。命備飲食，次問行止，各以具對。時一更矣，妃曰：「今夕二君子相訪，不可不成一筵。」令召吴王、西施、紂王、妲己、桃源仙子、洞庭龍女來。逡巡，諸女侍從皆至妃前，各叙拜云云。二生退立，不敢仰視。妃謂青衣曰：「引諸女伴見二處士。」各拜禮畢，命坐飲酒數巡，餚饌皆珍美，器用皆瓊瑶，不可殫述。妃謂曰：「妾以舜帝巡狩，竟絶歸期，没於湘水，凡數千載。自立祠廟，往來有篇詠者，詞多戲誚，不近風騷，或將雲比翠鬟，或以花擬丹臉，罔知至理，罕造玄微。如君子句有一絶，乃光前裕後耳。」乃吟曰：「何人知得心中恨，空有湘江竹萬竿。」如此吟詠，久而不已。諸女聳聽，皆稱善。濮陽止撝挹飾謝，不敢多言。妃曰：「感君子之製，今夕故令召耳。當此淑景和風，烏啼明月，盍各賦詩乎？」諸女曰：「敢不聽命！」乃索紫毫碧牋，二妃各賦詩一篇曰：「鑾輿昔日出蒲關，一去蒼梧更不還。若是不留千古恨，湘江何事竹猶斑？」又曰：「愁聞黄鳥夜關關，潙汭春來有夢還。遺美代移刊勒絶，惟聞留得淚痕斑。」西施詩云：「方承恩寵醉金杯，豈謂干戈馳驟來。亡國破家皆有恨，捧心無語淚蘇臺。」妲己詩曰：「歡樂平生自縱心，武王兵至勢難任。自兹宗社傾危後，方悟當時酷暴深。」桃源仙子詩曰：「桃花流水兩堪傷，洞口煙波日漸長。莫道仙家無別恨，至今垂淚憶劉郎。」龍女詩曰：「漢陽平野草初春，遥憶家鄉淚滴頻。當此不知多少恨，至今空寄在靈姻。」濮陽詩曰：「常説仙家事不同，偶陪花月此宵中。錦屏銀燭皆堪恨，惆悵紗窗向曉風。」博陵詩曰：「春鳥交交引思濃，豈期塵跡拜仙宫。鸞歌鳳舞飄珠翠，疑是陽臺一夢中。」詩畢時已四更。酒闌歌闋，謂二生曰：「已令青衣各設一院，以奉巾櫛，更無飾讓。」二生拜謝訖而出。妃子引諸女入于宫内，二生隨青衣宿於院内，裀褥服玩靡不華鮮。酒酣睡濃，不覺逼曙。驚覺，一無所見，只有青衣泥塑侍側，乃覺宿於二妃廟廊廡間。因思寐中與青衣交感【五】，驚懼走出廟門，退歸旅舍。惟有青衣往往於寤寐間會【六】。後歷嶺表，入南海，夢中相別，泣涕而去，不復夢見矣。

升斗得仙

李相公珏鎮揚日，夜夢長衢而行，見一金字牌屹於路左，觀者架肩接踵而至，遂詣看焉。金書云：「淮南道揚子縣李珏得仙。」珏徘徊牌下，久而不去。俄見一羽衣，乘鶴自天下，曰：「爾是何人？敢當此立。」珏啟曰：「是淮南道節度李珏，今觀金牌有字，言珏得道，是以立此。」羽衣曰：「非子也。淮南道揚子縣李珏，三代販舂糠粃，心不忘道，陰

【五】有青衣泥塑侍側乃覺宿於二妃廟廊廡間因思寐中與青衣交感　此句中自「泥塑」至「青衣」原缺，據《適園叢書》本補。

【六】惟有青衣往往於寤寐間會　「衣」下，《適園叢書》本有「數日中二生」五字。「會」下，《適園叢書》本有「遇」字。

功數滿，運偶昇天，上帝遂降金符金字，預示上下神祇。」言訖昇空而去。珏夢覺，將旦，令左右遍於坊郭府縣尋訪，並無李珏，忽示揚子縣檢舊簿籍，糶糴行有李珏，遂差人訪得。李珏年六十，爲與府主同名更之，見係糶糴行，相將詣於公府。珏具冠裳，命左右策往設拜，恭禮以父兄禮。詰曰：「三代販春糠粃，不棄糶糴，悉令他人執升斗，自致豐致盈，返因復賑飢寒之人【七】。」公歎曰：「三代販春，陰功猶著，數年蒞事，功德蔑聞，莫若自知，尚虞天譴，敢言□□曷不慚乎？」未踰月，其人白日冲天。是時文儒之士著《李珏白日升天冲天詩》十有六七【八】，是故相公詩曰：「金字分明見，分明列姓名。三千功各滿，雲鵲自來迎。要警貪惏息，將萌寵辱驚。知之如不怠【九】，霄漢是前程。」幕吏上相公詩曰：「同姓復同名，金書應夢靈。彼行功已滿，此得政維馨【一〇】。中國爲元老，遥天是昴星。將知賢相意，不去爲時寧。」餘詩不録。

行者雪怨

韋洵美先輩，開平戊辰歲張策侍郎下進士及第，受鄴都辟焉。乃挈家中所寵素娥行。羅紹威聞其姝麗，纔達臨河，令女使賫二百疋及生餼，事事周備而露意焉。生悄然進，無所容足，遂令粧飾更服，修緘獻之。素娥姓崔氏，亦良家子，韋未第在大梁日，酒醴聘之，喜談諧筆札，乃曰：「賤妾身事君子，願永爲箕帚。何期中路遽離別？」遂取牋管，收淚

【七】自致豐致盈返因復賑飢寒之人　「致盈返」，《適園叢書》本作「盈之」。

【八】是時文儒之士著李珏白日升天冲天詩十有六七　「升天」二字，《適園叢書》本无，似是。

【九】知之如不怠　「如」原作「始」，據《適園叢書》本改。

【一〇】此得政維馨　「維」，《適園叢書》本作「惟」。

書之曰：「妾閉閒房君路歧，妾心君恨兩離離。神魂倘遇巫娥伴，必逐朝雲暮雨歸。」洵美覩其製述，亦書一絶贈之曰：「別恨離情自古聞，此心難捨意難論。承恩必若須時服【一一】，莫使沾濡有淚痕。」生乃不受辞，悒恨而奔。速渡河【一二】，昏黑，至一寺憩焉。假僧榻而寢，長呼而吟曰：「四壁茫茫蟋蟀聲，背燈欹枕夢難成。人間有此不平事，何處人能報不平！」復行之次，寺有行者繫縧衣褐，排闥而入，揖韋曰：「先輩萬福，心中蓄何不平之事？」韋具語之。行者曰：「適聞君吟『何處人能報不平』，吾雖不才，願報不平之事。」欻然出門而去。韋不敢寐，坐至三更，忽見擲一皮囊入門，中貯素娥而至。侵曉，問其寺僧，云在寺打鐘鼓二十餘年。自後不知所之，韋亦遁跡他所。

獵猪遇仙

泰山獵人，忘其姓名，因射趕一猪【一三】，中其髆，逐之入一石室，三十餘步失蹤。門内有人宣言曰：「何人敢射仙家猪？付獄償死。」復又聞傳曰：「猪既不死，便當赦之。」俄見内列朱門粉壁，絳節霓裳【一四】，瞥見一人羽衣星冠，執帚而至，喝曰：「下域人緣何輒至蓬玄洞天玄元皇帝之宫？」獵人即拜，具述因逐一猪，失蹤至此。執帚曰：「此乃仙家猪，不可見也。吾是魏朝尚書王輔嗣，雖名處真仙，謫居朝職，無何，逞其才志【一五】攻乎異端，誤《道德經》爲因果之理，譴責至今未滿，况老君何可容易將一窺否【一六】。子宿

【一一】承恩必若須時服　「若」原作「各」，據《適園叢書》本改。

【一二】速渡河　「速」上，《適園叢書》本有「乃」字。

【一三】因射趕一猪　「趕」，《適園叢書》本作「趁」。

【一四】絳節霓裳　「裳」，《適園叢書》本作「旌」。

【一五】無何逞其才志　「志」，《適園叢書》本作「智」。

【一六】况老君何可容易將一窺否　「將」，《適園叢書》本作「得」。

有道緣未滿，復又爲罪障，引汝略窺者，君速宜積行。」遂引至一殿，于金隔中仰窺，見老君當殿而坐，白萬神仙正當朝聚，諸衛擁其後，五帝列其前。問執帚曰：「諸天神仙，首者誰？」曰：「廣成子。」三十□真官，首者誰？」曰：「張道陵。」會朝退，覩臺基欄楹，並金玉爲之，遍地遥天，錦綉而已。俄見鼓吹優唱，鸞鶴幢節間，仙子數人自空而至殿前，獵者復問：「著語者誰？」曰：「黄幡綽【一七】。」「導引者誰？」曰：「黄玄鍾。」復問通曰：「次排董雙成。」奏雲和笙，其詞曰：「淅瀝復悠溶，諸天樂所宗。愔愔形類鳳，冉冉勢從龍。片觸崚嶒碎，聲飄列缺重。不辭歌一曲，此會信難逢。」詞畢樂退，執帚者曰：「可返，勿候請者全，累吾復受譴責矣。」獵人拜辭，尋舊逕而返，顧石壁孱顔，林木森聳。歸家詢時代，已十有二年矣。

夢與神交

史松先輩，鄭滑人也。因試春官下第，藉游荆州。天成丁亥歲冬末，到武陵謁舊親戚【一八】，憩於豐州門外旅店。燈下脩刺畢【一九】，忽欠伸就枕，纔夢，見一人服紫衣、多髯鬚，行步迅疾，入揖曰：「大王傳語秀才，適覽入地界狀報，方知秀才特至武陵，賴便咨屈，幸希過訪，無阻情誠。」松乃相隨出門，遽促上馬，驅殿而行，可三十餘里，路途相繼傳達。俄到一朱門下輿，傳呼工來，見一人被王者之服，玄冠，揖而階行，乃昇殿而坐。王

【一七】曰黄幡綽　「黄幡綽」原作「潘綽」，據《適園叢書》本改。

【一八】到武陵謁舊親戚　「陵」原作「林」，據《適園叢書》本改。

【一九】燈下脩刺畢　「燈」上，《適園叢書》本有「是夕」二字。

曰：「寡人據此土地，數百年來，誠忝正封，竊號王。近南楚國王應天順人，致謚議安濟封册。切知足下懷才抱器、識禮知書，輒邀延，望爲濡染謝讓上帝表章，可否？」松曰：「小儒末學，藝寡才微，前年請解滑臺，上書魏闕，穿楊箭短，點額痕深。雖此南遊，即譴西土，不讀大王行狀，難述上帝表章。」乃令取《後漢》列傳及册函前後名公祝詞，一一展視松。松方悟名與王同，起□曰：「修製不敢推延，但緣名將犯諱。」王曰：「幽顯殊途，且非家族。」松乃再三乞更名，王顧左右，傳語文籍司，可啟暫借已去登科記來。逡巡到【二〇】，揀尋，内有『史邕』成名，王曰：「松、邕不離聲韻，得非將來乎？」松拜而更之。乃操觚染翰，表成，呈於王，同具册號：「右，臣聞生爲國珍、殁當廟食。前文備載，往哲所標。苟非正直以流芳，曷得蒸嘗而受享？臣名傳史籍，威襲遐陬，佐漢之功業炳然，在楚之明靈著矣。一昨戊辰年，楚國王興師取武陵日【二一】，以雷氏既違庭訓，又負親盟。臣於此時，略施陰贊。向明背暗，喜聞英傑之言；助順摧兇，未爽古今之理。武陵尋當銷解，雷氏亦許遁逃。是致南楚國王議改封册，敬陳曩事，致讓於天。中謝。臣謹者：別行陰騭，圉護封陲，使一州無鼠竊狗偷，保三楚常風調雨順。遇殘暴而專行戮勦，進公忠而敦固行藏【二二】。自然上答穹靈，不負封册。」云云。王覽訖，曰：「表雖至嘉，書誰得妙【二三】？」復言曰：「文英大師廟見開通【二四】。」顧左右：「將寡人所乘龍駒傳語命來。」夜至三更取到，王謂大師曰：「寡人正受封册，適命史先輩修製表章，闕人繕寫，且

【二〇】逡巡到　「到」上，《適園叢書》本有「取」字。

【二一】楚國王興師取武陵日　「日」原作「得」，據《適園叢書》本改。

【二二】進公忠而敦固行藏　「進」，《適園叢書》本作「逢」。

【二三】書誰得妙　「誰」原作「雖」，據《適園叢書》本改。

【二四】文英大師廟見開通　「英」字原缺，據《適園叢書》本改。

師之名號上帝知之，有此相煩，無悋來修。」俻公稽首而白曰：「文英師號，豈敢當乎？」王曰：「師再西去，必當受之，何訝預呼也。」公遂攘臂書之。畢，王覽曰：「筆妙詞清，光前絕後。」俻公與史且昧平生，但相揖而已。王遂命左右備盤餚於寢殿，女樂前後數部，陳設炳然，煥於人間。生遂獻王夜宴詩曰：「妙樂佳人數部隨，殿臺高敞盛威儀。鳳笙品弄檀脣散，鼉鼓喧鍧錦袖垂。寶帳珍華光照灼，玳筵花燭影參差。酒酣回顧清歌妓，粉面皆言某在斯。」王覽，賞歎再三，以示俻公。俻公曰：「又覩先輩贈獻大王高作，豈貧道不銷先輩此歌，菽薄豈可稱揚，作者何惜濡染？」乃作歌而贈曰：「真蹤草聖古今有，俻公學得誰及否。古人今人一手書，師今書成在兩手。書時須飲一斗酒，醉後掃成龍虎吼。風雨飄兮魍魎走，山岳動兮龍蛇鬬。千尺松枝如蠹朽，欲折不折橫嚴口。張顛骨，懷素筋，筋骨一時傳斯人。斯人傳得□通神，攘臂縱橫草復真，一身疑是兩人身。」歌畢，遂各辭酒。王曰：「莫訝是請。各有家國，緣吾師勿倦伴□之中辛勤，還免十年之外屠割【二五】。秀才無辭□吐鳳，再□必使登龍，各欲厚遺珍華，但慮却爲禍害。將來之事，不欲明言。」辭謝出門，分路而返。夢覺，五更初矣，生披衣待旦，携刺入城。遂至開通，且訪俻公之院。公未出間【二六】，於案上書出余夜來之歌。及相見，皆話夜來會遇之事，二人便如曩契，更不欲傳於人矣。

【二五】還免十年之外屠割　「外」字原缺，據《適園叢書》本補。

【二六】公未出間　「未出」，《適園叢書》本作「出未」。

易卦知僧

僧雲涉，長沙人也。幼歷大潙山門參禪，外學《易》。光啟年夏，遍遊嵩、華回。商山道中，見一人，身貌魁偉，負空担一條，以繩繞兩頭。同行數日，雲涉詰曰：「長者行李負空擔何用，又不擔物？」對曰：「有者即擔，無如何擔？」雲涉不能對。問涉曰：「吾師杖頭結何文書？」答曰：「筮卜書，擬往蜀中問《易》。」道人曰：「僕近蜀中來，蜀自嚴君平後，少人知《易》。師切於師門，依吾指一逕而去，勿憚遠近，必遇奇人。」雲涉乃依言而行，歷山涉水、衝風犯雨。行兩月餘日【二七】，其逕微微，望遠百步許，見一似人非人，靠枯杉而坐。雲涉行將近，其人遂起，入一草庵之中。雲涉至庵側，整頓衣帔。聞内將錢擲卦之聲，卦成曰：「蒙之師。」復移時問消停，卦曰：「宗廟，丙寅動木，世在丙戌，應在戊寅。」曰：「童蒙求我，敢求童蒙。師者，師貞丈人吉，无咎。君子以容民蓄衆。且寅木伏癸，酉金來酉，字有木邊作目，移三點其傍，即『湘』字也。世歸戊午秋七日，卦東南方，荆湘人也。世丙戌，土伏癸，丑土來屬陰，飛伏相刑。八月卦建酉，酉自刑，又屬陰，此毁形之人，可是僧也，既相刑尅，來應不反。」即云：「乃吾弟子，自湘南來也。」雲涉聞斷卦畢，遂入庵中，見一女子道士，結草爲衣，狀雲帔，問雲涉曰：「何由而至此？」答曰：「幼攻《易》道，未遇奇人，乃自湘中遊歷京闕，因自商山道中遂至此。得遇仙者，喜忭交深。」又

【二七】行兩月餘日　「日」原作「目」，據《適園叢書》本改。

問：「何人指示此來？」涉貝對之。女曰：「汝識此人否？」對曰：「雖同行數日，未知姓名。」曰：「此乃華山學士王生，乃俠客之祖，亦吾學易弟子，近自此去，便輕指示生來，來甚當之。」因留涉坐，細論易道飛伏微妙之理。曰：「吾師不可久住此間，便當速歸湘楚。有人問《易》爲決疑，即是陰功，延其夏臘。」涉稽首致謝，曰：「願聞師之姓。」答曰：「吾乃商山李五姨也。」涉辭之，遂歸湘州。棲止道林，於《易》道之中，高下共仰。

代民納稅

鄭冠卿，上都人也，昇道諸房【二八】。乾寧初授臨賀縣令，考滿，於桂林禮辭，因阻兵未還輦轂。夏日偶遊棲霞洞，遇道士立於洞門納涼，因揖入内數十步，坐磬之上列碁局、酒壺而已，傍有二童子衣青執笛。道士揖鄭而坐，問以：「子自何而來，得至於此？」冠卿曰：「日來除授，考滿將回。」又問：「業何道藝？」曰：「雖承蔭籍【二九】，罔讀《禮經》，粗識官方，因議參選。」又曰：「子不聞漢典以專經方仕，又聞『鯉趨過庭』，訓以《詩》、《禮》。既不讀，何異面牆而立，是無所覩！又聞『學而優則仕』，既無所知，何以仕也？」冠卿曰：「既奉明教，即習學也。」道士曰：「何異大寒而後索衣裘，不亦晚乎？是故《書》傳說云【三〇】：『事不師古，以克永世，匪說攸聞。』」又曰：「於學外何好？」答曰：「少好學笛，頗得其妙。」道士因就青衣取笛，度與冠卿吹之。執笛之子因舉杯與道士對

【二八】昇道諸房　「諸房」原作「詣爲」，據《適園叢書》本改。

【二九】雖承蔭籍　「籍」，《適園叢書》本作「緒」。

【三〇】是故書傳說云　「傳」，二本皆作「傅」，據《尚書・說命》改。

飲，顧執笛者，聲樂久而方畢。道士相顧曰：「得不謂之聾俗？」冠卿曰：「樂知遇神仙【三一】。」目注酒壺不移，道士謂曰：「爾思飲乎？」遂倒壺，傾之不出，因滴瀝杯中，冠卿飲之二。道士因覩戕豪在傍，乃賜冠卿詩一首：「倏忽而來暫少留，凡間風月已三秋。趨名競利何時了，害物傷人早晚休。禍極累成爲世謗，貴榮過却與身讎。君看虎戰龍爭者，幾樹白楊飄隴頭！」又曰：「名利教疎便可疎，俗情時態莫躊躇。人寰律歷三回换，仙洞光陰數息餘。應信令威曾化鶴，亦知莊叟羡遊魚。不緣過去行方便，那得今來會碧虚。」既各贈詩，冠卿拜而受之，時辭道士，問：「子在官時，行何好事？」冠卿答曰：「自度無能，常行憫惻。每見貧民有租税不逮者，嘗出正俸錢代而納之；行草野閒，見暴露不葬者【三二】，即解衣裾爲瘞之。」道士相顧曰：「是此特得遇吾也。能常行不怠，即不在知《詩》、《禮》也。方今四海區分，諸侯角力，無非重斂以贍强兵，是天使然，不由人事。古者爲政，尚寬簡、務儉素，不衒聰察、不役智能。昔宓子賤得之，不下堂而單父之人化；汲黯得之，不出閤而東海之政成。子不聞王喬、許遜宰天下，什一而税，復能飲□食蘖；今之什九而税，又值徇利貪財，子倘不爲官，復即林野，則可保其天年，不然，則夭枉矣。」道士曰：「可返。」冠卿辭出洞，尋舊路而歸。至路口見二樵者，問曰：「洞中酒樂何比俗塵？」冠卿曰：「酒不多飲，樂且少聞。」樵者相顧曰：「此遇同不遇也。然神仙不可力致，此遇亦由過去多行方便也。今生天年，因無減折【三三】。」再問：「識此神仙否？」冠

【三一】樂知遇神仙　「樂」字原缺，據《適園叢書》本補。

【三二】見暴露不葬者　「見」字原缺，據《適園叢書》本改。

【三三】因無減折　「因」，《適園叢書》本作「固」。

卿曰：「不識。」曰：「日華月華，赴南溟之宴，屆此憩焉。」言畢，十步之間已亡二樵者。冠卿歸家【三四】，驚喜三年何處所止，服已闋【三五】。後冠卿不慕名宦，退居馮翊，一百四歲，無疾而卒。

僧曾作虎

桂林延壽寺僧延遇【三六】，俗姓黄名彦，未作僧時，爲西南城外界子，所居土名緦纜渡。同集居人立一義社，彦爲社長，每遇春秋時祭三王乞福，甚有感應。無何，歲久用過衆錢十二千，遇祭時算其錢重立誓曰：「若私用錢者，後身當爲畜類。」彦因秋祭大醉，喧於廟庭，指射其錢而散。歸迷其路，宿草□□□□□三鼓，有神而喝曰【三七】：「天符下：黄彦用過錢一十二千，可爲虎一十二年。」遂脱其衣，服以皮，令二鬼攏挾而行。由是村落捉猪犬之屬，並依二鬼所使，每日有食草穢泥土、有食蝦蟆蚊蚋。數年後，鄰人于溪中見黄彦在水中浴，但露人首而行，語曰：「我爲虎尚欠三年爾，勿懼我，我不害爾。我爲誣罔神明，使過衆人布施功德錢，我當别爲奉酬，來日於此樹下，輟所食豘以奉。」遂化爲虎而去。鄰人志其言，來日果往樹下取其豘，乃見一少年伏地，衣裳損破，久而方甦，言被一虎曳來於此，鄰人訝之。後年限滿，遇一僧衣帔，頭毛雪色，持錫斲其腦骨，逡巡，皮解毛落。戒曰：「汝便爲僧修□□□，慎勿違犯齋戒。爲僧之後，欺罔衆生，盡劫不復人

【三四】冠卿歸家　「家」字原缺，據《適園叢書》本補。

【三五】按：此處文意不通，疑有脱誤。

【三六】桂林延壽寺僧延遇　「林」，《適園叢書》本作「州」。「壽」《適園叢書》本作「陵」。

【三七】有神而喝曰　「有神而」，《適園叢書》本作「而有神」。

身。」時二鬼相隨，二鬼稽首白云：「亦願乞度脱鬼趣。」授以三皈五戒而没。見其爲人，寐於草莽間，身體垢膩酸痛，赤裸無衣，妻子驚歎，將衣隔户抛與。親識鄉里畢集，言爲虎之日擒捉者，悉見畜之形，爲是人形者誤，有驚土地，決鐵杖一百。後患左手大指伸【三八】，言爲虎時，夜行至慕化縣，食一不孝，被里人襲逐，打損前脚大指。後又入延齡寺，見白衣菩薩，發願化人修殿，揭笊籬於桂林寺三十餘年，俗號黄大蟲，天成中方卒。

神索旌旗

陸侍郎扆累代登庸，三使吴越，藩鎮仰縱横之辯，朝廷欽謇諤之詞。開平末，册吴越王。登青州兩日，忽白日天地陡暗，雲雷驟起，雨若盆傾，浪如山矻，千虬萬獸，踴躍波間，劍首鋸牙，俯臨船畔。忽見一人杖劍曳履，朱衣玄冠，入船，問侍郎何在，公乃秉簡前來。揖曰：「龍王傳語侍郎，久欽令望，未挹光容，輒有情誠，略須聞達。寡人以陰功疊著，帝命册封，爲闕旌旗，尚稽拜受。今承經歷，因以咨析，幸無見阻。來人旌節，便希分付。」侍郎曰：「旌節國信，錫賚藩侯，若獻大王，是虧臣節。」既去復來，曰：「王傳語侍郎，近奉上帝誥命，各具咨呈【三九】。觀一幅白麻縷金大篆曰：『錢鏐强據數州，得膺吴越二國之封【四〇】，只封暴性以臨民，未見陰功而及物。金德若頒，其專命水府，宜滯于行人。』云云。帝命如斯，請詳事體。」讀訖，腥膻之氣滿船内；音樂之聲徹座間。前而隊伍如

【三八】後患左手大指伸　「伸」，原作「神」，據《適園叢書》本改。

【三九】各具咨呈　「呈」，原作「臣」，據《適園叢書》本改。

【四〇】得膺吴越二國之封　「得膺吴越」四字原缺，據《適園叢書》本補。

飛【四一】；後顧而旌旗已失。俄然，烈風雷雨，昏黑莫辨，瞬息之間，天地朗然，已達錢塘矣。餘事更不録，已在別書載述云耳。

【四一】前而隊伍如飛　「前」下，疑有脱字。「伍」，《適園叢書》本作「仗」。

⊙蘇易簡撰

續翰林志

黄寶華　整理

點校説明

《續翰林志》上下二卷，蘇易簡撰。蘇易簡（九五八—九九七），字太簡，蘇協子。綿州鹽泉（今四川綿陽）人。太宗太平興國五年（九八〇）進士第一，通判升州，遷左贊善大夫。才思敏贍，以文章知名，曾參與纂集《文苑英華》。太平興國八年以右拾遺知制誥。雍熙三年（九八六），充翰林學士，累官至翰林學士承旨，帝眷遇甚隆；四年遷參知政事，至道元年（九九五）罷，出知鄧州、陳州。性嗜酒，帝嘗草詩二章賜以戒酒，然終以酒死，卒於至道二年十二月，年僅三十九。謚文憲，封許國公。《宋史》卷二六六有傳，有文集二十卷，不傳。

蘇氏此書之作，乃繼踵唐李肇之《翰林志》，即其跋文中所稱「因視草之暇，集成此書，以繼李公之作」。此書所記乃翰林學士院之沿革、建置等方面之史實，上溯至五代，下及于本朝，舉凡其建構、選任、遊宴、賞賜等制度、事跡多有記述，尤突現皇帝對文學之臣的眷顧之隆及君臣互動的親近關係，下卷還歷載吴承範、徐臺符等十人的事跡。故此書不失爲一部有價值的關於翰林學士的史料筆記。

此書陳振孫《直齋書録解題》著録爲一卷，今傳本有《知不足齋叢書》本，收入《翰苑羣書》（下）。今據《知不足齋叢書》本加以標點成書。

目録

續翰林志上

李肇述《翰林志》，禁庭之事詳矣，至其引宋昌之言曰「所言公，則公言之；所言私，則王者無私」之説，言翰林制置任用非王者之私，識者以爲知言。自唐氏之制，駕在大内，則於明福門内置院；駕在興慶宫，則於金明門内置院。德宗時，移院於金鑾坡上，迄咸鎬爲墟，以梁苑爲東都。今二京學士院之制，竝在樞密、宣徽院之北，蓋表其深嚴宥密焉。其學士立班常朝暨聖節行香并大忌進名竝隨樞密使坐次，及行幸大宴在參知政事之後，從北爲首。每三元張燈及賜酺，上御乾元樓，臨軒觀樂，憑欄設次，坐在上將軍之上。郊祀、籍田青城之内，設幕次於殿門東偏，别設氊廬以爲寢所，蓋備密命焉。元稹《翰林承旨學士記》曰：「舊制：學士無得以承旨爲名者，應對顧問參會班第以官爲上下。憲宗以永貞元年即大位，始命鄭絪爲承旨學士，位在諸學士上。居位在東第一閤。乘輿奉郊廟，輒得乘廐馬，自浴殿由内朝以從，揭雞竿，布大澤，得升丹鳳之西南隅。外賓客進見於麟德，則上直禁中以俟。凡大詔令、大廢置、丞相之密畫、内外之密奏、上之所甚注意者，莫不專對，他無得而比也。」

後唐天成三年八月勅：「掌綸之任，擢才以居，或自初命而升，或自顯秩而授，蓋重厥職，靡繫其官，雖事分皆同，而行綴或異，誠由往日未有定規，議官位則上下不常，論職次則後先爲敘。宜行顯命，當正近班。今後翰林學士入院，竝以先後爲定，惟承旨一員出自朕意，不計官資先後，竝在學士之上，仍編入《翰林志》。」旋召張昭遠下一字與漢祖御名同，後只名昭。入院，以其早踐綸闈，久司史筆，曾居憲府，累陟貳卿。今既擢在禁林，所宜別宣班序，其立位宜次崔棁。夫禁庭之職，儒者之至榮，外望之所忌，豈居是職者專列人之短於君父之前耶？則爲恭顯靳費之流耳，奚爲服儒服而食天禄乎？唐陸贄抗疏論吴通元弟兄云：「學士是天子私人，侵敗綱紀，宰臣有備位之號。」不知贄於是時所爲何如哉！貞元中時人謂學士爲内相，亦忌其親密也。

晉天福六年五月詔曰：「《六典》云：『中書舍人掌侍奉進奏、參議表章。凡詔旨制敕、璽書策命，皆案故事起草進畫，既下則署而行之。其禁有四：一曰漏洩，二曰稽緩，三曰違失，四曰忘誤，所以重王命也。』古昔已来，典實斯在，爰從近代，別創新名。今運屬興王，事從師古，俾仍舊貫，以耀前規。其翰林學士院公事宜竝歸中書舍人。」從宰臣馮道之奏也。自是舍人晝直者當中書制，夜直者當内制。至開運元年六月，復有詔曰：「翰林學士與中書舍人，舊分爲兩制，各置六員。偶自近年，權停内署，況司詔命必在深嚴，將使從宜，卻令仍舊，宜復置學士院。」蓋宰臣桑維翰秉政，將戻於道，故乃復焉，自此班秩再有倫矣。

後唐長興元年二月，翰林學士劉昫奏：「臣伏見本院舊例：學士入院，除中書舍人即不試，其餘官資皆須先試，麻制、答蕃書、批答各一道，詩賦各一首，號曰『五題』，所試並是當日內了，便具進呈。從前雖有召試之名，而無考校之實。每值召試新學士日，或有援者，皆預出五題，暗令宿撰，至時但寫淨本，便取職名。若無援者，即臨時特出五題，旋令起草，縱饒負藝，罕能成功。去留皆繫於梯媒，得失盡由於偏黨。此乃抑挫孤寒之道，開張巧僞之門，積弊相沿，澆風未改。將裨聖政，須立新規，况今伏值皇帝陛下德合乾坤，明懸日月，大興淳化，盡革澆風，矧惟翰墨之司，專掌絲綸之命，宜從正直，務絶阿私。自今後凡有本院召試新學士，欲請權停詩賦，只試麻制、答蕃書并批答，共三道，仍請内賜題目，兼定字數，付本院召試，然後考其臧否，定其取捨，貴從務實，以示均平。庶令孤進者得展勤勞，朋比者不能欺罔，事關穩便，合貢芻蕘。」從之。

凡爆直之數，上自諸行尚書三十五直，下至白身一百四十直，必須圓融其直，先五直，舊學士一點，次三直一點，又次二直一點，此三等隨日多少，令其均匀，永爲定式。晉開運中，楊昭儉直綸閣，酌其從来爆直之數，等第除減，條爲定式，申中書門下，仍刻石在壁。員外郎入，舊八十直，今改爲五十直；郎中入，舊六十直，今改爲四十直；他官入，舊一百直，今改爲八十直。自員外郎、知制誥轉正郎，仍舊六十直，今改爲三十直；正拜舍人舊四十直，今改爲二十直。自常侍、諫議、給事拜舍人，舊四十直，今改爲二十直。應舊官再入，約前任減半。今附於此，貴存舊章。其内制爆直及吉凶疾病諸假，則例自具翰林舊規。學士起復之制，周朝已前未聞其例。周世宗時，故内翰王公著、今揆相李公昉俱遭内艱，屬世宗北伐，竝起復隨駕，書詔繁委之際，即不皇叙合儤直與不儤直。迄皇朝端拱元年閏五月，易簡遭家艱，奉詔抑奪，遂與翰長以下商議，依鳳閣壁記體例，同舊官再入，約計前直减半，是時復儤直二十五直矣。至皇朝，今揆相李公獨直禁林，奉旨令每雙日夜直，隻日下直，可以永爲通式也。四禁之中，漏洩爲最，故草制之夕，遲明必闔院門之雙扉，當制學士坐於玉堂上，止吏人之出入者，俟宣制訖，方啓户焉。文翰之職，優待之異者：後唐同光中，賜承旨學士盧質論思翊佐功臣；旋授節制河中，馮瀛王送之詩云：「視草北来唐學士，擁麾西去漢將軍。」時人榮之。梁開平中，以前進士鄭致雍爲學士；晉開運中，賜本院書詔金印一面。周顯德中，以向来學士與常參官五日一度起居，世宗欲令朝夕接見，訪以時事，乃下詔曰：「翰林學士職係禁庭，地居親近，與班行而既異，在朝請以宜殊。起今後當直、下直學士竝宜令逐日起居，其當直學士仍赴晚朝。」舊制：每命將出師勞還，曲宴於便殿，則當直學士一人與文明密直得預坐。今揆相李公、故尚書扈公早在禁林，曾預斯宴，後爲閤門使梁迴輕鄙，儒士啟太祖，罷之。至皇朝太祖英武聖文神德皇帝，因致酒於紫雲樓下，命兩制侍宴，懽甚，因命中書舍人来晨宜綴内制起居，今爲通式，仍各賜書千卷以備檢閲。舊體：每遊讌，止學士得赴召，暨皇上留心儒墨，旌賞文翰，時綸閣之士始召赴曲宴，或令和御詩，舍人從游宴自此始也。厥後立春，鏤銀飾、彩旛勝之物亦及之。太平興國八年，召閣下舍人李公穆、宋公白、賈公黄中、呂公蒙正、李公至入院，時承旨扈公蒙贈詩賀之，有「五鳳齊飛入禁林」之句，爲一時之盛事。其或觀稼於南薰門，賞花於含芳園，春晝嚴蹕，百司景從，幸國西之金明池，下雕輦，登龍舟，都人駕肩，百樂具舉，憩瓊林苑，由複道御層樓，臨軒置酒，以閱繁盛，兩制必侍從焉。至上林春融，千花萬卉，妍麗冠絶，上必曲宴宰衡勲舊，召兩制詞臣，俯龍池，垂金鈎，舉觴賦詩，終日而罷。上嘗謂宰執近臣曰：「詞臣實神仙之職也。」翊日凡所進詩悉迴，御毫屬和以賜焉。

雍熙三年十月敕曰：「兩制詞臣，公朝精選，典司綸誥，親近冕旒，宜於俸禄之間特示優異，起今後兩制俸料竝以見緡充。」

上聽政之暇，搜訪鍾、王之迹，以資閲玩焉。御毫飛動，神機妙思出其軌制，乃召書學之有格性者，置於便殿，躬自省閲，仍授以筆法，既覩其有成，各賜以章服、象笏，令入院充待詔者八人，自是書詔四出，寰海之内咸識禁中之墨妙焉。

舊體：學士凡召入院，止賜白成釘都了反口銀鞍勒馬。暨今上即位，優待特異，賜金鍍銀閙裝鞍勒馬、對衣荔枝金帶。郊禋禮畢，賜對衣金帶或牯犀帶，金魚副之。朝士自唐末久闕佩魚者，迄今方復之。十月朔，舊賜對衣紅錦袍，上特以細花熟錦袍代之。淳化三年冬代以細花盤雕錦袍，其制下丞相一等。自是遠方之珍果、天府之法釀、龍鳳之茗荈、伏臘之餅餌，以時而賜，悉加等焉。玉堂東西壁延袤數丈，悉畫水以布之，風濤浩渺，擬瀛洲之象也。待詔董羽之筆。修篁皓鶴，悉圖廊廡，奇花異木，羅植軒砌，每外喧已寂，内務不至，風傳禁漏，月色滿庭，真人世之仙境也。

續翰林志下

學士拜命，先閤門受制書，於常朝殿門之階上舊體：召入院後差中使賜。拜伏跪受，訖於便殿對敭，陳述寵用遭值之由，謂之告謝。上必從容賜坐，錫以茶藥而退。選日謝恩前一日，待詔一人就宅宣召，預於庭設裀褥，堂設酒醴，待詔稱有敕，望皇居拜伏聽命，其辭皆奬飾嚴召之意。於本院舊學士處請本。又舞蹈訖，升堂飲饌以謝恩奏狀。拜伏跪授之來日，待詔迎於待漏院，與新學士偕行，引至閤門而退。閤門舍人始引入中謝，賜對衣金帶、金塗鞍勒馬。近例：就院轉官，惟承旨則賜分物，敕設如初拜之禮，餘不得比矣。入本院上事，宣徽院告報，敕設儀鸞，宿陳帟幕，太官備珍饌，設上尊酒茗果畢至，赴是設者止鳳閣舍人，餘不得預坐。舊體：禁中上事元無樂，前代或有令伎藝人弄獮猴藏珠之戲者。

玉堂之上，惟上事受吏人賀禮，始得正坐，餘雖承旨，亦須坐於東廂，其副翰坐西廂，餘依雙隻對坐。居是職者，人物之選亦已極矣，儒墨之榮亦已至矣！苟能節用以安貧，杜門以省事，探真如之旨，養浩然之氣，来者瞻望其出處，時君優假其顔色，逍遥卒歲，非神仙而何？每上直，一依舊制，入者先之，出者後之。或會食日旰之後，同列出院，當直學士苟已褫巾笏，則可紗帽鞁履，送至玉堂之簾下，蓋同列相恕其坦率也。或禁直垂簾人靜之際，則有中使忽降御詩，宣令屬和，則必尋拜謝狀後，信宿方和，進如聲韻奇險、難以賡載者，必拜章瀝懇，陳述寡和之意，優詔多免焉。每錫賜，謝恩奏狀，必當直草，或郊禋行慶，制命填委，必聚廳以分草之，其餘書詔辭祝，頃刻之間雖繽紛而至，必獨當之。或數直有不草一詞者，自可探賾往誥，研窮理體，以備顧問焉。

李肇《翰林志》曰：「凡將相告身，用金花五色綾紙。」唐乾寧二年十月十日，李鋌自黔南節相授京兆尹，兩度咨報中書，用白綾紙。今親王相告身竝用金花五色白背綾紙，皇后貴主用金花五色白背羅紙，不帶使相者用金花五色白背綾紙，觀察使及參知政事、樞密副使、簽署樞密院公事竝五色綾紙，無金花，諸蕃酋長、蠻王鬼主官告，中書省草詞，送本院寫，皆五色綾白背紙。一本作「白大綾紙」。俱新制也。

舊體：樞密使未帶使相者不宣麻，至周太祖初潛歷是任，乃宣制於公朝。今之宣麻自周太祖始也。

晉天福二年，中書奏：准《翰林志》，凡赦書、德音、立后、建儲、行大誅討、拜免三公宰相、命將内制，竝使白麻紙，不使印。雙日起草，候閤門鑰入而後進呈。至隻日，百寮立班於宣政殿，今於文德殿。樞密使引案今以閤門使引。自東上閤出。若拜免宰相，即付通事舍人，餘付中書門下竝通事舍人宣示。若機務急速，亦使雙日。甚速者，雖休暇亦追班。據《翰林志》：言立后，不言立妃；言儲君，不言親王；公主兼三師位在三公之上，文並不載；今後立妃及拜免三師、三公、宰相，命將，封親王、公主，竝降制命，餘從令式。天成三年十二月日學士院記事：樞密院近送到知高麗國諸軍事王建表令賜詔書者，其高麗國先未曾有人使到闕，院中並無彼國詔書式樣，未審呼卿爲復呼汝，兼使何色紙書寫及封裹事例，伏請特賜參酌詳定報院者，中書帖太常禮院，令具體例，分析申堂。據狀申謹案：太宗親平其國，不立後嗣，是以書詔無賜高麗國式樣。且東夷最大是新羅國，請約新羅國王書詔體例修寫，奉敕所賜高麗王書詔宜依賜新羅、渤海兩蕃書詔體書寫。天復三年七月二十一日，學士柳璨宣對思政殿，便令到院宣示待詔。自今後凡寫敕後面不得留空紙，但圓融畫敕及日便得剩紙，璨即日宣示之。

周顯德中宣諭翰林院：「今後凡與諸王詔書，除本名外，其文詞內有字與本名同者，宜改避之。」

唐韋處厚《翰林學士壁記》言：「禁林之材用備矣！」迄朱梁而下，以大材登大用比比而去，此不能録，今略紀數公事迹，以表世不乏賢也。餘具譜牒、國史。謹厚則竇儀、李懌、徐台符、吴承範，典麗則李瀚、陶穀、張沆、商鵬、魚崇諒、扈蒙，放誕則王著、歐陽炳，審音則竇儼，孝謹則劉温叟，嗜學則張昭、申文炳，其餘不可勝紀。惟陶與竇真禁林之傑者，而竇以凝重，陶以輕躁，圓鑿方枘，即可知矣。

李懌於天成中入直禁署，時宰執以司會貢士，呈試多不合格式，起請令翰林學士各爲格詩、格賦一首，以爲繩準。時同職各已撰成送中書，中書吏累督懌令撰之，懌曰：「李某識字有數，因人成事，苟令復應進士，落第必矣。今備位禁署，後生可畏，焉能以格詩、格賦垂於世哉！」終不下筆。時論喧然，以爲知大體。

承範以禀賦敦厚，時宰屢有薦延，言可大用，公台之望日隆矣。每盛暑必危坐奥室，加以純緜，慮有寒溼之疾，其自重也如此，卒不登用，其命也夫！沆與承範及鵬皆盧華侍郎下進士擢第，同年范禹偁、江文蔚流落吴蜀，亦居僞庭之内署。一榜之内學士五人，自有科第已来，未有若斯之盛者也。

台符早以亂罹曾陷北虜，因閒遯歸，所乘馬常多嘶鳴，暨晝伏宵行，則帖耳屏息，逮至中土，嘶鳴如故，識者以爲積善之徵。後處禁林，周世宗必欲置之廊廟，將擇吉日宣制。一日内直，忽終於玉堂，車駕親臨，救以上藥，已奄然矣。

澣以詞藻特麗，俊秀不羣，長興中於太傅和魯公下進士擢第，未數載與座主同列内署。和大拜之制，澣實草之，不俟和命，其閤中器皿動用盡掊歸私室，以爲濡潤。後以石晉不造，陷於虜庭，亦神鋒太峻之致也。

周世宗初踐祚，北征劉崇，旋召魚公復掌文翰，時以母老侍養於陜府，久而不至。乃召陶公，陶則不俟駕行，謁見行在，且稱崇諒懼劉崇兵勝，有顧望之意，上益不樂，自此升沈不侔矣。陶厥後自以官居八座，位至承旨，且欲軋同列之官卑者，乃起請令今後學士合班，儀在諸行侍郎之下，如官至丞郎者，即在常侍之上；官至尚書者，依本班，迄今以爲準焉。與夫先人後己之道戾矣，士大夫嘉其文而鄙其行焉。舊體：知制誥在尚書之上，學士在左右僕射之上。

蒙以仲弟載先直禁署，未幾即世，蒙繼入焉。洎居兩制，出處僅三十年，嘗預修《五代史》，至於衰耄，頗倦直，形於詞色。後以工部尚書解職，不數月而逝。

著以周世宗代邸舊寮，倍有眷注，暨世宗即大位，亦嘗於曲宴揚袂起舞，上優容之。或夜召訪以時政，屢沈湎不能言。

炳以僞蜀順化，旋召入院，嘗不巾不韈見客於玉堂之上。尤善長笛，太祖嘗置酒，令奏數弄。後以右貂終於西洛。

儼乃儀之仲弟也，嘗與儀連翩知貢舉，直內署，時比之二陸焉。昆季五人皆擢進士第，時亦謂之「五龍」，閨門之內，近實罕比。周世宗顯德五年冬，將立歲仗前一日，親至於樂懸之下，問雅音於工師，皆不能答，因令儼知太常卿事，與樞密使王朴同詳定之，乃用古累黍之法以審其度，造成律准，其形如琴而巨，凡十三絃，以定六律、六吕，旋相爲宮之義，世宗善之。至是登歌酌獻，始有倫矣。

温叟乃太常卿岳之子也，於晉室開運中召入院，乃捧命書，慶於高堂，其母不登時見之，温叟在堂下俟命，聞動扃鑰聲，莫審其由。未幾，兩青衣皆丱角，舉一箱，其中則紫綬兼衣，立於庭中。母方命捲簾見其子，曰：「此即爾父在禁中日内庫所錫者。」温叟即搢笏，垂泣跪捧。退開家廟，列祀以文告之。其母僅旬日不見其子，蓋感愴之意也。

昭以嗜學苦節，冠於搢紳，清資華貫，無所不歷，於唐末簡策遺墜之後，能糾合遺言著成《唐書》，至於褒貶是非，咸得其理。文炳，爲學之志，老而彌篤，躬鈔圖史，僅盈數篋，其所爲文多自注釋之，筆迹老熟，人尚有傳者。餘悉位以才陞，何假評品其文格焉！

夫學士之稱，職之至美也，至於列位黄閣，尚帶大學士之號，唐張説猶讓而不處焉，則爲儒之貴莫越於此。唐朝侍講、侍書、侍讀皆帶此職。後唐同光元年，置護鑾書制學士，以倉部員外郎趙鳳爲之。梁開平三年正月，改思政殿爲金鑾殿，置大學士一員，以景翔爲之，與館殿大學士同。至皇朝太平興國五年，始命禮部侍郎程羽爲文明殿學士，「文明」之號自兹始也。後唐天成元年，命馮道、趙鳳充端明殿學士，非舊號也，仍詔云：「班立在翰林學士之上，如有轉改，只於翰林學士中選。」蓋樞密使不曉文義，故署此職。馮道《笏記》云：「天下儒生僅餘萬數，殿前學士只有兩人，時輩榮之。」本職在官下，趙鳳轉侍郎，遣人諷任圜移職在官上，至今爲例。梁開平元年五月，改樞密院爲崇政院，命景翔爲院使。二年十月，置崇政院直學士兩員，選有政術、文學者爲之，始以尚書吏部郎中吴藹、兵部郎中李珽金門之兄。充選，又改爲直崇政院。後唐同光中依舊爲樞密院，亦置密直學士一人，班次在翰林學士之下。上之數職雖非視草入直，而職名相近，故亦附於志云。

丙戌歲，易簡始自祠曹外郎、知制誥蒙恩召入院，逮今六載，略無塵露以益山海。今歲驟自祠曹正郎改授中書舍人，充承旨之職，非才非望，益負愧惕，因視草之暇，集成此書，以繼李公之作。餘後之制置新規，俟他日别加編纂焉。時皇宋龍集辛卯淳化紀號之二年孟冬朔日。

◉蘇耆撰

次續翰林志

黄寶華整理

點校説明

《次續翰林志》一卷，蘇耆撰。蘇耆（九八七—一〇三五），字國老，蘇易簡次子。初以父蔭入仕，賜進士及第，知湖州烏程，改殿中丞，知開封縣，除三司判官，轉尚書祠部員外郎，知明州。后出使契丹，歸爲京西轉運使，遷工部郎中。景祐三年正月卒，年四十九。《宋史》卷二六六有傳。

據其自序，此書乃繼其父志之續作，其父於《續翰林志》跋文中嘗云「後之制置新規，俟他日别加編纂」，故其於「出宰烏程，居多暇日，因泣血編録」，以成父志。但檢其文中所録，於學士院之設施規制着墨不多，所記偏重於君臣互動、皇帝眷顧其父之事跡。

此書今傳本有《知不足齋叢書》本。今次整理，據《知不足齋叢書》本加以校點而成書。

先公自太平興國庚辰歲首登上第，不由館殿，直升綸閣，從釋褐凡七年召入翰苑。先帝睠注隆厚，垂欲大用者數矣，以尚少，但加承旨之號以榮之。凡八换炎涼，方參預政事，有唐以爲榮滯相半，不虚矣。在玉堂日，書詔之暇，集近朝故事，號《續翰林志》，其末云：「後之制置新規，俟他日别加編纂焉。」尋以中樞務繁，晨趨夕返，旋又出鎮穰下，故未遂周序其事。嗚呼！先公遭時遇主，騰拔雲漢，才名振赫非不大矣，職位隆顯非不達矣，而壽不登於强仕，志未展於一時，莫報寵光，旋悲朝露，豈使君臣盛美之事、禁林榮耀之蹟不傳於後世邪！次子耆出宰烏程，居多暇日，因泣血編録，附於志後，目之曰《次續翰林志》云耳。

先公於丙戌歲始入翰林，時翰長宋公白、副翰賈公黄中皆先達鉅儒，同在鼇署，公乃作古詩數百言，序述疇昔遭逢之由，二公亦以歌答之。今悉附之於後。宋即南宫座主也，纔及七歲，遂爲同列，故其歌云：「疇昔聊爲尺木階，而今真是青雲友。」賈即嘗任補衮，閲民田於澤郡，時先公方在幼齡，祖父攜而謁之，仍以文爲贄。賈贈詩曰：「曲江願作先容

校勘記

客，看醉春風上五雲。」十餘年更直内署，於今朝野流爲美談。

國家舊制：郊祀之禮惟宣祖皇帝侑神作主。公受詔攝禮儀使，乃拜疏云：「太祖皇帝，受命造宋，垂於無窮，不預嚴配，恐乖天人之意，仍唐永徽中高祖、太宗同配故事。」上優詔褒美，朝廷韙之，迄今以爲定制焉。

公始撰《翰林志》成以獻，上大悦，特賜宸章兩篇，皆奬飾褒美之旨，其後御批云：「詩意者，因卿進《續翰林志》，美居清華之地也。」尋刻石於玉堂之東序焉。時傳本四出，人得之者，咸以爲榮。

先帝以玉署之設其来尚矣！但虚傳其號而無正名，乃於紅綃上御書飛白四字，題曰「玉堂之署」以賜焉。鈿軸晶瑩，降從天上，御香馥郁，傳到人間，遂捧歸私第，以慶耀其親。時祖母太夫人具命服焚香，設拜而觀之，喜歎之聲動於鄰里。即命置於本院中，擇日懸掛，乃具扃鐍於玉堂之上。其御札至今鎖之，或學士上事及賜勅設，即令開之，焚香而觀焉。自待詔院吏而下，咸列賀於庭，公曰：「自唐置學士来，幾三百年，今日方知貴矣！」即日詔宰輔暨兩制詞臣就院，敕設宴帳之盛，無如是時，仍賦長韻詩一章以記其事。其詩目曰《禁林讌會集》，今附之於後。

有唐學士院深嚴，非本院人不可遽入，雖中使宣示及有文書，必先動鈴索，立於門外，俟本院小判官出，授訖，授院使，院使授學士。自五代以来，其制久廢，公因召對言之，上可其奏。自是院内復置鈴索焉。

淳化中，公方在宿直，夜將及乙，就枕已久，忽鈴索聲動，即中使齎御草書宋玉《大言賦》以賜公，即具簪笏張燭，望宸居再拜而發焉。續有劄子云：「朕草宋玉《大言》以賜卿，不識来朝因呈文書，将来讀與卿。」及凌晨對敭，方盡詳悉，公乃自撰《大言賦》以進，詞曰：「皇帝書白龍牋，作《大言賦》賜玉堂臣易簡，御筆煌煌，雄詞洋洋，瓌瑋博達，不可備詳。詔臣陛殿躬指其理，且歎宋玉之奇怪也，因伏而奏曰：『恨宋玉不與陛下同時。』帝曰：『噫！何代無人焉？卿爲朕言之。』臣曰：『聖人興兮告成功，登崑崙兮展升中。崑崙南屬地居天。地爲席兮饗祖宗，天起籟兮調笙鏞。日烏月兔，耀文明也；参旗井鉞，嚴武衛也；執北斗兮，奠元酒也；削西華兮，爲石礎也；刳鯨腊鵬，代鵝鰈也；飛雷三發，山神呼也；流電三激，爟火舉也。禮載獻兮淳風還，君百拜兮天神懽，四時一周兮萬八千年，太山融兮溟海乾，圓蓋穴兮方輿穿，君王壽兮無窮焉！』」時殿上皆呼萬歲。上覽之，嘉歎再三，賜《大言賦》名四句，其序曰：「宋玉遇侯王則未足以爲美，易簡逢真主堪師法於後人。兼賜卿《大言賦》名四句：『少年盛世兮爲詞臣，古往今来兮有幾人？首出文章兮居翰林，儒名善守兮合緣寅。』」已勒石於書閣之西序矣。先是，内院逼近禁闈，地復狹窄，前後書詔繁萃，積於房廊，多所損潤。公乃於玉堂後廡建二書閣，東西交映，藻繪間飾，自是文籍有附焉。閣之上下，悉命僧巨然畫煙嵐曉景以布之，筆跡野逸，效李成之作而又自成一家之妙。

唐制：學士每有除拜他職，必納光院錢以爲公用，自丞相而下各有差等。五代以還，其儀久闕，公振舉而復之，自是院中費用及待詔而下伏臘之資告足。公入參之日，首納百千。上恩詔特令迴賜。

公嘗奏事歸院，上即時宣召，顧左右曰：「宣蘇某来。」及對敭而退，上猶未起，又曰：「宣當直學士来。」及再引對畢，未及到廳，上又曰：「召承旨来。」時雖處内署，而兩地政事多所詢訪，蓋聖語有所未盡，故一日凡三接見而三易其稱，特眷注之深厚耳。

國朝舊制：有殿前承旨頗甚繁雜，及公拜翰林承旨，上以其稱呼不别，又惡其與清貴混淆，詔改爲三班奉職，以避其稱也。

公嘗早朝，省覲其母於堂上，燭滅，誤爲門扉傷其額。及引對，上再三顧矚曰：「豈非因酒乎？」公再拜，具以實對。上曰：「待歸院，續有藥去。」及移時，中使至，於金合内有藥一刀圭許，其色微碧，及生猪肉一臠。内中無猪肉，蓋令旋於屠家取之。中人遽請偃息，傅藥於上，以肉貼之，不食許時，揭去其肉，痂隨而起，宛如無傷，蓋神異之方也。

公一日在院内，以水一斛試歙器焉。上令中黄門偵知，遽奏其事，而莫辨其器。及晚朝，上曰：「卿在院中所玩，得非歙器乎？」公初亦驚怛，尋奏曰：「臣昔任官江左，因而得之，乃李氏義族收所作，實歙器之遺象也。」上遽命取来，乃於便殿躬自校試，再三歎美之。公乃進曰：「臣聞日中則昃，月滿則虧，器盈則覆，物盛則衰。願陛下持盈守成，慎終如始，固萬世基業，天下幸甚！」上深加聽納，因即獻之，自後制度亦罕有傳者。

公久在禁林，連典貢部，自前南宫首薦及殿庭覆考試多所改易，及公薦陳樞相堯叟、孫紫微何一不摇動，天下伏其知人。寒畯之流牢籠殆盡，雖退黜者曾無怨言，場屋之間，至今歌詠。

上以公飲酒過多，恐成疾患，因乾明聖節宣近御座，委曲勸勉，至於再三，凡移數刻，左右大臣莫不聳聽，公感戴恩惠，但垂涕再拜而已。来日具狀稱謝，上於表後御書批答云：「覽卿之謝過表章，其辭也深合朕意。卿擢登高級，盛美儒林，敗德之名，克先爲誡，知非能改，於不二諸事豈假於再三？手札不多賜蘇某。」凡奏狀縫上皆御寶印之，續降一劄子云：「昨日賜卿批答忩速，今日始捡舊本子看，誤使一『辞』字，卿改却著。」公即具狀謝，仍面奏：「辞字從舌，乃是正文。」并檢虞監書者「辞」字進呈，上大悦，曰：「非卿博識，朕以爲誤矣。」

上嘗御便殿，案上有御書一紙，乃銷金紙飛白一「香」者，公乃拜乞，上雖許而未即賜。坐間吕宫師蒙正因奏事見之，又乞。上曰：「適已許賜蘇某矣。」遽命公取之，公袖以致謝，左右無不健羡焉。

公與襄陵賈公内直禁署，嘗相謂曰：「今兩地大僚請酒至多，而罕有相遺者，因各有不平之氣。」未幾，賈公入參大政，又數月，蔑聞有濃醪之贈，公因飛一絶以贈之：「憶昔當初直禁林，共嗟難得酒如金。此時寂寞垂簾坐，惆悵無人話此心。」賈公見之方悟，因大笑，封送酒，歷恣其所請。公乃預請數月，凡僅百壺，好事者即日傳於都下。

草麻潤筆，自隋唐以来皆有之。鄭譯，隋文時自隆州刺史復國公爵，令李德林作詔，高熲戲之曰：「筆頭乾。」譯答曰：「出爲方伯，杖策而歸，不得一錢，何以潤筆？」近朝武臣移鎮及大僚除拜，因循多不送遺。先帝以公久在内署，慮經費有闕，特定草麻例物，朝謝日，命閤門督之，既得，因以書進呈，自是無敢有闕者，迄今以爲定制。

公嘗劇飲，寢於直廬，夜將分，中人宣召，遽起以水沃面，具簪笏以朝，而方醉中，乃賜坐，訪以外事，應對如流，略無舛誤。仍令草王密使名顯駮麻及袖歸院，晨竝不之記。上亦不覺其醉，自以爲神助，聞者莫不驚異焉。

公書詔之暇，日飲醇酎。上御草書《戒酒》、《勸酒》詩二章以賜，仍令與祖母讀之：「何人肯立杜康廟，又拉劉伶在畔頭？願得黄金千萬鋌，一時送與酒家休。」又：「九醖香醪一曲歌，本圖閒放養天和。後人不會先賢意，破國亡家事極多！」

儤直之制，自五代以還頗亦湮廢，雖有舊規而罕能遵守。公自始入洎起皆力行之，亦未嘗借請同院代直。自是羣官亦無敢隳其例者。因酌楊八座昭儉鳳閣儤直例，勒石龕於玉堂之東北隅。

凡此數事，悉先公在儒林之殊迹也。耆是時方在幼齡，十不記其一二，慮年代浸遠，徽烈無聞，因以編修，刊於緗素，一則表神宗優賢之異，二則彰先公遭遇之由，垂示方来，諒亦無愧。時聖上幸亳之歲，孟春月書。

◉釋延一撰

廣清涼傳

夏廣興 整理

點校説明

《廣清涼傳》三卷，釋延一撰。卷下《續遺》部分由金釋明崇所撰，附於《廣清涼傳》。釋延一（九八八—一〇七二），宋代五臺山僧，大華嚴寺壇長，住真容院，號妙濟大師，爲賜紫沙門。其生平行履均不詳。釋明崇爲金代五臺山僧，生平行履亦不詳。

《廣清涼傳》成書于北宋仁宗嘉祐五年（一〇六〇），由郗濟川策劃。郗濟川有感于《古清涼傳》的「頗成倫理」，而自己「遍窮異跡」，訪得大量新材料，後請釋延一撰寫是書。書首有當時人郗濟川的序，敘述了本書的成書過程。《廣清涼傳》是釋延一在唐釋慧祥《古清涼傳》（成書於唐高宗年間）的基礎上，「更記寺名、勝跡以及靈異藥物」，因它「采摭經傳，收捃故實，附益祥傳，推而廣之」，故名爲《廣清涼傳》。《廣清涼傳》在敘述上比《古清涼傳》更有條理和細緻。同時，還收集了一些新資料，它是清涼三傳中，對五臺山的歷史、古跡、景觀、特産、人物和傳説等的記載最爲周詳的一種。明天順六年首刻流傳，入清由阮元訪得，入宛委别藏。其間亦有丁氏正脩堂抄本流傳。全書共分二十三篇。收入《大正藏》第五十一册。

《廣清涼傳》于《宋史·藝文志》、鄭樵《通志》中未著録。明楊士奇《文淵閣書目》卷四録《廣清涼傳》一部二册。入清後有二卷本、三卷本之説。清陸心源《皕宋樓藏書志》卷六五録《廣清涼傳》二卷，注金刊本；　瞿鏞《鐵琴銅劍樓藏書目録》卷十八録《廣清涼傳》三卷，注舊抄本；丁氏《八千卷樓書目》卷十四録《廣清涼傳》三卷，注各有抄本和金刊本。在金大定四年（一一六四），清涼三傳亦曾合併刊印，流傳至今。《廣清涼傳》後分别入藏，即今《大正藏》、《新纂萬續藏》，兩者版本同源，即清吴縣蔣氏雙唐碑館本。

本次整理以《宛委别藏》明天順刻本爲底本，校以上圖藏明刻本、《大正藏》本。同時，參考了陳揚炯等校注本（簡稱陳本）。

朝奉郎、尚書織局員外郎、守太原府大通監兼兵馬都上騎都尉、賜緋魚袋、前勾當五臺山寺司公事郤濟川撰

序

夫法界無邊，因利生而示境；法身無像，由接物以現形。何哉？蓋慈悲廣大，雖已證於菩提；誓願弘深，尚不舍於薩埵。故大聖文殊，宅清涼之境，示瑞應之形，良以此也。自世雄示滅【一】，像教寖傳，金口微言，方流於震旦。玉毫妙質，不睹於祇園【二】，聖智隱而易誣，昏蒙蕩而難信。菩薩所以運童真之德，極遊方之化，揭慧日以照六道，注願海以澤四生。秘龍種上尊之稱，捨摩尼寶積之證。示爲弟子，翊正法於能仁；當作如來，豫尊記於普見。不出大千世界，長居五頂之山，《涅槃》「稱五百仙俱」；《華嚴》説「一萬聖衆」，都淨域以演法，赫祥光而誘人。寶樂銀書，深秘金剛之窟；仙花珍樹，大同靈鷲之峰。是以波利西來畢命，願瞻於真相；無著南至捐軀，思接於慈顏。教肇騰、蘭以來，具聞名號，地拓魏、齊而下，益廣修崇，列梵刹以雲屯，範聖儀而星布。鐘聲香氣，互傳靈感之蹤；寶界金燈，咸覿神奇之應。濟以夙緣薄祐，生逢遺法，尚忝羈官，得寓靈峰，時會博聞，徧窮異跡，思得紀述，以警後來。而年紀寖深，簡編幾墜。獨有唐藍谷沙門慧祥，作傳二卷，頗成倫理，其余亦有傳記，皆文字舛錯，辭意乖謬。惜乎，大聖之化跡，高

校勘記

【一】世雄示滅　「世」前原衍一「粤」字，據明本删。

【二】不睹於祇園　「祇」原脱，據明本補。

士之遺蹤，將湮滅乎！慧祥所謂「時無好事，使芳塵委絕」，信哉！濟川慨其若是，乃訪得真容院妙濟一公，其人純粹聰敏，博通藏教，講説記問，靡不精詣。因請公採摭經傳，收捃故實，附益祥《傳》，推而廣之，勒成三卷，首以吉祥降世因地，終以巨宋親逢化相，名曰《廣清涼傳》。凡三月而成，授本院主事募工開版，印施四方，俾師心三寶者，覩之益信向爾。時聖宋嘉祐紀號龍集庚子正月望日謹序

目録

卷上

菩薩生地見聞功德一

詳夫！大聖曼殊室利曳菩薩久已成佛，示居因位，行菩薩行，接引群述者也。何以知之？按《首楞嚴經》下卷云：「過去無量無邊、不可思議阿僧祇刼，爾時有佛，名龍種上尊王如來，國名平等。乃至爾時平等世界，龍種上尊王如來豈異人乎？即文殊師利法王子是。」《央掘摩羅經【一】》第四云：「北方去此，過四十二恒河沙刹，有國名常喜【二】，佛名歡喜藏摩尼寶積如來。乃至若有聞是如來名者，恭敬禮拜，生歡喜國，閔四惡趣，若有持是如來名號者，若今見在及未來世，曠野險難，諸怖畏處，皆悉蒙護。於一切處，恐怖悉滅。一切八部諸惡鬼神，不能侵擾。」又《大寶積經》第六十卷《文殊師利授記會》説：「文殊師利成佛之時，名爲普見。以何義故，名爲普見？以彼如來，於十方無量百千億那由他諸佛刹中，普皆令見。雖未成佛，若我現在及滅度後，有聞其名，亦皆必定當得成佛，唯除已入離生之位及狹劣心。彼佛刹土，名隨願積，集清淨圓滿乃至【三】。若有得聞文殊師利名者，是則名爲面見諸佛；若有受持百千億諸佛名號，若有人稱文殊師利名者

校勘記

【一】央掘摩羅經第四　「掘」原作「握」，據明本改。

【二】有國名常喜　「名」原脱，據明本補。

【三】集清静圓滿乃至　「静」原作「涼」，據明本改。

【四】，福多於彼，何况稱普見佛名。何以故？彼百千那由他佛，利益衆生，不及文殊師利於一時中所作饒益。」如是等文，證成非一。或問：「文殊師利成佛國土，與阿彌陀極樂國土，優劣云何？」答：「《大寶積經》云：『譬如有人，析一毛爲百分，以一分毛，於大海中，取一滴水，喻阿彌陀佛刹莊嚴，彼大海水喻普見如來佛刹莊嚴。』復過於此。何以故？普見如來佛刹莊嚴不思議故。」上説菩薩成佛功德，次説菩薩真俗生處，且真諦生處者。《華嚴經》七十九説：「菩薩有十種生處。何者爲十？善男子菩提心，是菩薩生處；生菩薩家故，深心是菩薩生處；生善知識家故，諸地是菩薩生處；生波羅蜜家故，大願是菩薩生處；生妙行家故，大悲是菩薩生處；生四攝家故，如理觀察是菩薩生處；生般若波羅蜜家故，大乘是菩薩生處；生方便善巧家故，教化衆生是菩薩生處；生佛家故，智慧方便是菩薩生處；生無生法忍家故，修行一切法是菩薩生處。生過去未來一切如來家，故善男子、菩薩、摩訶薩以般若波羅蜜爲母，方便善巧爲父【五】，檀波羅蜜爲乳母，尸波羅蜜爲養母，忍波羅蜜爲莊嚴具，勤波羅蜜爲養育者，禪波羅蜜爲浣濯人，善知識爲教授師，一切菩薩分爲伴侣，一切善法爲眷屬，一切菩薩爲兄弟，菩提心爲家，如理修行爲家法，諸地爲家處，諸忍爲家族，大願爲家教，滿足諸行爲順家法，勸發大乘爲紹家業。法水灌頂，一生所繫。菩薩爲王太子，成就菩提，爲能淨家族。此名菩薩真實生處。次説菩薩世諦示現生處。據《文殊師利般涅槃經》云：「爾時跋陁婆羅菩薩即從座起，整

【四】若有人稱文殊師利名者　「稱」原作「彌」；「殊」原作「味」，據明本改。

【五】方便善巧爲父　「方便」原脱，據明本補。

衣服，爲佛作禮，長跪合掌，白佛言：『世尊，是文殊師利法王子，已曾親近百千諸佛，在此娑婆世界施作佛事，於十方面變現自在【六】，卻後久遠，當般涅槃？』佛告跋陀婆羅【七】：『此文殊師利有大慈悲，生於舍衛國多羅聚落梵德婆羅門家。其生之時，家內室宅，化生蓮華【八】，從母右脇而生，身紫金色，墮地能語，如天童子。有七寶蓋，隨覆其上。詣諸仙人，求出家法。諸婆羅門九十五種諸論議師，無能酬對【九】。唯於我所出家學道乃至。我今略説，爲未來世盲瞑衆生。』」又《般涅槃經》云：「其有得聞文殊師利名者、見形像者，百千劫中不墮惡道。若有讀誦文殊師利名者【一〇】，設有重障，不墮阿鼻極惡猛火，常生他方清淨國土。值佛聞法，得無生法忍。」又《寶篋經》第二卷云：「若施三千大千世界其中所有一切衆生，給諸樂，具百千億歲，不如施文殊師利一爪端許，所生福德勝前福德。」或有問曰：「菩薩既久已成佛，何故復爲菩薩？」答：「《無垢稱經》云：雖得佛道，轉於法輪而不捨於菩薩之道，是菩薩行。又，大慈恩寺基法師《阿彌陀經疏》引經云：我昔能仁師，今爲佛弟子。二尊不並化，故我爲菩薩。」

又問：「何故菩薩名文殊師利？」答：「斯乃古時訛略梵語。今巨宋新傳及唐時不空三藏所傳，皆云『曼祖仁祖切室利二合曳』，此云『妙吉祥』。此菩薩立名有二：初就世俗，因瑞彰名；二就勝義，以德立號。且初世俗因瑞彰名者，以菩薩生時有十種吉祥事故，所以菩薩名妙吉祥也。何爲十種吉祥之事？一、天降甘露；二、地涌伏藏；三、倉

【六】於十方面變現自在　「面」原作「界」，據明本改。

【七】佛告跋陀婆羅　「陀」後原脱一「婆」字，據明本補。

【八】家內室宅化生蓮華　「家」原作「室」；「室宅」原脱，據明本改補。

【九】無能酬對　「酬對」前原衍「論議師無能」，據明本删。

【一〇】若有讀誦文殊師利名者　「若」原作「君」，據明本改。

變金粟；　四、庭生金蓮；　五、光明滿室；　六、鷄生鸞鳳；　七、馬産麒麟；　八、牛生白牝；　九、猪誕龍豚；　十、六牙象現。所以，菩薩因瑞彰名也。二依真諦立名者據《金剛頂經》説：由菩薩身普攝一切法界，等如來身、一切如來智慧等，及一切如來神變遊戲，已内極妙吉祥故，名妙吉祥也。故知文殊師利菩薩神通功德，不可思議。《大華嚴經》第六十一《入法界品》：「舍利弗告諸比丘：『汝可觀察文殊師利，清淨之身，相好莊嚴，一切天人，莫能思議。汝可觀察文殊師利，圓光映徹，令無量衆生發歡喜心。汝可觀察文殊師利，光網莊嚴，滅除衆生無量苦惱。汝可觀察文殊師利，衆會具足，皆是菩薩往昔善根之所攝受。汝可觀察文殊師利所行之路，左右八步，平坦莊嚴。汝可觀察文殊師利所住之處，周迴十方，常有道場，隨逐而轉。汝可觀察文殊師利所行之路，具足無量福德莊嚴，左右兩邊，有大伏藏，種種珍寶，自然而出。汝可觀察文殊師利，曾供養佛，善根所流，一切藥間出莊嚴藏。汝可觀察文殊師利，諸世間主，雨供具雲，頂禮恭敬，以爲供養。汝可觀察文殊師利，十方一切諸佛如來將説法時，悉放眉間白毫相光，來照其身，從頂上入。』」又云：「文殊菩薩能隨所樂，現自在身，威光赫奕，蔽諸大衆。以自在大慈，令彼清涼；　自在大悲，起説法心，以廣大辯才，將爲説法。」文多不載，故知菩薩以大善巧，拯接群生；　爲不請友，救世大悲。斯言信矣。《華嚴》七十九：彌勒菩薩告善財言：「文殊師利所有大願，非餘無量百千億那由他菩薩之所能有。善男子！文殊師利童子，其行廣大，其願無邊，出生一切菩薩功德，無有休息。善男子！文殊師利常爲無量百千億那由他諸佛母，常爲無量百千億那由他菩薩師，教化成就一切衆生，名稱普聞十方世界。常於一切諸佛衆中，爲説法師，一切如來之所讚嘆，住甚深智，能如實見一切諸法，通達一切解脱境界，究竟普賢所行之行。善男子！文殊師利是汝善知識，令汝得生如來家，長養一切諸善根，發起一切照道法，值遇真實善知識。令汝修一切功德，入一切願網，住一切大願。爲汝説一切菩薩秘密法，現一切菩薩難思議行。與汝往昔同生同行。是故，善男子！汝應往詣文殊之所，莫生疲厭。」集傳者曰：「校此而論，既彼善財得見文殊，皆是往昔同生同行，乃至不生疲厭。況今之火宅諸子【一一】，若能專心求見大聖，豈不宜哉！」

菩薩應化總別機緣二

夫大聖應化，有總有別，隨機緣故。云：「何爲總？」答：「如《華嚴經》第五十卷説：譬如月輪，有四希奇未曾有法，何等爲四？一、映蔽一切，星宿光明；二、隨逐於時，示現虧盈；三、於閻浮提清淨水中，影無不現；四、一切見者，皆對目前，而此月輪，無有分別，無有戲論。佛子如來身月，亦復如是，有四希奇未曾有法，何等爲四？一、所謂映蔽一切：聲聞、緣覺、學無學衆；二、隨其所宜，示現壽命修短不同，而如來身無有增減；三、一切世界淨心衆生菩提器中，影無不現；四、一切衆生有瞻對者，皆謂如來

【一一】況今之火宅諸子　「況」原作「泥」，據明本改。

唯現我前，隨其心樂而爲説法，令得解脱乃至，而如來身無有分别，無有戲論。今文殊亦爾。故《菩薩般涅槃經》云：住首楞嚴三昧力，故於十方面，或現初生，或現滅度，入般涅槃，現分舍利，饒益衆生乃至。是文殊師利有無量神通變現，不可具説。」比土所顯，即是菩薩偏一切處普應機緣，故名爲總。故《華嚴抄》引經偈云：

文殊大菩薩，不捨大悲願，變身爲異道，或冠或露體【一二】。或處小兒叢，遊戲邑聚落，或作貧窮人，衰容爲老狀。以現饑寒苦，巡行坊市廛，求乞衣材寶，令人發一施。與滿一切願，令使發信心，信心既發已，爲説六度法。領萬諸菩薩，居住五頂山，放億種光明，人天咸悉覩，罪垢皆消滅。

二别者，即今偏在清涼五臺山是也。以此處機緣勝故，又是本所居，金色世界報土在此也。按大唐《東夏神洲感通録》，宣律師常於唐麟德元年仲春之季，有數天人來禮覲律師，共相談敘。律師因問天人云：「古昔相傳文殊在清涼山，領五百仙人説法。經中明説，文殊是舊住娑婆世界菩薩，娑婆是大千總號，如何偏在此方？」天人答云：「文殊者，法身大士，諸佛之元帥也，隨緣利現，應變不同。大士之功，非人境界，不勞評論。但大聖多在清涼山，山下有仙花山，有五臺縣清涼府。往往人到，不得不信。」

【一二】或冠或露體　「體」原脱，據明本補。

菩薩何時至此山中三

按《大方廣佛華嚴經》四十五《菩薩住處品》云：「東北方有處，名清涼山，從昔已來，諸菩薩衆於中止住。現有菩薩，名文殊師利，與其眷屬、諸菩薩衆一萬人俱，常在其中而演説法。」又據《文殊菩薩現寶藏陁羅尼經》云：「爾時金剛密跡主菩薩白佛言：『世尊昔常爲我説如是言！我滅度後，於贍部州惡世之時，文殊師利廣能利益一切衆生，大作佛事。唯願世尊爲我分別演説，於何處住？復於何方而行利益，憐愍攝護諸衆生？故願爲説之乃至。』佛告金剛密跡主菩薩言：『我滅度後，於此贍部洲東北方，有國名大振那，其中有山名爲五頂，文殊師利童子遊行居住，爲諸衆生於中説法，及有無量龍天、夜叉、羅刹、緊那羅、摩睺羅伽、人非人等圍繞供養乃至。文殊師利有如是等無量威德，神通變化，自在莊嚴，廣能饒益一切有情【一三】，成就圓滿福德之力，不可思議。』」又據《文殊般涅槃經》云：「如是大士，久住首楞嚴三昧，佛滅度後四百五十歲，當至雪山，爲五百仙人説法，教化成就，令不退轉。」又《感通録》上卷：宣律師問天人云：「今五臺山中臺之東南二十里，見有大孚靈鷲寺，兩堂隔澗，於今猶在。南有花園，可三頃許，四時發彩，人莫究其所始。或云漢明所造，或云魏孝文所作，衆説不同【一四】。如何？天人答云：「二帝俱曾於此造寺供養，及阿育王亦曾於此造塔。」昔周穆王時，已有佛法。此山靈異，文殊所

【一三】能饒益一切有情　「饒」原作「既」，據明本改。

【一四】衆説不同　「衆」原作「牙」，據明本改。

居。漢明之初，摩騰天眼亦見有塔，勸帝造寺，名大孚靈鷲。言孚者，信也。帝信佛理，立寺勸人，名大孚也。又此山形與其天竺靈鷲山相似，因以爲名焉。元魏孝文，北臺不遠，常來禮謁。見人馬行跡，石上分明，其事可知。至唐朝，因澄觀法師於此造《大華嚴經疏》，遂下敕改爲大華嚴寺。或問：「據《華嚴經・菩薩住處品》即説菩薩常在此山，如何《現寶藏經》及《般涅槃經》二經皆言佛滅度後，方來此山？」答：「此由菩薩住首楞嚴三昧無作妙力，能分一身爲無量身，復以無量身入一身，俱無障礙。如經廣説，能以一身分無量身，故即一身常在此山，其所分身於十方界施難思化，即《華嚴》所説『在此山』是也。又復以無量身入一身，故即十方界施化既畢，還來入此一身，引導衆生令發心，故即《現寶藏經》及《般涅槃經》言『佛滅度後，來入此山』是也，於理何妨？況是大聖不思議之境，豈可九情能測度哉？」故顯揚論説，於不思議境界，强思議者，有三過失：一、得心狂亂過失；二、生非福過失；三、不得善過失。如非强思議者，得三善果，翻此可知。箋云：雖神應無方，道無不在，但菩薩本所化境，機緣偏勝，何所疑焉？

清涼山得名所因四

按《華嚴經疏》云：「清涼山者，即代州鴈門郡五臺山也。以歲積堅冰，夏仍飛雪，曾無炎暑，故曰清涼。五峰聳出，頂無林木，有如壘土之臺，故曰五臺。」海東《文殊傳》云：

「五臺，即是五方如來之座也。亦象菩薩頂有五髻。」余因此二文，今更廣之。按《千鉢經》及《文殊師利五字陁羅尼・瑜伽觀門》所説，文殊表般若【一五】，能生諸佛。故《大寶集經・第六十文殊會》云：「文殊師利白佛言：世尊！我以無礙天眼，所見十方無量無邊諸佛刹中一切如來，若非是我勸發決定菩提心，教授教誡，令修布施、持戒、忍辱、精進、禪定、智慧，令得阿耨多羅三藐三菩提者，我於菩提終不應證。而我要當滿此所願，然後乃證無上菩提。」又，「文殊表般若」者，菩薩大悲，能爲增上，斷滅一切諸衆生等煩惱、罪業。按《金剛頂經・金剛覺大菩薩三摩地一切如來智慧品》云：「爾時世尊，復入文殊師利摩訶菩提薩埵三摩耶所生法，如持金剛三摩地已，從自心出此一切如來大智慧三摩耶，名：一切如來心印【一六】。即説密語：跛折囉底瑟那三合。纔出此語時，於一切如來心，即彼薄伽梵，執金剛以爲智劍而出已，同一蜜合，入於毗盧遮那佛心中，便爲劍鞘。既成就已，住於毗盧遮那佛手中。於時從彼如來劍鞘身中，出現一切世界等如來身，一切如來智慧等，及一切如來神變遊戲已，由極妙吉祥故，及金剛薩埵三摩地，極堅牢故，同一密合，以爲文殊師利摩訶菩提薩埵。身既成就已，住於世尊毗盧遮那佛心，而高聲作是言曰：

我是諸佛語，號爲文殊聲。若以無形色，音聲可得知。以爲佛法身本無形相，恐成斷滅，故以六鑒假詮表之。詮佛語言，即文殊聲也。

爾時文殊師利摩訶菩提薩埵從世尊心下，已依一切如來右邊月輪中住，復請教示。

【一五】文殊表般若　「表」原作「來」，據明本改。

【一六】名一切如來心印　「名」原作「明」，據明本改。

爾時毗盧遮那佛入一切如來智慧三摩耶金剛三摩地已，現一切如來斷除煩惱三摩耶，爲盡遍衆生界斷除一切苦故，及一切安樂悦意受用故，乃至成就一切如來隨順音聲圓滿慧最上悉地故。彼金剛覺，於文殊師利摩訶菩提薩埵，如上於雙手授之，乃至以其金剛劍揮斫，已而高聲唱言：此是諸如來般若波羅蜜，能破諸怨敵，滅罪中爲最。故菩薩左手持梵夾，表般若體，自性清淨；右手持劍，表般若用斷除衆生煩惱怨敵。又，《五字瑜伽觀門》之表者：「阿」者，無生門詮，一切法無生，表大圓鏡智東方金剛部主阿閦如來，即菩薩頂上東邊一髻之象也。「囉」者，無垢門詮，一切法無垢，表平等性智南方寶部主寶生如來，即菩薩頂上南邊一髻之象也。跛者，無第一義諦門，表妙觀察智西方蓮花部主無量壽如來，即菩薩頂止西邊一髻之象也。「左」者，諸法無行門，表成所作智北方羯磨部主不空成就如來，即菩薩頂上北邊一髻之象也。「娜」者，諸法無性相離語言文字門，表清淨法界中方如來部主毗盧遮娜如來，即菩薩頂上中方一髻之象也。故菩薩頂分五髻，山派五峰，豈徒然哉？良有以也。故《華嚴疏》云：「表我大聖五智已周，五眼已淨，總五部之真原，故首戴五佛之冠，頂分五方之髻，運五乘之要，清五濁之災矣。此山磅礴數州，綿五百里【一七】。左鄰恒嶽，隱嶙參天；右控洪河，縈迴帶地，北臨朔野【一八】，限雄鎮之關防；南擁汾陽，作神洲之勢勝。迴濆日月，畜泄雲龍。雖積雪夏疑，而奇花萬品；寒風冬列，而珍卉千名。舟嶂横開，翠屏疊起。排空度險，時逢物外之流；捫蘿履危，每造

【一七】綿五百里　「綿」原作「緜」，據明本改。

【一八】北臨朔野　「朔」原作「期」，據明本改。

非常之境。白雪凝布，疑浮練於長江；杲日織昇，認扶桑於火海。」又華嚴疏主釋《菩薩住處品》云：「余幼尋兹典【一九】，每至斯文，皆掩卷而嘆。遂不遠萬里，委命捿託，聖境相誘，十載於兹。其感應昭著，盈於耳目。及夫夏景勝事，尤多歷歷。龍宫夜開千月，織纖瑞草，朝間百花。或萬聖羅空，或五雲凝岫。圓光映乎山翠，瑞鳥翥於煙霄【二〇】。唯聞大聖之名，無復人間之慮。入聖境者接無【二一】，葷塵心者架肩，相視牙謂非凡，觸目皆爲佛事。其山勢寺宇，難以盡言。自大師悔跡於西天，妙德揚輝於東土，雖法身長在，而雞山空掩於荒榛。應現有方，鷲嶺得名於兹土。神僧顯彰於靈境，宣公上稟於諸天。漢明肇啟於摩騰，魏帝中乎於至化。北齊數州以傾俸，有唐九帝之迴光。五天殉命以奔風，八表亡軀而競記，其有居神州一生而不到，奚異舍衛三億之徒哉！」按《大唐神州感通録》云：「代州東南，有五臺山者，古稱神仙之宅也。山方五百里，勢極崇峻。上有五臺，其頂不生草木。松柏茂林，森於谷底。其山極寒，南號清涼山，山下有清涼府。經中明説，文殊將五百仙人住清涼雪山，即斯地也。所以，古來求道之士，多遊此山。靈蹤遺窟，奄然在目，不徒設也。中臺最高，去並七百，望如指掌。上有小石浮圖，其量千許，即後魏文帝宏所立也。石上人馬之跡，宛然存焉。頂有大泉，名曰太華，澄清似鏡，有二浮圖夾之，中有文殊師利像。人有至者，鐘聲香氣，無日不聞；神僧瑞像，往往逢遇。大唐龍朔以來，敕下，令會昌寺僧會頤，往彼修治寺塔。前後再返，亦遇靈感。至正觀中，有解脱禪

【一九】余幼尋兹典　「典」原作「典」，據明本改。

【二〇】瑞鳥翥於煙霄　「瑞」、「煙」原脱，據明本補。

【二一】入聖境者接　「入」原作「如」，據明本改。

師，聚從習定，自云：「於花園北，四度見文殊師利，翼從滿空，群仙異聖，不可勝記。」「或問：『此清涼山，爲但山寒名曰清涼，爲就勝德耶？若但山寒名清涼者，即陰山窮谷凍寒之方，皆應清涼；若就勝德名清涼者，但諸仙聖所住之處，應亦清涼。即何獨此山擅斯名也？』答：『必二相兼，即無濫矣。一爲山寒【一二】，兼有五頂，如上已説。二惟就文殊化境，揀餘仙聖所居。如《般泥洹經》云：若有讀誦文殊師利名者，設有重障，不墮阿鼻極苦猛火，常生他方清涼國土，值佛聞法，得無生忍。《華嚴經·入法界品》云：以自在大慈，命彼清涼，斯之謂矣。故化方逐物，衆生自見於興亡；極土湛然【一三】，不隨器界之生滅【一四】，如斯而已矣。』」

五臺四埵古聖行跡五

按《靈記》：「五臺有四埵，去臺各一百二十里。」據古圖所載，今北臺，即古中臺，中臺即南臺，大黄尖即北臺，栲栳山是西臺，漫天石是東臺。唯北臺、中臺，古時有異。東、西二臺，古今無異無恤臺，當山頂是也。昔趙簡子名無恤，曾登此山觀代國，下瞰東海蓬萊宮觀神仙之宅。此是普賢菩薩於中止住，雲霞出没，往來五臺。登臺者多見靈瑞。緣斯聖跡，故號爲東埵也。西菅□山，上有宮池古廟。隋煬帝避暑，於此而居，因説天池，造立宮室。龍樓鳳闕，遍滿池邊【一五】此池世傳神龍所居。緣斯聖跡，故號爲西埵也。南有繫舟山，上

【一二】一爲山寒　「山」原作「仙」，據明本改。

【一三】極土湛然　「極土」原作「報上」，據明本改。

【一四】不隨器界之生滅　「生」原作「中」，據明本改。

【一五】遍滿池邊　「滿」原作「地」，據明本改。

有銅鐶，舡軸猶在。昔堯遭洪水，繫舟於此，世傳堯覩文殊現於南臺。緣斯聖跡，故謂之南埵也。北有覆宿堆，即夏屋山也。後魏孝文皇帝避暑，往覆宿此，因以名焉，下見雲州石窟寺，世傳山上有乾闥婆城【二六】，即化城也，常於日欲出時，城乃現焉。又望見北川塚壘壘，有鬼趁南行，及見南山栢谷，虆力鬼切出隨行。文帝吒之，其虆即迴，低曲而走。因謂之亞走栢。由此事跡，謂之北埵也。至巨唐、儼禪師，神異僧也。嘗登南臺之上，望見五頂皆有五色雲覆之。隨雲覆者，配之爲臺。唯古之中臺，即今之北臺；古之南臺，即今之中臺孝文封爲南嶽也。餘皆定矣。

五臺境界寺名聖跡六

中臺：頂上有太華池，方圓二里，天生九。曲其水湛然，色若瑠璃，澄澈見底。池內平處，有石磊落。叢石間復有名花，百品交映。神龍宮宅之所在焉。人暫視之，瘆所錦切然神駭，雲霧祥映，難以具言。然池之大小淺深，神變不定，故禮謁者解瓔櫬珮，投中而去。隨開皇十一年，文帝勑忻州刺史崔震持供【二七】於五臺頂，設齋立碑。及覩後魏博陵公大守，奉使登臺，遥瞻業石，並是菩薩，身掛瓔珞。故寶臺鐵塔，功德最多，不可殫紀。

古十寺　大孚靈鷲寺　王子寺　靈峯寺　飯仙寺　天盆寺　清涼寺　石窟寺　佛光寺　宕昌寺　樓觀寺

【二六】世傳山上有乾闥婆城　「達」原作「門」，據明本改。

【二七】文帝勑忻州刺史崔震持供　「忻」原作「折」，據明本改。

今益唐來寺六【二八】：竹林寺　金閣寺　安聖寺　文殊寺　玉華寺　聖壽寺

靈跡寺四【二九】：太華池　白水池　孝文人馬跡　千年冰窟

名花五：日菊花　孝文十二院花　五鳳花　百枝花　缽囊花

北臺：頂上有天井，下有龍宮，白水池相連，金剛窟亦相通徹。

古有八寺：寶積寺　淨明寺　木爪寺　普濟寺　公主寺　甘泉寺　大谷寺　聖壽寺

今益寺二：寶山寺　太平興國寺

靈跡十六：七佛池　羅漢臺　九女泉　公主臺　孝文教鷹臺　孝文打毬場　仙人庵　禪庵藥　亞走栢　生死藥　空心藥　生地獄　鄧隱峯塔　憨山　玉泉【三〇】　金井

異草二：雞足草　瞢口草

東臺：舊名雪峯，山麓有研伽羅山。臺上遥見滄、瀛諸州，日出時，下視大海猶陂澤焉。

古寺一十五：華林寺　香雲寺　觀海寺　香藥寺　銅鐘寺　石堂寺　龍盤寺　光明寺　萬像寺　鳳嶺寺　龍泉寺　五王寺　天城寺　温湯寺　古華嚴寺

今益寺三：金界寺　乾明寺　東塔院今爲尼院

靈跡十一：松子戍　亦龍口　六鳳嵒　明月池　五王城　棗林　乳頭香藥　研伽

【二八】今益唐來寺六　「六」原脱，據明本補。

【二九】靈跡寺四　「四」原脱，據明本補。

【三〇】玉泉　「泉」原脱，據明本補。

羅山　那羅延窟　萬聖足跡　温湯

藥三：人參　長松　伏苓

西臺：與秘屡巖相連，危磴千雲，喬林拂日分空，絶壁接漢層巒。

古寺十二：秘密寺　石門寺　榆勤寺　乳石寺　東尖寺　大會寺　日照寺　向陽寺　鐵勤寺　浮圖寺　熊頭寺　豹子寺

今益寺四：李牛寺　黑山寺　仰盤寺　病牛泉寺

靈跡一十五：泥齋和尚　孝文射垛　落王崖　香山　師子蹤　於闐國王蹤　二聖對譚石　八功德水　石門　烏門　龍窟　薩埵崖　王子燒身塔　割肉坐石　王母仙桃

藥三：黄精　茯苓　木瓜

南臺孤絶，距諸臺差遠，林麓蓊鬱，巖崖傾欹，最爲幽寂。昔有僧明禪師，居此三十餘載，亦遇神仙，飛空而去，唯蟬蜕其皮。三十里内，悉是名花，徧生峰岫，俗號仙花山。化寺屢逢，鐘聲時發。昔曾有人遇異人，形偉冠世，言語之間，超騰遂遠。故僧明禪師歌曰：

南臺秀峙　龍神歸依　春雲靄靄　夏雨霏霏　黑白瞻禮　失渴忘疲　何罪不滅　何福不滋　卧於石罅　而坐神龜

菩薩麻充其龍枝，羅浮草結作禪衣。居巖嵦兮靜慮，履山巔兮尋師。湌松長智，餌菊除饑，講説般若，志行禪師，再覩龍母，又見龍兒，家施白藥，永離苦衰。

古寺九：娑婆寺　殊公寺　郭麽寺　欺巖寺　浮圖寺　高嶺寺　石臺寺　小栢寺

赤崖寺

今益寺三：福聖寺　靈境寺　法華寺

靈跡九：七佛谷　龍宮勝堆　萬畝平　東王相　西王相　神龜　東車尖　西車尖

石罅

藥二：人参　鐘乳

中臺北，北臺南，中間有諸佛浴池，一百二十所。四面是水，中心有土臺，方圓三尺，號爲菩薩盥掌、遊戲之地。其水香氣氛馥，色相光明。人孰視之，神移目亂，不敢久住，然人亦罕到。池中多出白雲，狀如隊仗，有梵志、婆羅門像。如覩菩薩及圓光者，白衣即得初果及第二果。若淨戒之僧，得第三、第四果也。金剛窟，即文殊大宅。此窟在東、北臺二麓之下，樓觀谷内。南北嶺間有石門，迺先聖出入之處，人多不識。昔有繁峙縣佛慧師，曾入此窟。行約三十里，有横河。既濟，即抵平川，無復凡木，但見寳林，極望四周，金樓瓊塔，炳然晃目。佛慧師出，爲人説此。

唐長安二年，遣使於五臺山大孚靈鷲寺前，採花萬株，移於禁掖，奇香異色，百品千名，令内道場栽植供養。敕萬善寺尼妙勝，於中臺造塔，凡一期功畢。遣内侍黄門金守珍，就山供養。顯慶設齋，乃供一萬菩薩。是日，忻、代諸處巡禮僧數盈一萬，皆云「萬聖赴會」。普施一鏍錢，一萬緡别施菩薩。内侍與州縣具達朝廷。由斯靈瑞，臺上復興。

釋五臺諸寺方所七

按《靈跡記》稱：古傳有寺一百一十，北齊割數州租稅以充供養【三一】。粤自後周以來，亟遭廢毁。甄臺寂寞，空餘麋鹿之場；寶塔摧頽，但聚鴟梟之跡。俄鐘隋季，海内分崩；寓縣沸騰，生靈塗炭。兵火延及，蕩爲靡遺；大率伽藍，多從煨燼。名額既泯，基址徒存，其堪住持者，六十七所，餘皆湮没焉。大孚靈鷲寺者，世傳後漢永平中所立。所以名靈鷲者，據《西域記》第九卷説：「梵云結栗陁羅矩吒山，即釋尊説《法華經》之地。唐云鷲峯，亦曰鷲臺【三二】。接北山之陽，孤摽特起。既棲鷲鳥，又類高臺。空翠相映，濃淡分色。」此山亦然。今真容院所居之基，岡巒特起，有類高臺，勢接中臺、北臺之麓，山形相似，故以名焉。寺依此山立名，故云大孚靈鷲寺也。昔有朔州大雲寺惠雲禪師，德行崇峻，明帝禮重，詔請爲此寺尚座。樂音一部，工技百人，簫笛箜篌，琵琶箏瑟，吹螺振鼓，百戲喧闐，舞袖雲飛，歌梁塵起。隨時供養，繫日窮年。樂比摩利天仙，曲同維衛佛國，往飛金剛窟内，今出靈鷲寺中。所奏聲合苦空，聞者斷惡修善，六度圓滿，萬行精純。像法以來，唯兹一遇也。

【三一】北齊割數州租稅以充供養　「租」原作「稙」，據明本改。

【三二】亦曰鷲臺　「臺」原作「拿」，據明本改。

清涼寺，依山立名，託居巖側，前通澗壑，上接雲霓。長安二年五月十五日，建安王仕並州長史，奏重修葺。敕大德感法師親謁五臺山，以七月二十日登臺之頂。僧俗一千餘人，同見五色雲，中現佛手相，白孤、白鹿，馴狎於前。梵響隨風流亮，山谷異香芬馥，遠近襲人。又見大僧，身紫金色，面前而立。復見菩薩，身帶瓔珞，西峯出現。法師乃圖畫聞奏【三三】。帝大悦，遂封法師昌平縣開國公，食邑一千户，請充清禪寺主，掌京國僧尼事。仍敕左庶子侯知一、御史大夫魏元忠，命工琢玉御容，入五臺山禮拜菩薩。至長安三載，送向清涼山安置。於是傾國僧尼，奏乞送之。帝不許，以雁門地連獫狁，但留御容於太原崇福寺大殿，中間供養，於五臺山造塔建碑，設齋供養。是知真境，菩薩所居。帝王日萬機之務，猶造玉身，來禮大聖，矧餘凡庶，豈不從風！一遊淨域，累劫殃消；暫陟靈峰，多生障滅者矣。

佛光寺，燕宕昌王所立，四面林巒，中心平坦。宕昌王巡遊禮謁，至此山門，遇佛神光，山林偏照，因置額名佛光寺。唐貞觀七年，五臺縣昭果寺解脱禪師重加修建，事如惠祥傳所説。王子寺，備惠祥傳中所載。西臺接東峨谷，有一古寺，名秘麼巖，亦具惠祥傳所説。此寺，唐垂拱中，有雁門清信士辟閭崇義，形同素服，心造玄關，畢志有歸，勵精罔倦。薄遊茲寺，誓願住持。經閣始成，樓臺營構，堂殿房廊，六七院宇。二三四輩行人。雲屯茲地，十方名德，輻湊其中，無憚劬勞。惟專禪誦。至長安三年，國家搜羅英彦，不遺

【三三】法師乃圖畫聞奏　「畫」原作「書」，據明本改。

巖野。辟閭崇義，遂被召入，因乞爲僧。勑許披剃。後乃還山，終於此寺也。

北臺之西，繁時縣東南，有一寺，名公主寺，後魏文帝第四女信誠公主所置。年代浸遠，尼衆都絶。房廊院宇，佛殿講堂，九女浮圖，瓦甓猶在。唐世，有尼童女名醜醜，得一玉石，方圓一尺，文成五色，表裏光瑩。自持至都，獻則天帝。帝賜絹百束，且須後命，志擬置額度尼。醜醜染病而歸，既卒方召，不遂其願。

北臺之麓，有木瓜寺。往昔登臺，路由兹地。年代曠遠，不知建立之始。寺有長發女，名佛惠，年七十四、五，貌似愚癡【三四】。百歲耆耋，自少見者，容狀初無改變。修葺伽藍，常爲尊首。繁峙曾有三百餘人，逐佛惠上北臺，適逢雨雹，遽引下臺側，投一虆力鬼切下。虆半空如室，佛惠前進，諸人隨入，同坐虆空，悉能容受。衆不測其神，時謂「肉身菩薩」。普濟寺，居大黄尖嶺之南。林麓清虚，川原疏曠。西見栲栳山，東望漫天石，南覩中臺、北臺。當木瓜之北，有入地泉。巡臺之人，忽逢雨雹，於此避難。北臺北谷内，有宋谷寺、寶積寺，又東北有寶山寺，並居谷内。院宇幽奇，樓臺壯麗，即今見存。生地獄；去北臺東不遠，有亂石交聳。聞諸古老：昔有張善和者，嘗逐一白兔，至此而陷，内見地獄。去地獄不遠，又覩一經藏，層閣壯麗。善和怖駭，是投其中。因見藏内塵埃甚厚，其傍亦有箒，静掃除之。於善和倏爾善心生焉，因即掃除，令極潔淨。承斯片善，還復得出。余謂：若非大聖願力境界，焉能感化若是哉。

【三四】貌似愚癡　「似」原作「侶」，據明本改。

鄧隱峰禪師者，福建邵武人也。世傳：與妹出家。俱來遊臺。至臺之頂，忽失兄所在，妹尋訪不得。至北臺西道南石上、頭下足上，倒直而立，裙衣上聳，竪而不亂，奄然示滅。妹曰：「輕躁之性，死而不易。」遂乃推倒，即於其處而闍維之，收其靈骨，壘石爲塔，至今在焉。

憨山者，在北臺東北。世傳：後魏孝文皇帝臺山避暑，大聖化作梵僧，從帝乞一坐具之地，修行住止。帝許之。梵僧乃張坐具，彌覆五百餘里。帝知其神，乃馳騎而去，迴顧斯山，岌然隨後。帝叱曰：「爾好憨山，何隨朕耶？」因此而止，故以名焉。

唐昌寺，佛光東北四五里，迢嶢崗巒，寺宇幽邃。世傳：昔宕昌王造佛光寺，安止於此，因以名焉。箋曰：此説或訛，疑唐時賜額，取昌盛爲名爾。

石窟寺，在佛光東北二十餘里，儼禪師所造。正當山口，登清涼寺路經，於此遊禮憩息之所。天盆寺，次南臺北谷。山形似盆【三五】，其勢如畫。東北仙槗，西南神谿，池水當心，樓臺四繞，今絶跡矣。

王子燒身寺，次北五六里有小巖寺、大藁寺，唯瓴甓餘基悉就頹毁。當時塔廟，靡有子遺。此地極爲生善，然遊禮路僻，到者甚稀。昔有西京萬善寺尼明月、法屋等，於此結庵而居，每誦《華嚴》、《涅槃》二部，戒津清潔，至神龍元年而卒。

中臺北趾及臺，領南有二伽藍，號曰：吴麥、蔥薗二寺，有洪馬寺主於此住持。亦

【三五】山形似盆　「似」原作「佀」，據明本改。

云：戒德光時，威儀動物，群虎如犬，馴擾院庭，鐘磬空鳴，如人擊動，六事不失，月十常聞，緇素巡臺，就而參禮。有尼三、五人，年盡期頤。寺主百年不下山谷，長安三年正月遷逝。五王城五王寺，修創奇異，未知何代五王立名建寺。周圍尚有桑林棗園遺跡，遊謁者思慕忘返。

東臺南足南嶺上，有觀海寺，內有明月池，方圓一里，水深八尺。雖在晦朔，月影中現。夾池有二松蘽，力鬼切枝莖相樛，每清風發韻，有如琴瑟。雁門人王右琦，太原郭上行，晉州魏法才，繁峙薛思恭等一千餘人，巡禮東臺，忽至此寺。會大霖雨，七日不止。乃虔誠發願，因得晴霽。但雲敷不散，東極於海，浩然一色，平若大川，於中現盧舍那像，并聞說法。後郭上行等十餘人，發心出家，並得剃染，咸有高節。

東臺東大會谷內，有銅鍾寺，魏時所置。寺有銅鍾，可受三十斛，形如甕腹，身作八稜，刻子魏都金剛，填陷象鼻隱起，雜寶莊嚴，龍象繞身，神仙遍腹，參辰日月、釋梵之形，列於頂上。中平元年，有僧惠澄，寓止兹寺。後因傳戒，遠赴京都。數載方還，失鍾所在，徘徊惻愴，痛悼彌深【三六】，忽見異人，僧詰其所【三七】。答云：「余，此山神。鍾已收入金剛窟中，本兜率天王所造。」澄曰：「非也，此是拘樓秦佛之時所造。山神何故收入金剛窟內？」澄遂於寺勒石爲銘，曰：「寺法鼓　窟爲隣　擊振吼　膩吒聞　集賢聖　滅苦因　被收入　金剛輪　誰得知　見山神　萬聖前　六時聞　書翠鳳　鐫白銀　表銅鍾

【三六】痛悼彌深　「悼」原作「憚」，據明本改。
【三七】僧詰其所　「詰」原作「語」，據明本改。

之去處　絶後代之疑人

温湯寺，五王之所造。昔五王子者，不知何代，宿植善根，得爲王子。又緣惡業，染伽摩羅疾。乃遷入山，於此温泉澡浴，疾遂痊愈，身復輕安，造寺住持，因温湯爲號。寺内有塼塔一所，可高二丈，層給三重，中有盧舍那像。文殊、普賢及餘部從，靡不畢具。唐萬歲通天中，有僧慈雲，創此安置。厥後巡遊之人，往還不絶。清涼嶺南三十餘里。入大谷中，有嵌巖寺、小柏寺。嵌巖寺有佛殿、門樓，小柏寺中，有浮圖二所，一當路口，一在谷中。山東之人，多此安泊。北有萬畝平，是李澄師莊，爲普通供養，昔有僧念阿彌陁佛，一念擲一緑豆在十斛甕内，念滿此甕，乃見阿彌陁佛來迎，因而化去。赤崖寺，臨路半崖，安置其寺。懸泉滴溜，水透巖下，去七八里許，俯視靈壽、鎮定，復見易州抱腹功德山。東峨谷南有鐵勤寺、向陽寺、日照寺、壘石寺，並在谷中，林木高深，聯綿不絶，佛光寺僧，多來棲止。入東峨谷，有大會寺、浴王寺、楡勤寺、乳石寺、東尖寺。右上伽藍，並在於谷之内，多居巖薮，内有捐身崖、薩埵崖、割肉坐石等處。西有熊頭寺、豹子寺、黑山寺、甘泉寺、望臺寺，相距不遠，十里至十五里間，並據形勝，佛廟精舍，各各有之。

石泥和尚者，不知何代人也。聞諸古老人云：「住西臺、近東北谷下巖間修道，每至午際，搓泥成劑，以充中食，人莫能測。後不知其終。」

東臺北四十餘里，谷底有華林寺、香雲寺。寺東五十里，有香藥寺，寺邊有乳頭香藥。

藥南有八九十里，有慈雲寺、石室寺，下有龍盤寺，有龍形，石上盤屈存焉。次南，有光明寺、萬像寺、龍泉寺、鳳嶺寺【三八】。慈雲在大食谷中，石室在温湯嶺上，盤龍寺正當川下。光明寺萬像寺，見者不同【三九】，或出或没。有人曾見，在南嶺寺邊，有栗藥菓園，有僧見在川内，叵測其由。臺山境界，不可依言取定，多致差玄。蓋諸聖權宜化現，遭遇各異爾。有二化寺。按《靈跡記》：一天城寺，在五王城北三五十里，四面天城，一川平坦，雲峰峻拔，雪瀑湍流。據昔古伽藍傳云：「化寺不依地立，現在空中。菩薩道場，文殊淨刹，朱樓紺殿，七寶所成。紫金白銀，瑠璃玳瑁，珠網交絡，迴出雲霞。得遇之人，塵機頓息。」有池水深丈四五尺，清澈見底，平滿下流。時有靈禽，羽毛五色，遶池上下，和鳴清亮。亦有茅庵草堂十五餘所，居山半腹，莫測凡聖。遊臺之人，有時得見。東臺東華林寺山麓下，有一古寺，不知題額。院庭之中，寬一二里，四面雲峯，如同刻削。踞山半腹，締構精藍，寶塔凌空，實非人造。昔有閏禪師者，德行高潔，遊歷至此，忽逢化寺。見二老人，容狀非凡，行如奔馬，經此山巔。倏忽之間，卻見少年，語音和雅，猶如鍾磬，口稱偈云：「上善之語可放，中下之善可收。金剛之寶可用，醍醐妙藥可服。」其僧凝思寂聽，記其所說，有公孫生之俊辯，舍利子之雄才，窮三界之根源，同一乘之句義。遺僧聖藥，遂得服餌之法。僧既受教，旋即不見。人既莫識，寺亦難逢，或生或真，不可知矣。中臺東南，有玉華寺。世傳：昔有五百梵僧，彼中修習定慧之業。九夏炎暑，即就中臺安居，三冬凝寒，

【三八】鳳嶺寺　「鳳」原作「尺」，據明本改。

【三九】見者不同　「同」原作「固」，據明本改。

即返玉華禪誦。勵精苦志，不廢寸陰。常有騾三十頭，不煩驅策，從北川上下，運齋糧以供僧用。如此凡數十載，未嘗闕乏。即今中臺廚堂之北，猶有舊寺基址存焉。

卷中

菩薩化身爲貧女八

大孚靈鷲寺者，九區歸嚮，萬聖修崇。東漢肇基，後魏開拓。不知自何代之後【一】，每歲首之月，大備齋會，遐邇無間，聖凡混同。世傳昔有貧女【二】，遇齋赴集；自南而來，凌晨届寺。攜抱二子，一犬隨之。身餘無貲，剪髮以施。未遑衆食，告主僧曰：「今欲先食，遽就他行。」僧亦許可，命僮與饌，三倍貽之，意令貧女二子俱足。女曰：「犬亦當與。」僧勉强復與。女曰：「我腹有子，更須分食。」僧乃憤然語曰：「汝求僧食無厭。若是在腹未生，若爲須食？」叱之令去。貧女被訶，即時離地，倏然化身，即文殊像，犬爲師子，兒即善財及于闐王，五色雲氣，靄然徧空，因留苦偈曰：「苦瓠連根苦，甜瓜徹蔕甜。是吾超三界，卻被阿師嫌。」菩薩説偈已，遂隱不見。在會緇素，無不驚嘆。主僧恨不識真聖，欲以刀剜目，衆人苦勉方止。爾後，貴賤等觀，貧富無二。遂以貧女所施之髮，於菩薩乘雲起處建塔供養。聖宋雍熙二年，重加修飾。塔基下曾掘得聖髮三五絡，髮如金色，頃復變黑，視之不定，衆目咸覩，誠叵思議，遂還於塔下藏瘞，即今華嚴寺東南隅塔

【一】不知自何代之後 「後」原作「待」，據明本改。

【二】世傳昔有貧女 「世」原作「七」；「昔」原作「者」，據明本改。

是也。

天女三昧姑九

古德相傳云：有天女三昧姑者，亡其年代，自云：「大聖命我居華嚴嶺，囑曰：『汝宿緣在此，宜處要津，行菩薩道，接引群品，資供山門。我亦助汝，又與一分供養，令汝經年不飢不渴。』」遠邇人聞，禮奉供施者如市。姑乃募工營建精宇，不日而成。躬詣鄉川，化人米麪，身自背負，以充供養。川陸之人，迎施者唯恐在後。遊臺黑白之衆，供億無算。姑自負重一石，輕疾如風。復加一石，亦無困躓。厥後，諸廩豐實，用之不竭。一日，巡祀者衆，弟子白曰：「甕飯盡矣。」姑曰：「何以妄語？」持漉具攪之，飯即盈滿，供給無盡。他物所須，大率如此。四方巡祀者欲求見大聖，來請於姑。姑言：「但至誠竭慮，焚香求請，即見金色及一萬衆種種光明。」依言如願。至貞元三年二月十五日，忽謂門徒曰：「吾化緣方畢，今可歸天。汝依吾誡，無令斷絶。」語訖而去。是日，祥雲映谷，天樂響空，異香氤氲，彌滿林壑，群鳥歡噪，百獸鳴吼。有吉祥白鶴，槃旋經日而去。門徒無主衆等，咸依師囑，供養不絶。

安生塑真容菩薩十

大孚靈鷲寺之北，有小峰，頂平無林木，巋然高顯，類西域之鷲峰焉。其上祥雲屢興，聖容頻現，古謂之化文殊臺也。唐景雲中，有僧法雲者，未詳姓氏，住大華嚴寺。每惟大聖示化，方無尊像，俾四方遊者，何所瞻仰？乃繕治堂宇，募工儀形。有處士安生者，不知從何而至。一日，應召爲雲塑像。雲將厚酬其直，欲速疾工【三】。生謂雲曰：「若不目覩真像，終不能無疑。」乃焚香懇啟。移時，大聖忽現於庭。生乃欣踊躄地祝曰：「願留食頃，得盡模相好。」因即塑之。厥後，心有所疑，每一迴顧，未嘗不見文殊之在傍也。再朞功畢【四】，經七十二現，真儀方備。自是，靈應肹響，遐迩歸依，故以真容目院焉。

聖宋太宗皇帝踐位，神武天資，克平僞主，重恢宇宙，再造生靈，故得像教彌隆，靈峰更弊。初，遣中使詣五臺山焚香虔祝，特加修建。太平興國之五年四月十五日，勑使臣蔡廷玉、內品楊守遵等，詣五臺山菩薩院，與僧正淨業，同計度修造事及同部轄工匠等。并勑河東、河北兩路，轉運給五臺山菩薩院修造費用。至七年八月二十二日，張廷訓等奏，修造功畢。皇帝先自下西蜀後，於興國二年丁酉歲，勑於成都府寫造第五大藏金字經一藏，至八年癸卯歲七月五日，勑內臣安重誨監送，就五臺山菩薩院安置，每歲度僧五十人。真宗皇帝禦宇，景德四年，特賜內庫錢一萬貫，再加修葺，并建大閣一座，兩層十三間，內

【三】欲速疾工　「工」原作「二」，據明本改。

【四】再朞功畢　「朞」原作「慕」，據明本改。

安真容菩薩，賜額名「奉真之閣」，歲遣内臣詣山，設齋供養。自是，層樓廣殿，飛閣長廊，雲日相輝，金碧交映，莊嚴崇奉，邈逸前代矣。仁宗皇帝纘祖考之丕業，典儒釋之大教，屢遣中使，齋供詣山。每郊禋禮畢，道場設齋供養。寶沉之屬，多出禁掖。慶曆八年春三月，勅遣内侍黄門謝禹圭，送寶冠一戴。先是，慶曆至皇祐三年，朝廷三次遣使，頒降太宗、真宗、仁宗皇帝三朝禦書，凡一百八十軸，並《天竺字源》七册。後有山門僧守法、慧順，繪於瑞相殿北，重建大閣一座，兩層，凡一十三楹；於上層置門官分布，中楹安盧舍那佛像，四周造萬聖像。彫刻彩繪，備極工巧。嘉祐二年丁酉歲，勅遣入内内侍省黎永德，送御書飛白寶章閣牌額一面，詣真容院，於三月二十二日安掛閣上。若匪皇上留心聖教，注想靈峯，則何以屢錫寶嚴，躬灑神翰？況太宗朝舊勅：山寺土田，盡蠲租賦！自古朝廷崇尚，建立伽藍，廣度僧尼，除免差役，何止一端？所以北齊數州之傾俸，有唐九帝之迴光者歟！

牛雲和尚求聰明十一

僧牛雲者，雁門人也，俗姓趙氏。童蒙之歲，有似癡憃，父母送之黌堂，學堂也都無記覽之意，獨見僧尼，擎跽作禮。年十二，其親送之往也華嚴寺善住閣院出家，禮淨覺爲師。每令汲水拾薪，衆皆譏其庸鈍。年滿受具，殊無誦習。洎三十六歲季冬月，乃發志誠，内自惟忖曰：「我見人云：臺上每有文殊現身。我今跣足而去，若見文殊，唯求聰明，學誦經法。」時方雪寒，心無退憚。先至東臺頂，忽見一老人，然火而坐。雲問曰：「如此雪寒，從何方而來？」老人曰：「吾從山下來。」雲曰：「爲何道上全無脚跡？」老人云：「吾從雪前來。」復詰雲曰：「師有何心願，冒雪跣足而至，豈不苦也？」雲曰：「吾雖爲僧，自嗟蒙鈍，不能誦念經法。」老人曰：「來意若何？」曰：「求見文殊菩薩，惟乞聰明。」老人云：「奇哉！」老人又問：「此處不見文殊菩薩，更擬何之？」雲曰：「更上北臺。」老人曰：「吾亦欲去。」雲曰：「同去得否？」老人曰：「請師先行。」雲乃遊徧臺頂，告別老人，向西而去，至暮，方抵北臺，亦見老人，然火而坐。牛雲驚疑，謂老人曰：「適向東臺相别，吾先來，何爲老人已至？」老人云：「師不知要路，所以來遲。」雲雖承此語，心謂「只此老人，應是文殊師」，乃禮拜。老人曰：「吾是俗人，不應作禮。」雲但設拜，情更不移。良久，老人云：「候吾入定，觀汝前身，作何行業而闇鈍也。」老人纔似閉目，遽即語曰：「汝前生爲牛，因載寺家藏經，今得爲僧。從牛中來，因闇鈍爾。於龍堂邊取一钁來，與汝斫卻心頭淤肉，即明決也。」雲遂依言向堂邊，果得一钁，度與老人。老人曰：「汝但閉目，候吾令汝開眼，即可開之。」雲依教，似覺當心被斫，身無痛苦，心乃豁然，如暗室中遇明燈，若昏夜之吐日月。老令開眼，師目既啓，即見老人化文殊像，語雲曰：「汝自今已去，誦念經法，涉歷耳目，無忘失也。於華嚴寺澗東院，有大因緣，無得退轉。」

雲乃不勝悲戀，伏地而禮。未舉頭頃，菩薩已隱。師即下山，肢體輕便。習誦經典，眼見耳聞，無不總持矣。來年夏五月，遶育王塔，行道念經，至夕二更初，修見真光一道，從北臺頂連瑞塔基，久而不散。於光明中，當閣上現閣一座，光色焕爛，前有牌額，題金字云「善住之閣」。師乃憶菩薩所授之言，依光中所現之閣而建置焉。至唐明皇帝開元二十三年，師年六十三，夏臘四十四，無疾而終。

佛陁波利入金剛窟十二

佛陁波利者，唐言覺愛，北印度罽賓國人也。亡身徇道，遍觀靈跡。聞文殊師利在五臺清涼山，遠涉流沙，躬來禮謁。以唐高宗大帝儀鳳元年至臺山。南陟思陽嶺，見林木幹雲，景物殊勝，内心忻懌，五體投地，向山頂祝曰【五】：「如來滅後，衆聖潛靈，惟有大聖文殊師利，於此山中汲引群生，教諸菩薩。波利所恨，生逢八難，不睹聖容。遠涉流沙，故來禮謁，伏乞慈悲普覆，令睹尊儀。」言已，悲泣淚流，向山頂禮。禮已，忽見一老人，從山中出來，作婆羅門語，謂波利曰：「師情存慕道，追訪聖跡。不憚劬勞，遠尋靈異。然漢地衆生，多造罪業，出家之士，亦多犯戒律。西土有《佛頂尊勝陀羅尼經》，能滅衆生惡業。未知師將得此經來否？」波利報曰：「貧道宜來禮謁，不將經來。」老人曰：「既不將經，徒來何益？縱見文殊亦不識。師當卻迴，取此經至，流傳斯土，即是遍奉衆聖，廣利群

【五】向山頂祝曰　「向」原作「自」，據明本改。

生，拯濟幽冥，報諸佛之恩也。師如取得經本來，第即示師文殊所在。」波利得聞此語，不勝喜躍。遂裁抑悲淚，至心禮拜。舉頭之頃，不見老人。僧大驚愕，倍更虔誠，畢志捐生，復還西域，求《佛頂尊勝陁羅尼經》。至永淳二年，迴至長安，具以上事聞奏高宗大帝。遂留經入内，請日照三藏法師及勑司賓寺典客令杜行顗等，共譯唐本，勑賜絹三千匹，經遂留内中。波利泣奏曰：「貧道捐軀委命，取經來意：願普濟群生，救拔苦難。不以財寶爲念，不以名利關懷。請還經本流行，庶使含靈同益。」帝遂留新翻之經，還僧梵本。乃將詣西明寺，訪得通梵語唐僧順正，奏共翻譯。帝可其請。波利遂對諸大德與順正譯訖。波利持本，再至五臺山，相傳入金剛窟，於今不出。僧順正等具波利所述聖誨，序之經首耳。

無著和尚入化般若寺十三

僧無著者，姓董氏，温州永嘉人也。天姿穎拔，毅然不群。受自童蒙，沉嶷成性。年十二，依本州龍泉寺大德猗律師出家，誦大乘經數十萬偈。唐天寶八年，以業優得度。二十一歲，始紹師業。首習毗尼，因詣金陵牛頭山忠禪師，參定心要，厲節無虧，寸陰不捨，研窮理性，妙契本源。忠謂師曰：「汝志性聰敏，宜自開發。衆生與佛元無別，心如雲翳，若除，虚空本淨。」無著言下頓開法眼，東山秘旨，有所歸焉。雖道無不在，而境勝易從，遠詣臺山，志求大聖。大歷二年正月，發跡浙右，夏五月初至清涼嶺下。時日暮，倏見化寺，鮮華絶世。因扣扉請入【六】。有一童子，名晌胝者，啟出應。無著請童子入白寺主。以昏夜寓宿，童子得報，延無著入。主僧賓接，如人間禮，問曰：「師自何來？」無著具對。又曰：「彼方佛法何如？」答：「時逢像季，隨分戒律。」復問：「衆有幾何？」曰：「或三百，或五百。」無著曰：「此處佛法如何？」答云：「龍蛇混跡，凡聖同居。」又問：「衆有幾何？」答云：「前三三與後三三。」無著乃良久無對。主僧云：「解否？」答云：「不解。」主僧云：「既不解，速須引去，無宜久止。」命童子送客出門。無著問曰：「此寺何名？」答：「清涼寺。」童子曰：「早來所問『前三三與後三三』，師解否？」曰：「不解。」童子曰：「金剛背後，爾可覷之。」師乃迴視，化寺即隱。無著愴然久之，即説謁曰：

「廓周沙界聖伽藍，滿目文殊接話譚。言下不知開何印，迴頭祇見舊山巖【七】。」無著既出，坐而待旦【八】，天曉即路。是月望日，居華嚴寺衆堂安止【九】。六月朔日【一〇】，維那白：「齋後，大衆各備盞啜茶。」有一老人，持盞付無著云：「啜茶訖，送金剛窟來。」無著受教。少頃，茶畢衆散。無著坐食堂南牀上，見一老人僧踞北牀，問無著云：「師從南方來，持得好念珠來否？」無著云：「無。但有粗珠耳。」老僧請看，無著與之，遂失所在。翌日中昃，坐般若院經藏樓前，有二吉祥鳥，當無著頂上，徘徊飛翔數匝，東北而去。

【六】因扣扉請入　「扉」原作「扇」，據明本改。

【七】迴頭祇見舊山巖　「迴」前原衍一「云」字，據明本删。

【八】坐而待旦　「待」原作「詩」，據明本改。

【九】居華嚴寺衆堂安止　「止」原作「之」，據明本改。

【一〇】六月朔日　「六」原作「功」，據明本改。

越三日，景正東時坐房中，見白光二道，至無著頂上而滅。同房僧法賢等具見。無著大駭曰：「是何祥瑞？乞再現之，決弟子疑網。」言訖再現，久而方滅。無著是日正中時，獨詣金剛窟。既至，禮十餘拜，即坐而少憩。忽如昏寐。睡中、聞人叱牛數聲，似令飲水者。無著驚覺，倏見一老人，年及耄期，弊巾苧服，足履麻屨，牽牛而行。無著前執老人手，因拜問曰：「從何方來？」曰：「山下丐糧去來。」無著曰：「家居何所？」曰：「在此臺山。」老人問曰：「師何因來此？」無著曰：「傳聞此地有金剛窟，故來禮拜。」老人曰：「師困耶？」無著曰：「不也。」曰：「師既不困，何緣昏睡？」無著曰：「凡夫昏沉，何足爲怪？」老人曰：「師昏沉，請師少息啜茶，得否？」無著許諾。老人手指東北，無著隨觀，見一寺，僅五十餘步。老人牽牛前導，無著踵後。既抵門閫，老人呼「君提」數聲，有童子啓扉而出，見無著伸禮【一一】，即牽牛入，延無著入。但見其地平坦，淨琉璃色，堂舍廊宇，悉皆黄金。其堂三架，東西兩掖各一楹。老人延無著升堂，自坐柏木牙牀，指一錦□，令無著坐。童子送茶二器，皆瑠璃盞。酥蜜各一，器即玳瑁杯【一二】。老人謂無著云：「南方有此物不？」無著云：「無。」又云：「南方既無此物，甚裹喫茶？」無著不對。老人曰：「且喫。」茶畢，老人曰：「師出家作何事業？」無著云：「都無事業。大、小乘中，亦無功課，遺日而已。」老人曰：「師初出家時，本求何事？」曰：「本求大果。」曰：「師以初心修習，即得。」復問：「師年幾許？」曰：「三十一。」曰：「師年至三十八，宿福

【一一】無著伸禮　「伸」原作「神」，據明本改。

【一二】器即玳瑁杯　「杯」原作「㭸」，據明本改。

必至，復於此地有緣。」謂無著云：「徐徐而歸，好看道路，勿損手足。吾方且偃息。」無著請留一宿，老人不許，曰：「師緣有兩伴，不見師歸，即懷憂惱，不當住此。緣師有執處在也。」無著云：「出家之人，有何執處？雖有行伴，亦不顧戀。」老人曰：「師受持三衣否？」無著曰：「自受戒已來持之。」老人曰：「此是執處也。」無著曰：「亦有聖教在。若許住宿，正念捨之。」又曰：「曾聽律否？」曰：「曾。」老人曰：「準律云：明相，小乘無難，不得捨衣。師早下去。」老人即起，無著亦起，相隨至堂前立，老人說偈云：

若人靜坐一須臾【一三】，勝造恒沙七寶塔。
寶塔畢竟壞微塵，一念淨心成正覺。

偈畢，顧童子送之出寺。老人撫無著背云：「師好去。」無著即退至金剛窟邊。童子問曰：「此何窟？」無著云：「名金剛窟。」童子曰：「金剛下更有何字？」無著思惟久之，謂童子曰：「下有般若字。」童子曰：「此即化般若寺也。」無著執童子手礼，一拜取別。童子曰：「回禮聖賢。」因說偈曰：

面上無瞋供養具，口裏無瞋吐妙香。
心裏無瞋是真寶，無染無著是真如。

說是偈已，無著再拜，舉首不見童子，化寺亦隱。唯覩蒼山崔嵬，喬木蓊欝。無著悲愴戀慕，佇立久之。因觀所遇老人之地，有白雲湧起，須臾徧谷，見文殊菩薩乘大師子，萬

【一三】若人靜坐一須臾　明本作「一念淨心是菩提」。

聖翼從。凡食頃間，東有一段黑雲來過，菩薩即隱。少頃雲散。既而，遇汾州菩薩寺僧修政等六人，同至金剛窟，遊禮聖跡。忽聞山石震吼，聲如霹靂。群僧駭怖，奔走映藂，俄頃而息。修政等詢問無著，乃言所遇之事。修政等慶聞靈跡，自恨不覩其事，即歔欷久之。乃依無著口，依實録之，傳於遐邇，示後覽之者，註想靈峰矣。其無著興修供養之事，具如別録所載，此不繁述。又，《華嚴鈔》說：無著厥後常思靈異。一日，復在金剛窟觀禮聖跡，遇一老人命入。無著推其先入，老人即入，遂不復出。無著窟前佇立，都無所見。忽覩冠裳數人，朱紫服色，儼至窟前，相推而入。無著心疑，因詰其從者曰：「此何人也，得入斯窟？」答云：「是一萬菩薩。助帝揚化諸處【一四】，任官歲久，職滿卻歸此窟。蓋大聖文殊師利菩薩見在窟中，講《華嚴經》」無著聞已，欣然隨入，行三兩步，石窟狹小，不容乃止。

神英和尚入化法華院十四

釋神英，俗姓韓氏，木滄州人也。齠年悟道，丱歲從師【一五】，諷誦精勤，日夜匪懈，事師竭力，五事無虧，操比松筠，心同金石，依年受具，行業益修。每念浮生速於瞬息，遂乃杖錫雲遊，尋訪知識，早通禪定，兼明經論。遠詣南嶽參神會和尚，他日謂英曰：「汝於五臺山有大因緣，速須北行瞻禮文殊大聖，兼訪遺蹤。」既承師教，策勵忘倦，以唐開元四

【一四】助帝揚化諸處　「助」原脱，據明本補。

【一五】丱歲從師　「丱」原作「非」，據明本改。

年夏六月中旬，到山頂禮大聖，止華嚴正院。嘗一日齋後，獨遊西林，忽覩精舍，額題「法華之院」，神英直入巡禮。俄見多寶佛塔，一座四門，玉石形像，細妙光瑩，神工罕及。次後，有護國仁王樓五間，上有玉石文殊、普賢像，并及部從。前三門一十三間，裏門兩掖有行宫道場，亦有文殊、普賢、部從。三門外是五臺山十寺血脈圖。巡禮既畢，神英欲出院門，復見衆僧，姿狀神異，心疑化境。遂出東行，約三十步間聞聲，迴首視之，略無所見。神英乃悲泣，久之，曰：「此必大聖所化。我於此地，有大因緣。」即於化院之地，結庵而止，發大誓願：我當如化院建置伽藍。」居之歲餘，歸依者衆，遂募良匠營構，不酬工直，所須隨緣。遠自易州，千裏求採玉石，製造尊像，龍琢精絶，功妙入神。壁畫多是吴道子之真跡。院成工畢，費盈百萬。題號「法華之院」，和尚因即住持。春秋七十有五。一日，命諸門人，囑以後事，奄然示滅。年代雖遠，靈塔猶在。

道義和尚入化金剛閣寺十五

釋義禪師者，未詳姓氏，本江東人也，受業於衢州龍興寺。神清骨秀，風彩動人【一六】。唐開元二十四年四月二十三日，遠自江表，與杭州僧普守同遊，至臺山清涼寺粥院安止。有主事僧白普：「請於東嶺荷薪」，道義即以竹鞋一緉，雇人代行。遂披三事衲衣，東北而行，訪尋文殊所在。心自惟曰：「大聖是凡祖佛師，神用叵測，洪纖隱顯，靡

【一六】風彩動人　「彩動」原作「采彩」，據明本改。

所不知。自恨末法出家，聖賢伏跡。唯此臺山聖境，大攝生靈，金顏玉毫，有時而現。顧自江左遠達靈山，無有患難，蓋由加持所致。伏願慈悲廣洽，不擇枯榮，普示真身，則愚誠願足。」精心一念，物我俱忘。忽舉目頃，見一老僧，身甚偉大，容色輝映，鬅髮皓然，頂骨圖起，身掛雲衲，神彩嚴峻，乘一白象，尋嶺而來。道義見之，不覺避路，投身於地，傾心禮足。象行稍疾，俄頃而至。象以鼻觸義，意令禮拜。大聖僧謂義曰：「師遠自江表，來陟靈山，不憚艱危，大收聖神。然此臺山一境，上下五峰，不論道俗，乃至足踐一土一石，非但滅生死之罪，佛記此等，當來必獲紫金之身。師既到來，因詣果就。自須喜幸，幸莫大焉。今日天色雖和，然山頂風冷，即時且去，須取綿衣，明但登臺，得其宜也。」義遂禮謝，未及再視，象過如風，杳然莫覩。義歸清涼寺，取所寄衣衾，自霄達旦，方至西臺，果遇風寒。義私心自奇，前事莫敢語人。及上臺頂，果覩光瑞靈塔、八功德水，罔不周覽。明赴中臺，適行半路，復遇昨所見者乘象老僧，杖錫而來，謂義曰：「師可急行，及他食次。老僧今日須到太原，一、緣赴韋尹家齋；二、要論少事。然不久別，午後爲期，莫遠東西，自有消息。」義禮未畢，俄爾失所。義遂前進，至供養所，果與衆僧食次。義復奇之，慰沃心靈，體忘疲倦。直至日昃，略無音信。道義登嶺翹望，挈瓶行脚，向中臺頂上處處巡禮，一心註想大聖真儀，又憶乘象神僧所教，佇伺消息，靡敢懈倦。因出僧堂南，約數十步，翹首瞻望，忽見一童子，年十三四，衣新黃衫，履新麻屨，自稱覺一，云：「和尚在金閣寺，遣來屈衢州道義闍梨喫茶。義遽隨覺一，向東北行二三百步，舉目見一金橋。義即隨登，乃金閣寺三門。樓閣金色，晃曜奪目，大閣三層，上下九間。覩之驚異，虔心設禮，遂入寺庭。堂殿廊廡，皆金寶間飾，獨當門大樓及所度橋，純以紫磨真金成之。義瞻仰不暇，神志若失，唯竭誠展禮。童子引義入東廂，從南第一院登門。忽見乘象老僧，當門踞大金繩床而坐，云：「阿師來耶？莫要禮拜，請上階來。」義欲敷坐具展拜，老僧制之。義不敢拒命，即昇堂佇立。大聖呼覺一：「取一小繩床來，令闍梨坐。」其繩床器物，亦是純金。道義合掌頂禮，悚惕而坐，内懷驚嘆，未敢咨詢。少選，大聖謂義曰【一七】：「阿師從江東來，彼處佛法如何？」義曰：「末法住持，少奉戒律。若非目證，不可知也。」大聖言：「善哉！」義因此方敢咨問，謂和尚曰：「此中佛法如何？」大聖曰：「此中佛法，凡聖同居，不在名相，但隨緣利物，即是大乘。」義曰：「和尚寺舍尤廣，觸目皆是黄金所成，愚情莫能測度，可謂不思議者也。」大聖曰：「然。」遂令覺一將茶及藥食來。既至，命義啜食，香味芬馥，迴殊常味。食已，大聖復召覺一：「送阿師遊十二院。」義與覺一遍歷諸院修謁。至大食堂前，多有僧侶，或禪或律，若坐若行，數約盈萬，或復受禮，或相承接者。十二院題額各異：

東廊六院　大聖菩薩院　觀音菩薩院　藥王菩薩院　虛空藏菩薩院　大慧菩薩院　龍藏菩薩院

【一七】大聖謂義曰　「義」前原衍一「向」字，據明本删。

西廊六院　普賢菩薩院　大勢至菩薩院　藥上菩薩院　地藏菩薩院　金剛慧菩薩院　馬鳴菩薩院

義巡謁畢，老僧遣義早歸：「寒山難住。」道義遂辭老僧，出寺百步，迴顧已失所在，但空山喬木而已。方知化寺，遂迴長安。大曆元年，列其上事聞奏代宗皇帝【一八】。帝下勑建置，詔十節度使，照修創焉。

法照和尚入化竹林寺十六

釋法照者，本南梁人也，未詳姓氏。唐大曆二年二月十三日，南嶽雲峯寺食堂内食粥，照向鉢中見五臺山佛光寺【一九】，東北一里餘有山，山下有澗，澗北有一石門。自覺身入石門，行五里許，見一寺題云「大聖竹林之寺。」久之方隱，心極駭異。二十七日辰時，還向鉢中，盡見五臺山華嚴寺，諸寺了然可觀。地皆金色，殊無山林，内外明徹，池臺樓觀，衆寶莊嚴，文殊大聖及萬菩薩咸處其中。又現諸佛淨國。食畢方滅，心疑益甚。因歸院語諸僧衆，且問「有人嘗至五臺山否？」時有嘉延、曇暉二闍梨應曰：「某甲曾到五臺山佛光寺安泊，與師鉢内所見頗同。」雖然問知，亦未發心遊禮。至四年夏，在衡州湘東寺高樓之上九旬，入念佛道場。及六月初二日未時，五色祥雲遍覆諸寺，雲中現諸樓閣。閣中有數十梵僧，各長一丈，執錫行道。衡州奉郭咸見阿彌陁佛及文殊、普賢、一萬菩薩，

【一八】列其上事聞奏代宗皇帝　「代」原作「太」，據明本改。

【一九】照向鉢中見五臺山佛光寺　「照」原作「無」，據明本改。

俱在此會，其身高大。衆覩聖現，涕泣致禮，酉時方滅。法照向晚，行道場外，遇一老人，年約七十，告法照曰：「阿師嘗發願向五臺山，今何不去？」法照曰：「時難路險，若爲去得？」老人曰：「師可急去。」法照卻入道場，再發誠願：「夏滿即往臺山禮拜大聖。」是秋八月十三日，自南嶽與同志十人來遊臺山，果無留難。至明年四月初五日，方達五臺縣南，遥望對佛光寺南，有數十道白光，舉衆咸覩。六日，詣佛光寺棲止，果如鉢中所見之寺。是夜後分，因出房户，忽見一道白光，從北山下來，至法照前。師遽入堂内，乃問衆僧曰：「是何光相？」僧答言：「此處常有大聖不思議之光法。」照聞已，即具威儀，步尋其光。遂至寺東北，約一里許有山，山下有澗，澗北有一石門。及見二青衣童子，似八九歲【二〇】，顏皃端正，倚門而立，一稱善財，一名難陀。相見歡喜，問訊禮拜。法照云：「何故多時流浪生死，始來相見！」遂引入門，向北而行，將至五裏，忽見一金門樓，可高百尺，兼有掖樓。漸至門所，方見一寺，寺前有大金橋，金榜題號，曰「大聖竹林之寺」，一如鉢中所見。周圓可二十裏，中有一百二十院，院中皆有寶塔莊嚴，其地純是黄金，渠流花果，充滿其中。法照入寺，至講堂内，見大聖文殊在西，普賢在東，各處師子之座説法次。其身及座，高可百尺。文殊左右，菩薩萬餘。普賢亦有無數菩薩前後圍遶。法照至二聖前師子座下，稽首禮已，問二聖言：「末代凡夫，去聖時遥，智識轉劣，垢障尤深，煩惱蓋纏，佛性無由顯現。佛法浩瀚，未審修行於何法門，最爲真要【二一】，易得成佛，利樂群

【二〇】似八九歲　「似」原作「侶」，據明本改。

【二一】最爲真要　「真」原作「其」，據明本改。

生？唯願大聖爲斷疑網。」時文殊師利告言：「汝以念佛，今正是時。諸修行門，無過念佛，供養三寶，福慧雙修。此之二門，最爲真要。所以者何？我於過去久遠劫中，因觀佛故，因念佛故，因供養故，今得一切種智。是故一切諸法，般若波羅蜜多、現深禪定，乃至諸佛成無上覺，皆從念佛而生。故知念佛是諸法之王，汝等應當常念無上法王，令無休息。」法照又問：「當云何念？」文殊告言：「此世界西，有極樂國，彼當有佛，號阿彌陁。彼佛願力，不可思議。當須繫念，諦觀彼國，令無間斷。命終之後，決定往生彼佛國中，永不退轉，速出三界，疾得成佛。」說是語已時，二大聖各舒金色手，摩法照頂，而爲授記：「汝已念佛，故不久證於無上正等菩提。若善男子善女人願疾成佛者，無過念佛。則能速證無上菩提，盡此一報之身，定超苦海【二二】，到於彼岸。」時文殊大聖而說偈言：

汝等欲求解脱者　應當先除我慢心
嫉妒名利及慳貪　去卻如斯不善意
應專念彼彌陀號　即能安住佛境界
若能安住佛境界　是人常見一切佛
若得常見一切佛　即能了達真如性
若能速斷諸煩惱　即能了達真如性
在苦海中而常樂　譬如蓮華不着水

【二二】定超苦海　「超」原脱，據明本補。

而心清淨出愛河　即能速證菩提果

於是，文殊師利菩薩又説偈言：

諸法唯心造　了心不可得
常依此修行　是名真實相

普賢菩薩亦説偈言：

普誡汝及一切衆　常應謙下諸比丘
忍辱即是菩提因　無瞋必招端正報
一切衆見皆歡喜　即發無上菩提心
若依此語而修行　微塵佛刹從心現
悉能廣修諸行願　運接一切諸有情
速離愛河登彼岸。

法照聞已，歡喜踴躍，疑網悉除。法照禮謝已，合掌而立。文殊師利告法照言：「汝可往詣諸菩薩院，次第巡禮。」即受教已，次第巡禮，遂至七寶果園。其果纔熟，可大如碗，即取食之，味甚香美。法照食已，身意泰然，迴至大聖前，作禮辭退。遣二童子送至門外。禮已舉頭，遂隱不見。師乃愴然，倍增悲感，遂立石題記。今猶在焉。四月八日，至華嚴寺般若院西樓下安止。十三日，日中後，與五十餘僧同往金剛窟巡禮，到「無著見大聖處」，虔心敬禮三十五佛名，凡禮十餘遍。忽見其處盡是瑠璃七寶宮殿，文殊、普賢、一萬菩薩及佛陁波利俱在一會。法照見已，惟自慶喜，隨衆歸寺。是夜中時，向華嚴寺西樓上，忽見寺東山半，有五盞聖燈，其大如盌。法照祝曰：「請分百盞燈」，遂分百，再祝曰：「請分爲千，」尋即便分，復變爲千，行行相對，遍於山半。因此忘身，獨詣金剛窟所，觀見大聖。於夜後分，至金剛窟，重禮三十五佛名十遍，五會念阿彌陁佛二千口，悲淚啟告：「自惟無始惡業，漂流生死。」種種克責，躄身三十餘次。自撲未已，忽見一梵僧，身長七尺，稱是佛陁波利，至法照前語曰：「師今悲泣，有何意耶？」答：「法照遠來，願見大聖。」佛陁波利言：「師實願見否？」答：「願見。」師即脫履，立於板上，曰：「師但閉目，隨我而行。」遂引法照入金剛窟。忽見一院，黃金題榜，云：「金剛般若之寺」，皆七寶莊嚴。房廊樓閣，都一百七十五間。《金剛》、《般若》一切經，藏在寶閣中。遂向大聖投身作禮，合掌啟告文殊師利言：「惟念：何時速證無上正等菩提，廣度衆生，令入無餘？何時果我無上願海？」發是願已，爾時文殊師利菩薩告言：「善哉！善哉！」再爲摩頂授記，言：「汝心真正志爲菩薩，能於惡世發斯勝願，利樂群生。如汝所說，必當速證無上菩提，必能速具普賢無量行願，圓滿具足，爲天人師，度無量衆。」法照蒙授記已，稽首作禮，又問：「未審今時及未來世，一切同志，念佛四衆，不求名利，勇猛精進，臨終定感佛來迎接上品往生，速離愛河否？」文殊告言：「決定無疑，除爲名利及不志心者。」言訖遂遣童子難陀將茶湯來，并及藥食。法照言：「不須藥食。」大聖言：「但食無畏。」遂進兩盌湯，一盌味甚極甘美。大聖亦進三盌湯，并及藥食。其器皆是瑠璃寶成。既而，令波利送出，照意不欲出，大聖告言：「不可。汝今此身，元是凡質不淨之體，不可住此。但爲汝今與我緣孰，此一報，盡得生淨土，方得卻來。」言訖不見，還在窟前板上佇立。天明，獨見一梵僧，告法照曰：「好去！好去！努力！努力！勇猛精進。」作是語已，忽然不見。良久遲迴，悲喜不已，始知大聖悲願，難可思議。法照雖覩聖異，不敢妄傳，恐生疑謗。至冬十二月初，遂於華嚴寺入念佛道場絶粒，要期祈生淨土，得無生忍，速超苦海，救度群品。如是七日，至初夜分，正念佛時，忽見一梵僧。至道場内，告法照曰：「汝所見者，臺山境界，何故不説？」言訖而隱。法照心疑此僧，亦未宣露。翌自申時，正念誦次，復見梵僧，年約八十，神色嚴峻，告法照：向時所見者【一三】，臺山境界，何不依事實記録之？普示衆生，令所見者發菩提心，斷惡修善，獲大利益。師何秘密，不向他説？照答曰：「實無有心秘密斯事，恐人疑謗，墮於地獄，所以不説。」梵僧告云：「大聖文殊，見在此山，尚有人謗，豈況汝今所見境界？但令多人見聞之者，發菩提心，來到此山，滅除無量無邊生死之罪，斷惡修善，稱佛名號，得生淨土，即是利益無量無邊衆生，豈不大哉？何慮疑謗秘而不説？」法照聞已，答云：「謹奉所教，不敢秘密。」梵僧微笑，即隱不現。法照方依所教，具前逢遇實録，一一示衆。

【一三】向時所見者　「向」原作「曰」，據明本改。

江東釋惠，從以大曆六年正月初九日，與華嚴寺僧崇暉、明謙等三十餘人，隨法照至金剛窟所，親遇般若院所立石標誌。同行徒衆，虔誠瞻仰，悲喜交集。倏聞其處鍠然鐘聲，清音雅亮，衆咸驚歎：靈異果然【二四】。謂照師曰：「所見不虚。」俱念宿緣多幸，得與同遊，書之精舍屋壁，普使見聞，同發勝心，共期佛果。後至大曆十二年九月十三日，法照與小師等八人，於東臺同見白光十餘現，次有黑雲靉靆，少頃云開，見五色通身光，光内紅色圓光大聖文殊乘青毛師子，衆皆明覩。又降微雪及五色圓光，偏現山谷，不可知數。其同行人：小師純一、惟秀、歸政、智遠、沙彌惟英、行者張希、童子如靜等，無不咸見。其後，法照大師乃度華嚴寺南一十五里，當中臺中麓下，依所逢人聖化寺式，時建一寺，仍以竹林題號焉。

德宗皇帝正元年中【二五】，有護軍中尉邠寳國公，扶風竇公，施勑賜三原縣莊租賦之利。每皇帝誕聖之日，於五臺山十寺、普通蘭若設萬僧供，命司兵參軍王士詹撰述，刻石記紀頌【二六】，其詞畧曰：「彌陁居西國，照師宗焉；帝堯在位，邠公輔焉。是知佛寶、國寶，殊躅而同體也。竹林精刹，應現施工，已立西方教主。大師法照，自南嶽悟達真要，振金錫之清涼，根瑞相以徘徊；躡雲衢而直進，躋靈山，入化寺。周曆而覽有一百二十院【二七】，所覩異光奇跡，具紀於大現實録，海内傳播【二八】，故略而不書。兹乃淨土教主東流也，故治地而置寺焉【二九】。」文多不能具載。中臺慈恩和尚，先化黑白五百人，彫造玉石

【二四】靈異果然　「然」原作「將」，據明本改。

【二五】德宗皇帝正元年中　「正」原作「貞」，避宋仁宗諱改。

【二六】刻石記紀頌　「頌」原作「頌」，據明本改。

【二七】周曆而覽有一百二十院　「覽有一」原脱，據明本補。

【二八】具紀於大現實録海内傳播　「海内傳播」原脱，據明本補。

【二九】故治地而置寺　「而置」原脱，據明本補。

功德一十二尊，並大殿一座。於大宋元祐五年春月，三人故放火，燒毁殿上釘自濟【三〇】，玉石功德盡化爲灰粉【三一】。僧省瑞再化十方，四衆同力修營，於定州黄山彫造到玉石釋迦、文殊、普賢等一十二尊，將至中臺並殿。紹聖五年六月日終畢，告示後人：燒功德人不出一年，盡皆惡死，殃墮無間。故知毁之者惡報無量，苦輪不息；同力修崇者獲福無邊，果證菩提矣。

亡身徇道僧俗十七

釋無染者，未詳姓氏。受業中條山，講《四分律》、《涅槃經》、《因明百法論》。每誦《華嚴經》，至《諸菩薩住處品》説：「東北方有處，名清涼山。從昔以來，諸菩薩衆於中止住。現有菩薩名文殊師利，與其眷屬諸菩薩衆一萬人俱，常在其中，而演説法。」仍問佛陁波利自西國而來，追求聖跡，遇化老人，再令西域取經，入金剛窟，於今不迴。古德既然，吾豈獨無緣乎？師乃自誓發跡遊方巡禮，徧訪名公。或遇禪宗，參決理性；或逢講授，探討經義，以唐貞元七年至五臺山，正善住閣院。時院僧智頵，爲五臺山十寺都檢校，主釐僧務，師乃依頵掛錫，棲心爲終焉。計常念：「文殊化境，非凡庶可登。吾幸居此，豈宜懈怠哉？」冬即採薪荷衆，夏即跣足遊堂，立志不移。歷二十餘載，凡七十餘次禮諸臺。所遇靈跡、化相、金橋、寶塔、聖磬、金鐘、圓光之類，莫窮其數。最後，中臺之東，忽覩

【三〇】此語义不通，疑有脱誤。
【三一】玉石功德盡化爲灰粉　「盡」原作「盞」，據明本改。

一寺，額號福生，内有梵僧，數約盈萬。師乃從頭作禮，徧行慰勞。既而面見文殊，亦爲僧相，語師曰：「汝於此山，宿有因緣，當須供衆，勿得空過。」言訖不見，化寺亦隱，梵僧俱失。師乃歎曰：「吾觀兹靈異，豈可徒然？念此危脆之樂，有何久固？」乃發誓願，告示四方遊臺僧尼，並及信士，每供養一百萬僧，乃然一指以誌之。漸及五百萬數，遐邇悉知，王侯不化而自來，金寶不求而自至。千萬供畢，十指皆然。至開成中，夏四月，乃白大衆曰：「吾於此山，薄有因緣，七十二次遊諸聖跡，酬千萬僧供，不出此山。吾今耄矣，春秋七十四，夏臘五十五，此身難保，危同朝露，欲於中臺頂上，焚一炷香，答辭十方諸佛，一萬菩薩，息心而住。諸徒衆等，各不相代。並是菩薩弟子，龍王眷屬，夙興善業，得住此山，夙夜精勤，省策三業。龍花三會，共結要期，比候下山，恐有留難，珍重而去。」徒衆不曉師意，則共白言：「三五日間，早來歸院。」師乃但攜瓶、錫準、焚香，獨與清信士趙花，持蠟布二段，粗麻一秤，香油一㪷，於中臺頂，從旦至暮，禮拜焚香，無時暫息，都捐飲食，亦不睡眠，念佛虔誠，聲無間斷。至夜將半，花訝其歸，曉復至臺頂，見師執志確然不移，轉益精專，倍於常日。師乃告化曰：「吾有密願，已見功成。汝與吾照緣，不得障道。爲吾取蠟布、粗麻、香油，將來纏裹吾身，要於夜半子時，然身供養諸佛。吾若道果得成，首度於汝。」華勸論不止【三二】，遂持蠟布以纏師身，次被以麻，香油溉灌，將從頂煉。師戒曰：「吾若有餘骸，照以薪光，火盡灰滅【三三】，當須揚散，無使顯異，惑亂衆人。」華即如教，自

【三二】華勸論不止　「止」原作「正」，據明本改。
【三三】火盡灰滅　「灰」原作「天」，據明本改。

頭而然，至足方倒。花勉曰：「昔聞喜見願力然身，今見上人，繼乎先躅，奇哉！」乃宣告門人，取衆靈骨，就梵仙山南起塔，於今現在。

代州摠因寺沙門福運，清苦節行僧也。慈悲濟物，每慨虛生。常謂人曰：「鷹隼逐鳥，何不相逢？猛虎搏人，幾時遭值？自恨年耄，身肉枯乾，不能與衆生一頓飽食。苦哉！苦哉！唐開元二十一年二月十五日，徑入南山歲谷大石寺北，有一盤石，跏坐於上，執刀自割，分其身肉爲三十段，骰置石上，因誓願曰：「施諸飛走衆生一飡之食，願食此肉者，捨惡趣身，受人天報。」言訖而卒。門人士俗，奔走其所，見委骸於地，緇素悲哀，積薪闍維。既而，祥雲滿谷，俄頃暴風四起，身之骨灰，蕩然無餘。神異如此，若非忘我柏了色空，孰能若是哉！

清信士宋元慶者，洛陽縣北鄉人也。唐聖曆元年二月十四日來遊五臺，禮文殊大聖。元慶善根夙殖，久厭塵勞，行潔冰霜，曾無瑕玷。屆茲真境，深契素心，願啟一時，功踰多劫。因遊西臺秘麽嵒寺，乃潛於佛廟之側後，積薪油焚身，供養文殊菩薩洎諸聖衆。當此之時，聞東南隅山震數聲，西北有光，爛然五色。蓋表斯人内財供養之感應也。異哉！

繁峙縣闌明雅者，智達空有，物我齊忘，厭有漏身，賀三堅果。於元慶焚身之年四月三日，秘麽師廟之側，屠身供養。手自持刀，支解身體，略無變色。始從兩足，次及於心，皮肉紛然，唯有胸臆，猶合掌發願，願早成佛，濟度衆生。後乃剖心，命由斯殞。惜哉！

州牧宰官歸信十八

開元十八年，代州都督薛徽，以歲屬亢陽，久愆時雨，草木焦枯，種植俱廢。都督謂衆曰：「吾聞臺山文殊菩薩極多靈異，有無緣，慈，必哀祈請。」遂登臺頂，竭誠禱雨。倏見華嚴寺上，有群飛白鸖，凡一十二隻，徘徊翱翔，集於臺上，須臾即散。俄頃，黑雲靉靆，駃雨洪澍，五縣霑足。古有唐林縣也民至二十六日方興耒耜。是秋大豐，耒耜小穀皆孰，粟蚪三錢，百姓饒樂。若非至誠感神，曷能致此？

開元二十三年，代州都督王嗣，嘗巡禮清涼山五臺諸寺院，忽遇一伽藍，廣大莊嚴，內有文殊師利像，因入中禮拜，復從院出，乃逢隱者三五人，草衣麻屨；容狀甚陋。都督謂是貧士，行丐至此，乃問：「自何而來？」隱者曰：「來遊山林，因而縱賞。吾能以六合入於一塵，三千納於毫芥。又爲都督談十二空之正理，演十二見之邪宗，辭論縱橫，辯才無礙。都督聞之愕駭。隱者仍有告誡，都督俛首未對，忽然而失。嗣於是頓發願心，欲飯千僧，以祈勝福【三四】。問寺僧曰：「此中有千僧否？」僧云：「今七八月，遊山者皆去，僧難可及。」嗣乃志心，虔求冥助。至設齋日，感千僧普會，嗣盡誠齋施。既畢，僧散，並不知所正。嗣覩此感應，信心益固，後遥禮五臺，没身歸嚮矣。

聖曆二年，長史崔義猷遊禮五臺北臺，忽雲霧晦暝，跬步無覩。猷即投身自撲，遍體

【三四】以祈勝福　「祈」原作「其」，據明本改。

血流，死而復蘇。仰見雲間一道光明，接華嚴寺。猷乃尋光而行，過處隨滅，直至華嚴寺，經宿南去，向佛光寺。一百餘里，先此瑞應。至寺覩見解脱禪師如生，共猷談對。既而語諸寺僧，寺僧靡不驚駭，皆云：「解脱已亡多年，何故復見？此不可思議事也。」猷益異云耳。

聖曆二年，長史齊政，攜家遊臺，至清涼寺北，遇數僧，持錫杖，跣足而行。政詢之，答云：「訪文殊師利。」因勉政發心，共登臺頂。及登，遽失僧所在。政嗟異而下，還及清涼寺，又聞聖鐘鏗然，響嘵山谷。政竭誠齋設供施而歸。感其靈應，因爲記云。

中臺西南百餘里，有一小山，名曰峯山，當臺邑之北【三五】，山半有生風穴、仙人掌、道人庵、説法臺。昔名九泉山，上有金華寺，下有澡浴池，世傳萬菩薩過下之所。有時現像，猶若片雲，飛騰峯頂，或如白鶴，群翔山後，久而方歇。土俗備覩【三六】，咸云：「萬聖出現，歲豐之兆。」其言頗驗。

聖宋慶曆二年七月五日，有薄霧數片，從寺古殿後出，漸徧山頂，其中現菩薩形相，或三或五，各成行列。離山而南，右遶縣邑，僧俗告語，無不仰觀，前縣令路坦，留詩以記其異。

【三五】當臺邑之北　「北」原作「此」，據明本改。
【三六】土俗備覩　「覩」原作「諳」，據明本改。

高德僧事跡十九

釋智頵者，亡其姓氏，中山人也。齠齔之年，傑出流輩；爾以弱冠，厭俗遺榮。遠詣臺山，依善住閣院賢林爲師，策勵無怠，夙夜忘勞，落綵登壇，戒珠圓潔，天性節儉，室無長衣，遇有餘資，隨施貧病。既而辭師訪道。不數年間，大通佛教，講《法華》妙典，窮佛知見；闡維摩勝旨，了不二法門。常念法性幽微，筌蹄權假，乃收跡靈境，掛錫舊居。其如高德服人，囊錐脱而露穎；嘉譽流遠，官鐘擊以飛聲。唐元和年中，衆議請：充山門僧首。固讓不獲，俛仰從命。遭時歲艱儉，供施稀曠，院宇蕭疏，鐘磬息韻。衆復叩請爲華嚴寺都供養主，知大常住，即四方聚供之所也。宜其德，必有隣。善則獲應，故值法照、無著、花嚴疏主、並釋門龍象、寶地芝蘭，緇素爭依，神靈密祐。時澄觀新製疏畢，衆請頵講《華嚴大經》。繇是日有千僧，齋供豐腆，帑藏充溢，不知其由，時人咸謂「感聖來遊。」師自主寺務，凡十餘載。有隣院僧義圓，亦諸僧之翹俊者，以頵久典常住，意其利於資供。既生疑謗，乃構流言，謂「頵心非平等，志務貪婪。修德競時，豈當若是？」頵聆斯謗，遽求自退，衆遂許之，師乃即日拱手而出。是夜有護法天神報義圓曰：「智頵和尚乃千佛一數，師敢輕言邪？可速求謝咎。若其不然，必沉惡趣矣。」義圓駭懼，詰旦詣頵，禮足悔謝。頵之德行，感如此。及武宗在位，毁滅釋氏。頵藏匿嵒藪，餘衆解散。宣宗踐降，重興寺宇，勑五臺諸寺，度五千僧，再請額爲十寺僧首並都修造供養主。至大中七年夏四月，普供天下巡禮四衆，齋粥一月。既罷，一日，語大衆曰【三七】：「人命如箭，焉能久保？心徇浮華，不求息慮，誰之過歟？」遂退居靜室，不出二日，端坐而終。春秋七十七，夏臘五十八。

釋法琢，不知何許人也，亦忘受具之年。月捨塵俗，戒行精苦，誓除人我。志求解脱。講《華嚴》、《楞伽》、《唯識》、《瑜伽》，每升座宣揚，如師子吼，化導無聞，遐邇歸心。住花嚴寺三十餘載，見文殊師利雲中出没，現種種形，數盈千萬。法師因發誓願，設無遮大會。巡山之人，歲有萬數，詣五臺頂，然長明燈，幡花不絶。至隋開皇十三年七月而終。後五年，隋帝夢五臺山華嚴寺法琢大師院，有摩尼寶珠二十顆，勑遣黄門侍郎郭馳驛求取珠，法琢院供養庫中果得寶珠盡符聖夢。乃造七寶函盛之進獻。自餘珠寶，有百千種，凡五㪷餘，有詔復送臺山。仍以珊瑚樹一株，並歸山供養文殊大聖。師之德行，槩見於此云耳。

釋孫哲，不知姓氏及何所人，住天盆寺三十餘年。服餌松栢，以中食。常坐不卧，寡於言説，志節高邈，迥踰塵表。寒暑行道，曾無懈息。身衣弊衲，都無餘服。菩薩行願，人所罕測。居常一日，親覩文殊師利持一銀鏁金面鼓，來入伽藍。哲驚異悲感，因自劈身，口鼻血流，起而言曰：「往聞聖鼓，他化天樂。佛在世時，大聖持來，供養於佛。如來滅後，還歸天上。弟子業穢之質，大聖示跡，降此伽藍，俾無限塵勞，於斯盡矣。」乃勤懇致禮，禮已不見。自此謂門人曰：「吾命將盡，恐身不淨，汙穢伽藍，欲去横水鎮趣滅，爾等

【三七】語大衆曰　「語」原作「志」，據明本改。

一寺，額號福生，内有梵僧，數約盈萬。師乃從頭作禮，徧行慰勞。既而面見文殊，亦爲僧相，語師曰：「汝於此山，宿有因緣，當須供衆，勿得空過。」言訖不見，化寺亦隱，梵僧俱失。師乃歎曰：「吾觀兹靈異，豈可徒然？念此危脆之樂，有何久固？」乃發誓願，告示四方遊臺僧尼，並及信士，每供養一百萬僧，乃然一指以誌之。漸及五百萬數，遐邇悉知，王侯不化而自來，金寶不求而自至。千萬供畢，十指皆然。至開成中，夏四月，乃白大衆曰：「吾於此山，薄有因緣，七十二次遊諸聖跡，酬千萬僧供，不出此山。吾今耄矣，春秋七十四，夏臘五十五，此身難保，危同朝露，欲於中臺頂上，焚一炷香，答辭十方諸佛，一萬菩薩，息心而住。諸徒衆等，各不相代。並是菩薩弟子，龍王眷屬，夙興善業，得住此山，夙夜精勤，省策三業。龍花三會，共結要期，比候下山，恐有留難，珍重而去。」徒衆不曉師意，則共白言：「三五日間，早來歸院。」師乃但攜瓶、錫準、焚香，獨與清信士趙花，持蠟布二段，粗麻一秤，香油一㪷，於中臺頂，從旦至暮，禮拜焚香，無時暫息，都捐飲食，亦不睡眠，念佛虔誠，聲無間斷。至夜將半，花訝其歸，曉復至臺頂，見師執志確然不移，轉益精專，倍於常日。師乃告化曰：「吾有密願，已見功成。汝與吾照緣，不得障道。爲吾取蠟布、粗麻、香油，將來纏裹吾身，要於夜半子時，然身供養諸佛。吾若道果得成，首度於汝。」華勸論不止【三二】，遂持蠟布以纏師身，次被以麻，香油溉灌，將從頂煉。師戒曰：「吾若有餘骸，照以薪光，火盡灰滅【三三】，當須揚散，無使顯異，惑亂衆人。」華即如教，自

【三二】華勸論不止　「止」原作「正」，據明本改。

【三三】火盡灰滅　「灰」原作「天」，據明本改。

頭而然，至足方倒。花勉曰：「昔聞喜見願力然身，今見上人，繼乎先躅，奇哉！」乃宣告門人，取衆靈骨，就梵仙山南起塔，於今現在。

代州揔因寺沙門福運，清苦節行僧也。慈悲濟物，每慨虚生。常謂人曰：「鷹隼逐鳥，何不相逢？猛虎搏人，幾時遭值？自恨年耄，身肉枯乾，不能與衆生一頓飽食。苦哉！苦哉！唐開元二十一年二月十五日，徑入南山歲谷大石寺北，有一盤石，跏坐於上，執刀自割，分其身肉爲三十段，置石上，因誓願曰：「施諸飛走衆生一飡之食，願食此肉者，捨惡趣身，受人天報。」言訖而卒。門人士俗，奔走其所，見委骸於地，緇素悲哀，積薪闍維。既而，祥雲滿谷，俄頃暴風四起，身之骨灰，蕩然無餘。神異如此，若非忘我相了色空，孰能若是哉！

清信士宋元慶者，洛陽縣北鄉人也。唐聖曆元年二月十四日來遊五臺，禮文殊大聖。元慶善根夙殖，久厭塵勞，行潔冰霜，曾無瑕玷。届兹真境，深契素心，願啟一時，功踰多劫。因遊西臺秘麼嵒寺，乃潛於佛廟之側後，積薪油焚身，供養文殊菩薩洎諸聖衆。當此之時，聞東南隅山震數聲，西北有光，爛然五色。蓋表斯人内財供養之感應也。異哉！

繁峙縣闌明雅者，智達空有，物我齊忘，厭有漏身，賀三堅果。於元慶焚身之年四月三日，秘麼師廟之側，屠身供養。手自持刀，支解身體，略無變色。始從兩足，次及於心，皮肉紛然，唯有胸臆，猶合掌發願，願早成佛，濟度衆生。後乃剖心，命由斯殞。惜哉！

各念無常，勉修勝業。」囑已下山，果至彼鎮，儼然示化。

釋神贊，俗姓盧氏，不知何許人也。戒行孤潔。好求訪聖跡，不惑之年，來詣臺山，禮謁菩薩，住華嚴寺清涼嵒間，禪誦爲業，衆推高德。未詳終没之所。

釋惠龍，幽州人也。丱歲出家，弱冠受具，性圓秋月，節勁霜松，戒等護鵝，慈深救蟻，了《四分毗尼》。畧無疑滯，遠近請益，教誘盡材。專詣臺山，禮文殊師利，六時懺誦，徇法亡軀，自刺身血，寫菩薩戒普施願早成佛。師氣貌嚴峻，言聲響亮，演法導迷，無剛不伏，亦僧中之能士也。後不知其所終。

釋令休，河南人也。樂尋聖跡，遍歷名山，勵節懃苦，衆咸推伏。遠詣臺山，禮文殊師利，忽聞空中有聲告曰：「南閻浮提人，多不定聚，剛强難化。汝宜度之，勿憚劬勞，斯爲上士。」僧曰：「欲求解脱，若爲可得？」空曰：「汝可除心。」僧曰：「云何『除心』？作何方便？」空中告曰：「無心之草，名曹虆。汝就觀之，自當悟解。」師即求之。後果見其草，乃自惟曰：「我問『除心』，有何方便？卻令觀此無心之草，有何意旨？」如是審思，豁然了悟，曰：「草譬煩惱，『無心』喻空，草既無心，煩惱亦爾，煩惱既空，當何所斷？」乃大悟。無生法、空觀門，於斯了矣。師不勝悲喜，即就此草結庵而止。人或問其故，師指草謂曰：「人多心病，此草能攻。所欲來求，與宣良驗耳。」厥後，獲愈者多矣。至開皇二十一年癸酉正月上旬，無疾而卒，春秋七十有三。

卷下

高德僧事跡十九之餘

釋嘉福，俗姓聶氏，代郡雁門人也。年七歲，於本州揔因寺出家，十五愛具，後住清涼，望臺三十餘年。常誦《維摩經》。「菩薩」、「聲聞」二本戒文，《涅槃》、《般若》二部，多所悟入。並誦諸部經、論，百有餘本，十日一周，畧無餘暇。及然五指供養文殊，臂上燒燈，求生淨土。至開皇二十四年【一】十二月下旬，倏見白光一道，直至西方，如是三日，衆人咸覩。奄然而逝。

釋道宣，俗姓錢氏，吴興人也，蓋彭祖之後。少誦教文，長親師席。關之東西，河之南北，求訪宗匠，無憚苦辛。外揔九流，内精三學，戒香芬潔，定水澄漪，存護法城，著述無輟。尤攻律藏，窮計幽微，七聚五篇，涣然冰釋。感天廚饋食，備於先記。自梁迄今，曾無儔疋。按《花嚴靈記》云：律師常至中臺頂上，見一童子，形貌異常。律師問其所由。童子曰：「弟子，天也。帝釋遣令巡守聖境。」律師又問：「道宣嘗覽《華嚴經·菩薩住處品》，文殊師利住清涼山。宣自到山，未嘗得見。其理如何？」童子曰：「師何致疑？世

【一】開皇二十四年　此處年號有誤，參陳校本。

界初成，此大地踞金輪之上。又於金輪上撮骨狼牙，生一小金輪。其輪至北臺半腹，文殊菩薩七寶宮殿之所在遶。園林果樹，咸悉充滿，一萬菩薩之所圍遶。北臺上面，有一水池，名曰：金井。大聖文殊與諸聖衆於中出没，與金剛窟正相通矣。大聖所都，非凡境界，師可知之。」言終乃隱。律師下山，向衆親説其事云。

釋窺基法師，姓尉遲氏，祖諱懿寧，國公；父敬宗，六軍鄉胄之職，任松州都督；伯父敬德，即唐初總管，武略冠古，聲名蓋代，封鄂國公。唐書有四傳，孔子有四科，羅付有四聖，大唐三藏有四弟子：基、光、昉、測，故今疏主即其一焉。三藏西域取經既迴，圓教大乘，創流東土。將圖普利，必藉周材【二】，法苑所推，專歸疏主。至年十七，遂預緇林，特奉明詔，爲三藏弟子。疏主專受大乘三藏秘訣。三藏以謂，廣濟群品，莫大於弘宣。傳付有歸，受命著述，製《法華》、《唯識》等疏一百餘部，盛行於世。又於三藏大師終後數年，來遊五臺山，禮文殊菩薩，於華嚴寺西院安止。法師常月造彌勒像一軀，日誦《菩薩戒》一遍。願生兜率，求其志也。感通之應，綽然可觀。又復親書金字《般若經》畢，有神光瑞雲，縈拂臺宇，輝耀函笥，曰：「我無堅志，靈應何臻？」從遊山訖，旋之京師慈恩寺，於永淳二年【三】蟬蜕去爾。開元二十三年三月十五日，有清涼寺普觀禪師，與同造功德主、沙門法會，於中臺頂造玉石釋迦、文殊、普賢等一部從，神功妙絶。至開元二十四年，功畢。後武宗會昌五年，拆天下寺宇，例遭除毁，悲矣！

【二】必藉周材　「材」原作「林」，據明本改。

【三】永淳二年　此處年號有誤，參陳校本。

釋志遠，俗姓宋氏，汝南人也。早喪所天。孤養於母，承順顔色，晨夕靡倦。毋常讀《法華經》，精通五卷。師因夙植善本，每念辭榮，年二十八，乃啟母出家。事師之禮，服勞無替，躬執僧後【四】，未常違衆。厥後，辭師參學，負笈八年，南北兩宗，大道淵旨，然於天臺頓教，無所宗尚。可謂定慧雙明，惠修兼備。後聞臺山靈異。乃結侶同遊，就華嚴寺右小院掛錫，演天臺圓頓，僅四十年，衆因目其院爲天臺焉。至會昌五年，忽絶粒數日，而講課之務，未曾暫息。及二月十七日，告門人曰：「吾平生修進，靡欺心口。今獲二種果報，卧安眠覺而無痛惱。吾所著《法華疏》十卷、《本跡二門三周記》、《别開近顯遠玄門》十卷、《五義判釋止觀》十卷，其天臺宗疏，務在宣闡，並使傳通，勿令止絶。」言訖，奄然而逝。春秋七十七，僧臘四十八。

案碑文云：金光照和尚者，其先河南府澠池縣人也，俗姓李氏。年十三出家，依於新安縣寶云寺主靈粲爲師。至年十九，入洪陽山，祖述迦葉和尚。伏勤三年，猶如一日。可謂衣不帶布褐遮身，殘形毁容，勤求至道。和尚謂曰：「道，常無爲而無不爲；佛，常無應而無不應。守斯守一，勤則居三。雖恒沙異名，隨緣攝化；而彼岸同體，感物從權。且清涼山者，諸佛之應化也。衆生緣重，爾可往焉。」師既親受言教，來至汾州。洎寶應中【五】，遇奸臣兇動，戎馬生郊，師阻難中，未可前路。乃迴入馬頭山，經姑射山，又轉至檀特山。六年居山，事慧超禪師，誓願苦身，以崇至學。每興重願，以救蒼生，志在山林，

【四】躬執僧後　「後」原作「役」，據明本改。

【五】洎寶應中　原作「洎寶中應」，據明本改。

析無上覺。禪師知其願重，乃命速行。轉至屋黨山下縣，師於惠悟和尚諮參至理。又聞方山純達禪師德行清高，名譽遠徹。既至其所，禪師一見，乃問：「師從何而來？」師曰：「從無所來。」禪師乃接以微言，豁然啓悟。乃知衆生即佛，佛即衆生，三界圓通，唯一心耳。遂住嵩山，經於三載，禪習爲務，守戒爲常。每自思曰：「臺山之願，竟未屬心【六】。」我國家聖德廣運，日月照臨，功高百王，業濟千古，至唐大曆二年，方達五臺山，於大華嚴寺萬菩薩院安止。其日，忽雷電交發，雨雹駛飛。師乃駭心，嘿念大聖，俄爾晴霽。倏覩白光從臺飛下，光中千佛，嚴麗赫然。師涕泣交流，舉身投地而爲作禮。比至舉首，忽然其前湧出高樓十丈，有千葉花座而以盛之。遂見諸佛舒金色臂，三摩師頂，告師曰：「爾從今已去，應名金光照耳。」諸佛令師誦《金剛》、《般若》以爲恒式。言訖，忽然不見。師心内喜躍，感悟良多。翌日，禮辭寺衆，遂詣秘麼嵓，幽居進德，且有所新。後又自西臺，忽雷風暴震，曳電註雹，良久雲開，谷騰黄霧，倏忽之間，千變萬化。師一心瞪視，誓求佛果。應時和風清暢，雲霧競湧，忽見維摩居士、普賢菩薩、文殊師利。師悲泣禮拜，忽然不見。又見二童子，引師直詣臺頂，見二如來，淨如瑠璃，内外明徹，紫光蔽日，白氣浮天，徧滿山林，盡同金色。同行伴侣，罔知厥由。後又詣東臺那羅延窟，遥見三僧，乘白雲湧出，至前便隱。又，至夜三更已來，忽見窟前樓閣僧崎，天樂嘹喨。至數日已，卻往秘麼居止。六載後，繁峙縣令吕才俊，堅請至縣，虔心供養。後，代州都督辛雲晁，聆師之德望，

【六】竟未屬心　原作「竟未心屬」，據明本改。

差指使迎入大雲寺，居止爲首，廣興佛事。後不知其所終云耳。

華嚴疏主，法諱澄觀，俗姓戴氏，本越州會稽山陰縣人也。即唐第八帝肅宗皇帝世，年十三出家。厥後，儒典九流，百家子史，莫不該盡。具戒之後，節操非常，但有名山必遊，勝友皆訪。於大曆十一年，來遊五臺，於華嚴寺西般若院下。疏主至山，前後遊臺四十餘。後至大華嚴寺，專讀大乘方等之教。《華嚴》一經，偏所玩習，以自悟心，慶在朝聞，卷不釋手。其時，有善住閣院隋朝本名東道場也僧，名賢林，亦不測之人也，時充華嚴寺主。乃與寺衆請法師講《華嚴》、《法華》等經，前後五載。法師每謂《花嚴》舊疏旨約文繁，乃自唯曰：「竊以大聖文殊師利表乎真智，普賢菩薩旌乎真理，二法混融，即表毗盧遮那之自體也。理包萬行，事括千門，廣喻太虛，周齊罔極，大矣哉！即《花嚴》奥旨歟？我今既措趾文殊聖都，清涼妙域，《華嚴》大典，豈得捐乎？」於是，旦暮策懷，思惟造疏。即自華嚴寺徙住般若院，從容謂衆曰：「余來聖地，曠劫希逢，欲屏交遊，澄心造疏。可能爲余建閣一座，於上造疏，可乎？」寺主賢林等僉曰：「允從。」乃募工起手，不日而成。時有温州無著，躬自書梁㦸之筆跡，奇哉可觀。功畢，疏主於上，起立制疏道場【七】，即唐興元元年四月八日也。朝夕焚祝，心祈瑞應。數日之後，中夜，寢夢一金人於疏主前立，師乃以手攬之，從首餐食至足而寤。私心喜曰：「此必大聖垂祥，是余餐受《華嚴》之法味，得其粹旨，示造疏始終之兆也。」乃起盥漱，遽入道場，焚香設禮，慶謝嘉

【七】起立制疏道場　「立」原作「五」，據明本改。

瑞。厥後，若躬對聖容，援毫灑翰，才思如流，精釋微言，未嘗疑阻。遂得一部七處九會之文，涣然在目。自興元元年迄貞元三年丁卯歲十一月五日絶筆。法師既造疏已，乃罄資緣設千僧會齋，用爲顯慶。又欲驗其疏流通之兆，乃入道場，祈禱冥應。忽於夜寐，夢見自身化爲大龍，首枕南臺，尾枕北臺，騰躍其身，復化作千個小龍，分散而去。疏主覺已，喜曰：「斯乃新疏流行之應矣。」於是華嚴寺主賢林、尚座悟寂、山門十寺都供養主温州無著，並闔山僧衆，又共設大齋，顯慶新疏。貞元四年，并州節度使馬遂、代州都督王朝光，各遣使齋供施至山，令請疏主講其新疏。每日，可謂座列千僧，聆宣妙典。所出學徒，前後計及千數。其餘事疏，具如别傳所云。

釋常遇，姓陰氏，范陽人也。先從本土安集寺出家。師其性淳樸，體貌魁梧，好適林泉，棲心物外。大中四年，杖錫孤遊禮五臺山，尋訪聖跡。止華嚴寺菩薩堂，瞻大聖真容，然右手中指爲供養。後遍歷五頂，大覩祥光，不可勝紀。至西臺，遇古聖跡，名秘麼巖。師啟目之際，忽覩金光，燦爛奪日，漸分雉堞，方勢如城，即古所謂「金色世界」也。因問寺僧，寺僧曰：「是地昔有古德住持，名金光照和尚。斯亦因光立謚，必其祥也。」師悲喜交集，誓居此地，乃結廬住止，滌慮棲神。一入定門，經四十九日，鳥飛花雨，合卒香雲，揚袂摳衣，歸依如市。因即創興梵宇，締構佛宫。十有七年，不下峯頂，禪誦精勤，寸陰無廢，可謂聖力潛通，道出凡境。至昭宗運季，師亦化不常有，時撫掌高聲大笑，或復手執二石相磨，只云：「併合，併合！」人不測其由。至唐莊宗吞併朱梁之後【八】，人方悟前語。師神異前知如此。時武皇之在河東也，嚮慕高德，就山致禮。文德元年夏四月，命憲州刺史馬師素傳意邀請，師固不受命，即以其年七月十八日，囑門人已，蟬蛻而去。春秋七十二，夏臘五十一。

釋願成，姓宋氏，不知何許人也。家世儒素，遐邇知名，不務浮花，不趨榮利。初，其母陰氏，夜夢庭中雙樹，盡放繁花，俄頃而謝，唯有一枝，獨無凋變，結成珍果，覺而有娠。陰氏心喜，願生男子，既發願已，如期生男，遂名願成。乃長從師，猶稱小字。師子衿之歲，出就黌舍務學明敏，首冠群輩。厥後，棄俗辭親，詣五臺山，依佛光寺僧正行嚴爲師。至大和五年受具，誦大、小乘戒、《法華》、《金剛》、《佛頂大悲神咒》，用爲常務也。武宗世，誅剪釋門，師執志無改。宣宗皇帝即位，重興佛寺，山門再選，召師爲其首，特許修營佛光一寺。功畢，尋頒命服，師號圓相，就加山門都檢校【九】。至光啟三年六月五日，忽覺氣志衰敗，乃罄捨衣盂，以充檀施，無幾而卒。後之人起塔於寺之西北。

佛光寺乘方禪師者，遺其姓氏、鄉里，即解脱和尚之孫也。身長七尺五寸，古貌稜稜，垂手過膝，眉長數寸，目有重瞳。禮念六時，行道無息，紹其高躅，再修梵宮。臺殿橫空，等級相次。有太原士女，造立大聖一軀，擬送山門。路經滹沱，河水泛漲，波濤鼓怒，舟楫傾危。禪師隔岸遥禮，焚香懇啟，水忽絶流。聖像既濟。湍激如故。厥後忘，其年月，示

【八】至唐莊宗吞併朱梁之後　「朱梁」原作「未糧」，據明本改。

【九】就加山門都檢校　「校」原作「板」，據明本改。

滅於寺。肉身猶在，有碑，居寺西一里。

無名和尚，渤海郡人，即先朝高力士之孫也【一〇】。幼年慕道，落紺髮於金園；求且尋師，霑戒品於京洛。心地淵奥，受荷澤之宗；文藻縱横，出湯體之句。可謂法苑之梁棟，釋門之標準。至貞元年【一一】，示滅之日，澡盥清潔，凌晨一食，告召寺衆，門徒，跏趺而逝。其後十一年，河東節師李公頂謁，聞有異香，重修龕室，感神光數丈，瑞相仍現。方議茶毗，肉隨火化，霜骨端坐，鮮潔光明，支節鉤連，瑩滑如玉。建塔於寺，刻石猶在。

銓律和尚，本代地土居人也。七歲出家，依年受具，戒珠清瑩，行業芬敷，外習毗尼藏教，内修大乘因地。他心通照，事必先知。蔬食不過中，弊衣纔蔽體，不貯粒粟，不畜縷帛，可謂清苦高行僧也。示滅之日，有綵雲翳空，天樂盈耳，異香芬馥，遠近襲人。召集寺衆，執手敘違，付囑門人，跏趺而滅。

釋法興，本西京人也。七歲出家，與時流不雜，承侍師長，策勵忘疲。諷《妙法蓮華經》，期年成誦【一二】。又念浮名金偈，不盈九旬。二本戒經，僅踰一月。日常一過，諷味精通，律軌精嚴，秉持無犯。來禮聖跡，志樂林泉，隸名佛光，遂有終焉之志。四方供利，身不主持，付囑門人，修彌勒大閣，凡三層九間，高九十五尺，尊像莊嚴，靡不周備。已至七十二位聖賢、八大龍王、臺山諸寺聖象，萬有餘尊，繪塑悉具，僧徒稱讚。衆口一辭，列上所屬，請充山門都綱，規矩準繩，爲後世法。大和二年正月，聞空中有聲云：「入滅時

【一〇】即先朝高力士之孫也　「也」原作「地」，據明本改。

【一一】此處年號有誤，參陳校本。

【一二】期年成誦　「期」原作「慕」，據明本改。

至，兜率天衆今即來迎。」師乃澡浴焚香，端坐而滅。建塔在寺西北一里。

王子燒身寺必救都綱者，不知何許人也，未詳其字姓。蓋聞諸古老口相傳授，事多煙廢，今但傳其梗概。孔聖所謂「我愛其禮」，斯亦如之。世傳閻羅王之師舅也，以曾掌僧務，因謂之「都綱」。昔清涼府，即今五臺縣之故城也。彼其縣宰，忘其名氏，夏中獨坐，夜飲於公廡之下。倏見數人，形質甚偉，持枷鎖，似官中追攝人者，至前立。其縣宰詰問厥由，對曰：「某閻羅大王之使卒【一三】，大王遣來相追攝爾，公可行焉。」宰於是大駭，起立謂獄使曰：「死即古今之常事，余不羅也。祇緣有寡親在堂，唯憑官俸以爲恩養，若赴追攝，孝養弗周。若待其百年，死而無恨。今廣貽金玉，可能捐否？」卒曰：「此大王嚴命，某不敢專也。公若要免，五臺山王子燒身寺有必救都綱，是大王之外舅，若能往告，必能相爲也。」於是，縣宰遽俾被馬，與府卒匆匆而發，比至日出，乃得達寺。師房扉尚掩，眠猶未興。宰躬自敲門，微聲而喚。少頃，師出，宰即折躬致禮。師曰：「山僧源德，不銷貴人之禮。」宰舊嘗巡山，頗相輕視，此時事逼，致敬忘勞，曰：「不識聖人【一四】，罪寔深矣。」泣淚又拜。師因問其故，宰具述厥由。師曰：「可也。」因索紙筆，具書其事。書畢，付與其宰，宰致拜再三，陳謝而退。自後至官滿，了無他事。師自此傳名。名既彰矣，師尋亦示滅。有塔見在寺之東南。集傳者曰：「此大聖化。故《化金閣傳》云：『凡聖混居。』斯其驗矣。」

【一三】某閻羅大王之使卒　「某閻」原作「其閆」，據明本改。

【一四】曰不識聖人　「曰」原作「白」，據明本改。

降龍大師，俗姓李氏，諱誠惠，本蔚州靈丘縣人也。其親壯而無嗣，聞五臺山文殊靈異，躬詣祈請。既還，妻即感娠，後月滿生男。鄉閭嗟異，咸云：「聖子。」及長，風骨爽秀，神智不群，乃詣臺山，依真容院殿主法順爲師。至年二十，登壇受具。東臺東南約一百餘里，有池名「龍宮」者，耆舊相傳：大師嘗居彼，結廬修道。今見有叢樹，故基猶在。師於淨瓶中素畜一龍。龍曾逃出，入清水河，中有一巨石，上通三穴，潛隱。其一日凌旦，河上西南，見白氣出，師知龍潛其下，乃攜瓶詣河，向石穴大叱之。龍還入瓶，攜之歸庵。其泉猶有靈異，雖河瀑漲，淤滓混流，獨此泉中，略無纖穢。天禧年中，余親往觀之。今龍泉店，亦因泉得名也。大師嘗於西臺東北李牛谷中，亦有結廬誦經之所，嘗感山神現身聽法。後有王子寺僧湛崇等，率衆連書，殷請住寺，展師資禮。師不違來願，徙居彼寺。故得金峰增耀，寶壤騰芳，九州之琛賫皆來，十寺之樓臺益盛。財施、法施、佛田、僧田，由師住持，同霑利澤。後唐莊宗，聞師高行，同光元年七月，遣使持紫衣、師名勑書賜之，詔云：「誠惠鷲嶺，名流鷄園，上哲精守護鵝之戒，弘宣住雁之談。潛括三乘，深明四諦，忍草長新於往苑，意花不染於情田。自隱跡靈峰，棲心勝地，泛慈舟而極溺，持慧炬以引迷。五百龍神，皆降懿德；一萬聖衆，盡繼玄蹤。爲法雨之棟梁，作空門之標表。朕方興景運，大闡真風，宜旌積行之名，以奉無爲之教。今賜號『廣法大師』，仍賜紫衣【一五】。」師固辭不受。續降勑敦勸，其略：「爰遣内臣，遠班成命。

【一五】仍賜紫衣　「仍」原作「伯」，據明本改。

師號既旌，於戒行，紫衣無爽； 於受持，久屬當仁。 匪宜多讓。」至同光三年乙酉歲十二月，囑門人已，枕手而終。 春秋五十，僧臘三十。 師終後，勑賜謚曰「法雨大師」，並靈塔號「慈雲之塔」，今現在本寺。

超化大師，諱匡嗣，俗姓李氏，太原文水縣齊鳳村人也。 幼年慕道，不樂世榮，注意臺山，願求披剃，依真容院浩威爲師。 受具之後，勵志不群，杖錫南方，參尋知識，學通内外，博究禪律，傳法度人，開衆耳目。 晉天福三年戊戌【一六】歲，遊方行化，至湖南，謁僞國主、王公，公施香茶盈萬。 至丁未歲，遣使賫送入山，徧給諸寺。 癸卯歲，至吴越國，見尚父、元帥錢王。 王禮接殊厚【一七】，語論造微，雅合王意，遂施五臺山文殊大士、一萬聖衆前供物、香茶，及制銀缽盂、鐼子萬副、茗荈赤兗反茶葉老者也百籠，仍遣人送至吴越館内。 諸州刺史各辦施利，鋪陳供具，無不周備。 别造巨舶乘載，由海路北歸。 嘗遇暴風四起，波濤鼓怒，舟人惶駭，頃刻沉没。 大師整衣焚香，望山遥禮文殊人聖，乞加冥護。 俄頃，見文殊師利出於海，上現半身，猛風駭浪，頓然恬息。 迭達滄州【一八】，輿載歸山。 尋與降龍大師均施諸臺寺院、山坊、蘭若，不私其利。 及掛錫舊居，徒衆堅請主領僧務，厥後，朝命典繞山門。 十五年間，興修佛事，供衆僧數過百萬。 案别傳云【一九】：「昔湖南馬王，素欽令望，嘗使賫茶二百籠，送詣臺山，以充大聖前供養，乃俵給山門諸寺。 後與大師偕之臺頂，焚香祈禱。 設禮既畢，俱宴龍池之側，忽見一小蛇，其身赤色，躍於水上，迴首盼師【二〇】。

【一六】晉天福三年戊戌　原作「晉天禧三年戊戌」，徑改。
【一七】王禮接殊厚　「厚」原作「原」，據明本改。
【一八】迭達滄州　「達」原作「建」，據明本改。
【一九】案别傳云　「案」原作「業」，據明本改。
【二〇】迴首盼師　「盼」原作「盻」，據明本改。

師曰：『爾來也。』乃告其使曰：『爾可速歸，懼有大事。』使即依言，盼師俱旋至院。翌日，使心匆忙，策馬而去。比至，其主已薨。使乃方悟見蛇之驗。」師預見如此，其何人哉！亦不測之人也。住持之外，禪誦爲務，以大晉天福九年甲辰歲九月構疾，五日遷逝。茶毗已後，門人收靈骨舍利起塔，見在。

取性道者，晉代人也，失其鄉里姓氏，居取性院，即今王子寺東北蘭若，改名北福聖院是也。師内行莫測，外相粗鄙，衣唯弊衲、食且衆殘，不染聲名，人欽若聖。鄉川供施，無不樂輸；緇素遊山，瞻濟無擇。常操利刀一口，入山見蛇即斬，唯云：「取性！取性！」由此，故名取性道者。每誡弟子云：「汝山採柴，若見蛇時，慎勿打殺。蛇報果重，千年少一，更重受之。」弟子云：「若果爾者，師何斬之？」師云：「咄！爾何知也？老僧斬之，令其取性，即解其蛇報。爾等不能，豈同吾也？」師之密行如此，後終於本院云耳。

僧統大師者，俗姓劉氏，諱繼顒，燕薊人也。父諱守奇，唐末任滄州節度使。師幼失所怙，性稟知識，遭亂避地清涼山，禮真容院果勝大師弘準爲師。年滿受具，誦習無疲。遠詣京師聽學，邇數本經論，遂還舊寺。首戴《大方廣佛華嚴經》，跣足遊禮五臺。每至一頂，講《菩薩住處品》一，終歲以爲常。每講終，設茶藥異饌以供。其後，對妙吉祥焚香立願，遊歷東京。時晉少主在位，見之信重，賜大相國寺講《大華嚴經》。將相王侯，歸依信受。及解講，獲施財巨萬。盡以所重【二一】，於本寺講堂四面、飛軒之下，創立石壁，命

【二一】盡以所重　「重」原作「真」，據明本改。

工鐫勒所講之經。期月之間，功用造畢。尋請還山，賜賚財施，不可勝計。遂建真容院四面廊廡及華嚴寺樓閣，凡三千間，不啻設供七百餘會。塑山龕羅漢三十二堂，轉《金剛經》並藏經六百萬卷及真言咒偈，刻壇盡氈。逢三八普施温湯，設四衆無遮粥會。殊因妙果，植大福田，未有若斯之盛者也。尋詔授五臺山十寺都監，賜師號「廣演匡聖大師」、鴻臚卿，仍頒命服。僞漢高祖一見師奇表，嘆未曾有，特命與諸王爲兄弟。少主即位，加五臺山管内都僧統，後以功授大漢國都僧統、檢校大師，兼中書令。以僞漢天會十七年正月十二日，遷滅於五臺山菩薩院，享年七十有三，僧臘三十有二。詔僞諫議大夫楊夢申撰神道碑銘，立於院之西北。門人收靈骨建塔，猶在。

高德尼事跡二十

按《華嚴經感應傳》云：「唐儀鳳年中，西域有二梵僧至五臺山，賫草花，執香爐，肘膝行步，向山禮文殊菩薩。遇一尼師，在巖石間松樹下繩床上，儼然獨坐，口誦《花嚴》。時景方暮，尼謂梵僧曰：「尼不合與梵僧同宿，大德且去，明日更來。」僧曰：「深山路遥，無所投寄，願不見遣。」尼曰：「若不去，某不可住，當入深山。」僧徘徊慚懼，莫知所之。尼曰：「但下前谷，彼有禪窟。」僧依而往尋之，果見禪窟，相去可一里餘。二僧一心合掌，手捧香爐，面北遥禮，傾心聽經，聆聆在耳【二二】。初啟經題，稱「如是我聞」，乃遥見

【二二】聆聆在耳　原脱一「聆」字，據明本補。

其尼身處繩床，面南而坐，口中放光，赫如金色，皎在峰前。誦經兩帙已上，其光盛於谷南，可方圓十里，與晝無異。經至四帙，金光稍收。六帙都畢，其光並入尼口。《華嚴經·菩薩住處品》云：「震旦國東北方，有菩薩住處，名清涼山。過去諸菩薩，恒於中住。今有菩薩名文殊師利，與萬菩薩俱。」其山在代州東南，名五臺山者。《首楞嚴三昧經》云：「文殊是過法平等世界龍種上尊王佛。又，《央崛摩羅經》云：「文殊是北方歡喜世界摩尼寶積佛【二三】。」想神尼之境，必文殊之分化，以示梵僧也。

尼法空者，俗姓韓氏，宣州人也。幼時辭親，詣五臺山西南一百餘里建安寺出家，後於祇洹寺受戒。每誦《法華》【二四】，用爲常務。後負笈聽學經律，數十載間，殊無開悟，自知性之明慧，無宿習力。嘗聞五臺山文殊菩薩現種種身【二五】，賑濟群品。人傳有僧道超，別無行業，但種久住華嚴寺，不出山門二十餘載，其後命終，生於兜率彌勒内院。彼天人謂超曰：「爾於人間，別無妙行，祇承文殊菩薩境界力，故得生此處。爾可還下人間，接誘四部，俾令聞知文殊功德，冀望暫登此山中，大銷諸罪，則用補天之闕行也。」道超依言，不捨天報，下告人間。法空如是思惟：「文殊菩薩大願境界，不可思議」，生希有心。復自念言：「無始生死，三界流轉，不得解脫。善惡二業，由心造作。」遂發大願往五臺山，志求大聖，垂慈接引【二六】。乃與親妹尼立願，今誓以元和四年屆山巡禮。徧遊五頂，覩種種化現後，至華嚴寺西化三泉院前深林中，逢一老人，謂法空曰：「汝宜住此修行，

【二三】文殊是北方歡喜世界摩尼寶積佛　「歡」原作「勸」，據明本改。

【二四】每誦法華　「誦」原作「帝」，據明本改。

【二五】現種種身　原脱一「種」字，據明本改。

【二六】垂慈接引　「接引」原作「引接」，據明本改。

決證勝果。」言訖遂隱。法空知大聖告諭，乃悲泣雨淚久之，方自悔責：「惡業罪障，志願滅除。」即依此願，别結草庵居，策勵三業，曉夕靡怠。至元和八年二月十五日，取身所著衣，令弟子悉送常住，施大衆用，乃集衆取别。人問其故，法空告曰：「我從此來，蒙大聖告語，教示『妙法蓮華』四字【二七】，開佛知見，清淨無染，得生淨土。衆各努力，無得空過。」言訖而逝，端坐如生。衆遂荼毗，收得舍利千餘粒，四衆分之，以充供養耳。

宋僧所覩靈異二十一

釋淨業，姓孟氏，代州五臺縣人也。幼而剛毅，神俊不群。初年十三，依五臺山真容院通悟大師爲師，事師服勞，特出倫類。每詣太原行化，山門供養資具，靡不悉備，僞主劉氏，深所崇仰，乃賜紫衣，加號廣慧大師。至天會十一年，衆請充山門都監。尋屬宋太宗皇帝戎輅親征，克平晉邑。師喜遇真主，乃率領僧徒，詣行宫修覲，陳其誠款。遂進《山門聖境圖》並《五龍王圖》。帝遽令展之御座前，忽大雷震，天無片雲，駛雨霶注【二八】。帝大駭曰：「是何祥也？」師對曰：「五臺龍王來朝陛下。今二龍相見，當喜，故也雷雨若是。」帝大悦，即命收圖，謂師曰：「候朕師旅還京之日，别陳供養。」乃賜命服，改號崇教大師，仍擢爲臺山僧正，應圞山劉氏所賜衣、師號，並改僞從真。至淳化四年四月下旬，寢疾而終。春秋五十九，僧臘三十九。

【二七】教示妙法蓮華四字　「教」前原衍一「止」字，據明本删。

【二八】駛雨霶注　「駛」原作「駃」，「霶」原作「霤」，據明本改。

釋睿誎，俗姓劉氏，雲州人也。風格神俊，出乎人表，志輕軒冕，性樂林泉，辭親出家，於五臺禮真容院僧統大師繼顒爲師。厥後師既去世，葬禮云畢，勝願内興，欲崇佛事，乃於樓觀谷内東北，有泉名曰「鹿泉」泉，側不遠，結廬誦經，勵精勤苦，晨夕忘倦。一日，忽夢老叟告曰：「爾不須獨善，可崇大事，兼於此地，大有因緣。吾贊爾力。」言訖而寤。内自惟曰：「斯必聖賢相誓，於此處建大伽藍。」異日辦裝，之北地緣化。北朝寧王與夫人，先夢見師化緣修造，及師達境，一見如舊。既符先夢，大施金幣【二九】。暨迴本山，募工修建。復詣太原，謁僞主劉氏，亦蒙厚賚。寺號曰「白鹿之寺」。宋太宗討平晉地，師乃躬詣行宫請見。上問臺山興建之由，師奏對稱旨，又蒙恩錫甚厚，尋賜額號「太平興國之寺」。師之感召，大概如此。至大中祥符元年八月初一日，以疾而終。春秋六十有六，僧臘四十九，影塔具在。

祥符中，有兩浙僧，失其州郡名氏，來禮大聖。登東臺頂，忽遇一院，樓臺壯麗，殿宇嚴潔。僧遂入院，前後殿宇，像設鮮輝，釋梵龍王，儼然相對。其僧遍詣，參見主僧，敘接言笑，宛如素延，迎畢語臨，出院巡遣。僧初無駭異，及出，了無所見，僧方悟化現，始驚嘆之。遂離臺頂，西行下山，遊真容院，安止畢，禮謁前後殿宇，主事諸僧，一如東臺所見，了然無異。僧乃禮謁臺山境界，讚嘆不思議事，遂向院僧具陳所見【三〇】，無不嘆嗟。

淳化中，有楊州僧，忘其法名，身服疏布、齋戒嚴謹。嘗齎五百副鉢，大小相盛，副各五事，入山普施。虔禮大聖，至真容院安止。因齋設日，均散咸畢。後有施主詣北浴室院

【二九】大施金幣　「施」原作「氏」，據明本改。

【三〇】遂向院僧具陳所見　「具」原作「且」，據明本改。

設浴。啟請闔山賢聖、下暨緇素，一無揀別。其僧齋畢，先詣温浴，有三五僧偕行澡浴。既至浴所，揚州僧率先解衣，褰簾而入，忽見端正婦人，就水洗浴。僧狼狽而出，衆詢其故，僧具説所見。人或不信之者，入室驗之，果無所觀。

至道中，有僧道海，俗姓楊氏，代郡土人也【三二】，受業真容院，亦逢施主設浴。齋罷，遽自詣浴所，尚無一僧入院澡浴。海解衣而入，忽見滿堂衆僧揮洗，略無識者。觀此僧入，一時俱出。海心雖疑，未測凡聖，遽出視之，闃無人矣。集德者曰：「大凡施主設浴，必豫供養聖賢，後乃凡庶。清旦，賢聖臨降，凡庶慎勿先就。一則觸犯聖賢，自貽伊咎；二即滅施福，徒設劬勞。斯亦聖人垂警，凡百君子，得無念焉。」

華嚴店昔有獵者，名馬秋兒，家貧，以射生自活。嘗至東臺，東臺東十餘里，有古寺基，人傳云：「是古華嚴寺也。」秋兒至此，見一巨石，其砥如桉，下有光明，心甚疑之。乃呼數人，舉石視之，倏見佛經數十部，遂取一卷，啟之開視，字皆金色，光奪人目。秋兒輩皆山野惷愚，不以爲異，既歸，告語其事，有人傳達於真容院主僧寬。寬聞，驚喜非常，遽召門人弟子五七人，賫供具遄往求之。既至其地，了無所覩，唯有故基破瓦而已，悵恨久之，遂焚香嘆息而歸。

代郡唐林縣，昔有女人，三十五年不離城邑，人呼「姑姑長髮尼」，同頭陁行，長物不畜，單衣被身，冬寒夏暑，不以爲苦，坊市巷陌，隨處而眠，悠悠之徒，寔叵能測。五臺百二

【三二】代郡土人也　「郡」原作「群」，據明本改。

十所寺，無不曾過，夏月巡臺，則到處人見，同行共語，坐在丘蕪，呵毁俗塵，憎惡色欲，後不知所終。故西域《婆槃豆菩薩傳》云：「此世界有一億菩薩住持，往來化物，示説不虚。」前傳數云：「凡聖混居。」得不信哉？後之來臻此境，忽遇斯人，慎勿慢瀆，戒哉！

僧道演，俗姓崔氏，忻州定襄人也。數歲出家，依真容院法忍大師爲弟子，每誦《法華》、《孔雀》、《金剛》、《般若》等經，以爲常務。師素有息賁之疾，結塊如石，每一發動，痛不可忍，幾將不救。忽見青衣婦人，至卧榻前立，問其疾之所由，師以寔告。婦人乃以手觸塊曰：「師欲愈否？」答曰：「甚適所願。」即以物如絲縷，纏其塊而拔去之，尋即痊愈。方欲起謝，遽失所在。遂向鄰僧説之，僧具頂禮。後每思之，未嘗不感嘆聖賢救護之力。厥後日益康强，年八十有五，方壽終焉。

靈異藂木二十二

華嚴寺東北，有樓觀谷，谷内有金剛窟。谷口，昔傳有鳳棲藂次，西有十二因緣藂，與鳳棲藂相近，在金剛窟側，一身迴出一十二枝，高踰百尺。昔有古德，於藂下修十二因緣觀，遂以爲名。入谷一二里，有白水池，色如酥酪，味如甘露。人飲其水，肌膚潤澤，若常服之，令人難老。東臺西有王子造論碑，文字尚存。又有司空都督見佛碑【三二】，到者知焉。今年祀浸遠，廢毁不覩，良可嘆哉！

【三二】又有司空都督見佛碑　「又」原作「人」，據明本改。

華嚴寺東、横河側，有一樅藁，松身柏業，横枝到地，幹聳淩雲。古昔相傳，名：四葉藁【三三】。枝葉四垂，合圍成陰，有象明堂，八窗四闥，中心一插，向上百重，上圍不方，可謂奇異。雨雪不透，風日不穿，巡臺之人，同到藁下，可容數百。常有僧來，止其藁下，爲衆宣四真諦法，悟入者衆。時群鳥來止其處，飛翔上下，久而不去。僧曰：「此鳥如佛在日，有鸜鵒於佛前聆四諦法，而得生天，此亦應爾。」因謂之「四諦藁」。瑞鳥靈禽，遊集棲宿，藁既靈異，僧亦非凡。

大聖文殊師古今讚頌二十三

文殊像讚並序

晉支　道林　撰

文殊師利者，是遊方菩薩，因難垢之言而有斯目，非厥號所先也。原夫稱謂之生，蓋至道興其邈。何者？虛引之性，彰於五德；軌世之表，聞於童真。庶人之風移，則感時之訓興。故云：「儒，首以法王子爲名焉。」夫欲窮其淵致者，必存其深大。終古邈矣，豈言像之所及。難算之劫，功高積塵，悠悠遐曠焉。可謂諸言，略敘其統。若人之始生也，爰自帝胄，尊號法王。無上之心，兆於獨悟，發中之感，無不由也【三四】。近一遇正覺，而靈殊内映，玄景未移，遂超發道位。於是，深根永構於沖壤，條異神柯而月茂。慈悲之氣，與意風俱扇；三達之明，與日月並輝。具體而微，故已功侔法身矣。若乃天機將運，即

【三三】名四葉藁　「葉」原脱，據明本補。

【三四】無不由也　「由」原作「白」，據明本改。

神通爲館宇；　圓應密會，以不迹爲影跡。斯其所以動不離寂，而彌綸宇宙；　倏無當境，而名冠遊方者也。世尊興出，乃授躍進之明。顯潛德於香林，因慶雲而西徂，復龍見於兹刹。法輪既轉，則玄音屢唱，對明淵極，輒暢法深。言道映開士，故諸佛美其稱；　體絶塵俗，故濯纓者高其跡。非夫合夫和以挺祚，吸沖氣而爲靈，舒重霄以迴蔭，吐德音而流響，亦孰能與於此哉？時欲摇蕩群生之性宅，玄宗而獨至。開宏基於一簣【三五】，廓恒沙而爲宇，若然而不説文殊之風，則未達無窮之量，長笑於大方之疾矣。自世尊泥洹，幾將千祀，流光福蔭，復與時而昇降。由是，冥懷宗極者，感悲長津之喪源，懼風日之潛損，遂共長表，容之金石，繼以文頌。人思自盡，庶雲露以增潤。今之所遇，蓋是數減百年有轉輪王，王，聞浮提號曰「阿育」，仰窺遺軌，擬而像焉。雖真宰不存於形，而靈位若有主；　雖幽司不以情求，而感至斯應。神變之異，屢幹民聽，因僉悟時，信有自來矣。意以爲接頽薄之運，寔由冥維之功；　通天昏否之俗，固非一理所弘，是以託想之賢，祇誠攸寄。絲紐將絶之緒，引豪心以標位。乃遠謨良匠，像天所像，感來自表，不覺忻然，同詠爲之讚曰：

眇眇童真，弱齡啟蒙。含英吐秀，登玄履峰。神以道王，體以沖通。浪化遊方，乃軌高蹤。流光遺映，爰曁兹邦。思對淵匠，靖一惟恭，靈襟絶代，庶落塵封。

文殊師利讚

童真領玄致，靈化實悠長。昔爲龍種覺，今則夢遊方。恍惚乘神浪，高步維摩鄉。擢

【三五】開宏基於一簣　「簣」原作「貴」，據明本改。

此希夷質，映彼虚閑堂。觸類興清遘，目擊洞兼忘。梵釋欽嘉會，閑邪納流芳。

文殊像讚

殷晉安　撰

文殊洞睿，式昭厥聲。探玄發暉，登道懷英。琅琅三達，如日之明。亹亹神通，在變伊形。將廓恒沙，陶鑄群生。真風幽暖，千祀彌靈。思媚哲宗，寤言祇誠。絶慶孤棲，祝想太冥。

文殊師利讚

秘書丞郄濟川　撰

釋尊降世，説法度人。大聖文殊，示菩薩身。佛不竝化，助道能仁。金口宣言，證號往昔。龍種上尊，摩尼寶積。普化色身，未來當得。雙林滅景，衆聖韜光。我大導師，奄它清涼。五百仙俱，講道爲常。波利遠歸，無著願見。或授秘語，或覩神變。爲接有情，不捨方便。我曾供養，今復親依。瞻仰真像，若覘靈暉。俗緣未斷，善念長歸。我對金容，當發大誓。運菩提心，廣度一切。近侍吉祥，億生萬世。

續遺

前代州管内僧正勝行大德沙門明崇　撰

安州人張氏，崇信三寶，純厚人也。元豐甲子，來遊此山，以錢百萬奉曼殊室利。每日三時，必來開殿，辨香茶珍果，情貌如肅。守殿者以其誠懇，不以爲勞。一日，遍遊諸臺，至西臺之頂焚香次【三六】，忽聞異香，久而莫測。既而仰視空中，乃見天花百千萬朵，青、黄、朱、紫，衆彩畢具，繽紛亂墜，甫齊人頭。觀者數百人，人欲取之，即騰起。一朵獨

【三六】至西臺之頂焚香次　「至」原脱，據明本補。

落張公之手，其色不可名狀。晚，還真容院，僧俗覩之，嘆未曾有。主僧懇求菩薩前供養，公曰：「菩薩授我，而返留之，是我逆菩薩之惠也。況仙陁聖卉乎？」主僧亦不敢奪其志。清朝下山，親捧其花，常有圓光丈許隨身。送者踰數十里不能捨，嘆異而歸。

德州市户王在，家甚殷富。元祐庚午仲夏，挈妻、僕遊臺山，晚宿真容院。翌日，彈冠整衣，詣文殊像，既而晚覩，微有不敬之身，出聲就館。知客僧省彦求謁，與在語曰：「山僧住此，僅四十餘年，所接衆多。今日，君拜謁之禮，似有初謹後怠【三七】，加之容色不怡，何也？」在怒而言曰：「在此一來，出於過聽。謂有肉身菩薩，故不遠千里而來。今觀之，乃一泥塊耳。反思跋涉之勞，寧不爲苦？」彦曰：「是何言歟？昔大聖於此鶩臺，屢見瑞相。安牛親塑，意有所疑，祈而復現，七十有二。故唐睿宗以『真容』目爲院額，公何言之易也？且此山龍神守護，或若以怒，公身竄之無地也。」在曰：「豈一龍焉能禍我乎？」彦曰：「君此一來，輕侮像貌，痛斥龍神，第恐禍生不測，可速悔過。不然，公之身必碎於龍神之爪牙矣。」在意不悛。後三日遊東臺，與衆百餘人，宿於臺頂化現堂。甫及夜半，大雷忽發，若天坼地裂。當之壁已爲穴，火焰隨入，俄頃，火從穴出，在之身已碎矣。其僕孝存，借寺家綿衣一件以禦寒，裏外衣並燒損，唯中間借物在焉。其妻、僕火其骨而下山，聞者靡不嘆異。是夕，有滄州尼海俊，同宿化現堂。日已曛暮，有叟語曰：「敝居不遠，敢邀師一訪，兼就晨粥。」尼應命，至一石洞，叟遂失，所在，清朝復化現堂。知在之

【三七】似有初謹後怠　「似」原作「侶」，據明本改。

禍，免其驚懼。究其所寓石室，乃那延洞也。

僧惠通，沂州人也，今爲僧之上首。昔政和改元，首夏，與緇素千人同遊臺山。今僧正通義大德明惲，時充知客。謂通曰：「梵仙山，五龍時復出現，可一觀焉。」惠通因與其徒二三子同遊。至山，復逢同至者，因詢之曰：「山有神龍，子見之乎？」同志曰：「見。」通問：「其狀若何？」曰：「如蛇。」通曰：「正是真龍，猶爲畜類，況蟒蛇乎？」乃還所寓之舍。俄頃，通覺腰間有物如蛇，而如爪角，漸束其腹甚緊，苦痛不可忍，起而復倒者再。同志者走報主僧，述其事。通亦遣人白主僧求救，曰：「我以傲慢龍神得罪，聞山中有熙菩薩，爲我懺悔。」會熙公隨漕使陳公知存遊興國寺，主僧亦懼不可測，就命菩薩殿主洪辯大師温晸作法懺悔。通罄捨衣盂悔過，少頃，苦方息。陳公聞之，亦相與嘆焉。

書生李昇者，中山相如里人也。昔與右丞王公安中同筆硯，其弟即修大華嚴寺功德主真熙也。代州守王洸，自中山召之，使子姪從其學。政和元年至山，與士大夫時復燕樂。一日，到寺，王天民都巡陳去，捕盜伏抃，乃命先生遊梵仙山。至東巖，祈於龍神祠下。少頃，二龍出於石間，一爲金色，一爲紺青。諸公焚香設拜，以笏招之。金色者緣笏而上脊，若有所嗅者。諸人之意加勤，獨先生以杖觸之曰：「此乃怪蛇異物，何足貴哉？」言未竟，有物如神，仆先生於地，衆咸惶駭。俄又擲於巖下，高數百尺。先生既死，其弟熙以禮葬之。是夕，雨雹大作，雷電晦暝，先生之屍，暴露於外，因火之而葬焉。

那羅延洞者，在東臺東側，洞門向東，深二丈余【三八】，迤邐隘窄，如斗許大。遊禮者至此，既不能進，往往但以手捫探，或秉燭照之。一穴唯指西北，稍向上，然深不可測，時有冷風拂面。傳云：此洞與金剛窟皆大聖之所宅也。宣和八年五月二十八日，有邵武僧，失其名姓，與僧宗新同遊臺山，止真容院，瞻禮真像。一日，登東臺頂，會代郡趙公康弼，與都巡檢薰涼等諸官并山門。上首僧慈化大師真熙一百餘人俱至，求現光景。已而遊是洞。趙公等遍入觀覽，唯邵武僧佇立洞外。其一官戲之曰：「師何不入？入之則無礙矣。」其僧乃揖趙公、慈化、宗新曰：「珍重！珍重！」遂趨步而進，至隘窄處，則褰衣傴僂而入【三九】，略無阻礙，如行空室。舉衆驚愕，諠譟不已，莫測其由。宗新呼之數番，杳無聲跡。既移時不出，宗新謂衆曰：「吾與彼僧同行數旬，竟不知其爲聖賢也。」因慟哭曝怨，衆亦泣下，趙公求其遺物，宗新視之，得竹笠一頂，蒸餅數枚。尋有平隘寨官張仲古作詩美之，以呈趙公，云：「南僧遠禮五臺山，去入那羅洞不還。自古趙公傳拂子【四〇】，今留笠子在人間。今詩碑猶在，其笠子亦尚存。噫！始信清涼境界，龍蛇混跡，凡聖同居，不爲虛矣。

朔州慈勇大師，未詳受業名氏，其道行博識，遐邇欽伏。天會壬子季，復遊臺山，與其徒史法師等百餘人，同宿真容院，史亦純厚人也。一日，遊大華嚴寺，忽於寺側見祥雲自東而來，五彩畢具。又於雲中現文殊、大聖處菡萏座，據狻猊之上。及善財前導，于闐爲

【三八】深二丈余　「餘」原作「於」，據明本改。

【三九】則褰衣傴僂而入　「僂」原作「位」，據明本改。

【四〇】自古趙公傳拂子　「拂」原作「佛」，據明本改。

禦【四一】，波離後從，暨龍母、五龍王等執珪而朝。自餘峨冠博帶，奇相異服，千狀萬態，而能盡識。大聖目瞬手舉，衣帶摇曳，第不聞其聖語，迤邐自西而去。觀者千餘人，四衆歡喜，嘆未曾有。當是時也，真容院遇回禄之餘，始欲興復，由斯祥瑞，四方檀信，輻湊施財施力者，唯恐後至。真容院大殿，不日而成。切切，現土現身，非徒設也。

僧永洲者，晉陽祁人也，姓王氏。天眷末，來遊五臺，遍觀聖跡，寓真容院。仰慕勝境，久而忘歸。一日，衆集擇菜，忽視衆人，面、衣服盡作金色，不覺神情驚駭【四二】。欲言之，恐人疑怪，唯自慶幸。始悟臺山之衆，皆是菩薩眷屬，金色界中人也。後聞長興大禪師以《人天眼目》提振於雲中，乃往趨法席【四三】，展師資之禮，果有所得。因衆普請，話及臺山所見事跡，雁門圓果寺僧普安能會其事也。

自然回思易慮。益堅向善之心。其外護之益。未易可述。偶回禄之構災。致龍文之俱燼。不有興者。聖功神化。歲久弗傳。東安趙統。以酒官視局臺山。慨然有感於心。即白主僧。願捐橐金以助緣。僧正明淨。語其屬曰。兹事。念之日久。屬化宫之災。用力有先後。今因其請。盡出粟帛。以成其事。就工鏤板。告成有日。趙因造門。屬余爲序以冠其首。明淨與前提點僧善誼。相繼以書爲請。仆嘗謂。道不在衣。傳衣可以授道。法不在文。披文因以悟法。仆既嘉趙侯用意之善。而二高僧。皆於清凉。有大因緣者。知非販佛以眩衆。故爲之書。大定四年九月十七日。古豐姚孝錫序

【四一】于闐爲禦　「闐」原作「真」，據明本改。

【四二】不覺神情驚駭　「不」原脱，據明本補。

【四三】乃往趨法席　「席」原作「度」，據明本改。

◎王逵撰

蠡海録

黄寳華　整理

點校説明

《蠡海録》，王逵撰。王逵（九九一——一〇七二），字仲達，濮陽（今屬河南）人，天禧三年進士，歷知處、福、揚、洪諸州，遷淮南轉運使，終尚書兵部郎中。是編收於《續百川學海》，凡十五條，所述多自然、生理現象。今據《續百川學海》本加以整理。

校勘記

諺云：「月如仰瓦，不求自下。月如張弓，少雨多風。」蓋月有九行，月行八道，青白赤黑各二道，皆出入於黄道之中，故曰九行。道不中而過南則爲陽道，道不中而過北則爲陰道；行陽道則旱，行陰道則潦。月借爲光，月生如仰瓦則行陰道，如張弓則行陽道也明矣。

雪者雨之凝也，因高而寒極，故雨凝而爲雪也。其雨雪相雜者，雲有高低之異也，低者則爲雨，高者則爲雪。

夫潮之生必自東而起，其故何也？蓋百川之水盡皆東赴，及其氣之至也，潮從東起者，返本之義存焉。然東方卯辰之位，卯爲升氣之盛，辰爲龍變之鄉，是以潮起于東，不在于他方也。

人之水溝穴在鼻下口上，一名人中，蓋居人身天地之中也。天氣通于鼻，地氣通于口，天食人以五氣，鼻受之，地食人以五味，口受之，穴居其中，故名之曰人中。或曰人有九竅，自人中已上者皆兩，自人中已下者皆一，若天地交泰之義者則鑿矣。

禽獸之音偏於一，故無智，雖有智，亦偏一巧。舌縱多轉，聲亦不具五音也。人之音外配五行，内應五臟，各無欠缺，故人爲萬物之靈也。

人之手心，抓而不痒，人之足心，抓之則痒者，何也？蓋人手心通心氣，心屬火，喜動，故不痒。人足心通腎氣，腎屬水，喜靜，故痒。

鳥之味方者，趾方，近於陰，故夜不眠而能飛鳴。鳥之味尖者，趾尖，純於陽，故夜宿而不能飛鳴。鳥味尖而能夜飛鳴者，色純於陰也。若鴉頸既白而不純，故夜不能飛鳴也。

鼠之前爪四指，陰也；後爪五指，陽也：故爲陰陽之始終。龜之前後爪亦同于鼠，故爲陰陽之大用。或曰：鼠前四後五，四時五行也；龜前五後四，五湖四海也。

飛禽爲陽，皆食果穀，得天陽之氣也。走獸爲陰，皆食芻藁，得地陰之氣也。

或問曰：獸有尿，禽無尿，何也？答曰：獸得陰數，陰數無始，爲無上，故無翼。禽得陽數，陽數無終，爲無下，故一竅而無尿也。

五行惟火無定著，由木而見形，依土而附質，因金而顯性，遇水而作聲。

水火乃陰陽之極，坎離之象著。坎内含一陽，生氣也，故水中能容物；離中含一陰，死氣也，故火中不能容物。

斸土始則重，燥則輕。伐木始則重，槁則輕。是知形附質則重，形離質則輕。水附土，液附木，乃重，生則重也。水離土，液離木，乃輕，絶則輕矣。

或問：海錯生鹹鹵，而其味每淡，及獲之，醃浸以鹽，其味即鹹矣，其理何在？答曰：生氣臨之者常，死氣臨之者變，生生氣也，死死氣也。故海錯在海皆澹，及其離海，鹽醃之即鹹。生則氣血行，故味不入；死則氣血凝，故味能入。

梓潼文昌君從者，曰天聾，曰地啞，蓋帝君不欲人之聰明盡用，故假聾啞以寓意，且夫天地豈可以聾啞哉？

紫色乃水火陰陽相交、既濟流通之義也，故天垣曰紫宮，又曰紫微者，紫宮微妙之所也，是以天子之居亦曰紫宸，面南拱北之情合矣。

凡草木，經牛嗷之，餘必重茂；經芊嗷之，餘必悴槁【一】。諺有之曰：「牛食如澆，芊食如燒。」信夫，是蓋生殺之氣致然也。

【一】悴槁　原作「粹稿」，據文意徑改。

◎祖士衡撰

西齋話記

李裕民　整理

點校説明

《西齋話記》一卷，祖士衡撰。士衡（九九一—一〇二六），字平叔，蔡州上蔡（今屬河南）人。大中祥符元年（一〇〇八）進士。官直集賢院、同修起居注、右司諫。以附丁謂落職，知吉州，卒，年三十六。事蹟詳見《狀元紫微始末》（《龍學文集》卷一四）。《宋史》卷二九九本傳作「年三十九」，當有誤。

是書，《遂初堂書目》、《宋史》卷二百六《藝文志》、《文淵閣書目》卷二著録，《永樂大典》卷二九七九引是書，則其書單行本至明初尚行於世。今祖無擇《龍學文集》卷十四全載是書，凡三十五則。《鐵琴銅劍樓藏書目録》卷一七録舊抄本《西齋話記》一卷，云：「書中遇匡字闕筆，殆從宋刻傳録也。」疑即録自《龍學文集》。《説郛》商務本（卷四）僅收三條，宛委本（卷二九）收四條，其多出的一條抄自《朝野僉載》卷五，係誤收。《天中記》卷三八「燒尾」條，云出《西齋話記》，按實出唐封演《封氏聞見記》卷五，非本書佚文。

此書所記爲祖士衡所見所聞之事，多不見於他書，於研究宋初史事多有裨益。書中稱張齊賢享年七十三，與《宋史》卷二六五本傳「七十二」不同，可備參考。與岳飛冤案相關的「莫須有」之含義，至今尚無定論，本書第一三條所載，説明宋代早在真宗時已在使用「莫須」一詞，這爲探討此詞的正確含義提供了一個實例。

今以文淵閣《四庫全書》本《龍學文集》所收《西齋話記》爲底本，參校清抄本《洛陽九老祖龍學文集》（簡稱文集清抄本）及《説郛》本。末附建炎二年（一一二八），祖士衡姪孫資州太守德恭之題跋。

蔡州褒信縣有文秀才者名宏，惟夫婦同處，不知其甲子，耆舊見之，約八九十年矣，容貌常若五十歲人。去邑城十數里，有田百餘畝，歲自耕耘，力不懈，凡春秋田率只種一色，是歲所種之田，例必倍熟。凶年亦獨有收，而多辟穀，歲之所得，常募里中尤貧乏者，輦負就寄其家，約日與之饘粥之費，以充傭直，鄉人服其義，弗之欺也。久之又遷一處，凡遷數四，即並盡矣。來歲復如之，未嘗言事，未嘗干人。或有疑其有道術，輒哀祈之者，乃遷避遁逃，或旬月、或經歲不可見矣。大中祥符初今太府少卿蔡汶典郡，下車之日，首命牙校邀之，言：前守眉州，遇青城隱者，托以達信，堅爲牙校所迫，不得已偕至郡齋，每行必杖策先其牙校，牙校鞭馬逐之不能及，相去常百步許。蔡卿盡禮迎佇，略無留意，咨以化民之道、修身之術，對曰：「六籍載之備矣，外復何求。」承間訪以黄白之術，笑而不答。數日求去，蔡卿欲厚遺之，悉無所受。既歸故居【一】，語其鄰黨曰：「吾將遠遊，亦未期回日，幸各自努力也。」一日挈其妻潛去，於今莫知所適耳。

太平興國中，相國清河張公齊賢爲江南轉運副使，河南向公敏中通判吉州，有水軍小校彭仲玄者善袁、許之術，言二人皆當位極人臣，富貴而復壽考，張先升而不久其位，向次

校勘記

【一】既歸故居　「故」《說郛》（宛委本）卷二九下作「所」。

得而最耐，後向比之張官較一資、壽少一歲。既而二公果相繼登庸，張終於司空致仕，年七十三，向以左揆終於相位，年七十二。

《國史補》云：蜀人織錦初成，必濯於江，然後文采焕然。今則不然矣，未知何以言之。

翰林李學士宗諤休澣與子弟家讌，有太常丞劉仲宣是日與會，酒酣，因探題聯句，或徵故事爲令，以俗語捉對。李氏諸子中昭述者，時年十數歲，飲酒先酡顔，而劉丞思若抽軋，每徵故頗有難色【二】，偶顧昭述，欣然得句云：「三杯酒後眼睛赤。」述應聲答曰：「一度令來唇口青。」

太祖之御極也，忠懿王錢俶親奉職貢，以修藩臣之禮。禮成辭歸，面敘感遇，俯伏流涕，且曰：「願子子孫孫盡忠盡孝。」太祖曰：「但盡我一世，盡爾一世，子孫亦非爾所可及也。」

予姑程氏孀居誓志，攜其孤幼來依先大夫。淳化中先大夫任通判河南府，姑嘗染疾沉劇，久之方愈。忽夢有力士數十持符扣門，追攝甚急。將行十許里，至一大城，入府署中見一尊官據案決事，左右侍從甚嚴肅。尊官云：「此人且去。」命授與白絲一結，令日數一莖，數盡即來。至咸平三年，先大夫棄養，予奉姑氏寓居蔡下。是歲始復夢向之力士追攝，洎往見尊官，復遣之還，一與前無異，而再以絲授之，其大一箸許，纔踰月而姑淪逝。

【二】每徵故　「每」，文集清抄本作「與」。

祥符乙卯年，馬亮侍郎知荆南罷赴闕，語朝士云：在任日，一日午際，有一道流詣郡署求相見。閽者以視事方退，請謁非時，固留少頃【三】，以須府公再出。道流曰：「固知潭州劉師道學士薦某求見馬侯【四】，劉已爲衡山北門侍郎矣，今日禮上某適赴會退而來此。」閽者方驚訝其言，忽失所在。

三司林侍郎特言：咸平中爲殿中丞判户部勾院，奉命京兆府與府公張侍郎詠時爲户刑部同定監法，張延於廨舍，忽一日絶早相過云：「夜來夢一大寮經由，召書吏修刺通謁，書吏未至，亟自染翰，洎畢視之，乃誤結銜爲禮部尚書，凡三易之而皆復然，莫知何祥也。」後十三載，張竟終於大儀。

龍圖閣待制李行簡言：隴川道士曹若虚者，善醫，尤得針砭之妙術。里有寡婦再適人，遇疾且卒，經日而心間尚煖，家人因奔詣若虚，哀祈一往，庶幾可救。若虚既至，熟視之，且止其哭泣，引針針之，即時而蘇。良久乃能語云：「始者若夢遇故夫【五】，相隨出郭外，故夫姓宋忘其名遠歷郊野橋櫟，復入叢林草莽，輾轉不相舍，俄而故夫爲一物刺中其足，不能屣步【六】，由是獨行，忽若夢覺爾。」郡人競訪若虚詢之，若虚曰：「向之所針，乃黄帝針八邪穴也【七】。若虚即今尚藥奉御姚可久之師耳。

予先人敝廬占數蔡下，郡人有與家兄遊者，忽夢有人自京師至，言科場事，其人問：「祖家二秀士安及第否？」答曰：「已成事。」人問：「三秀才士龍及第否？」曰：「滯他

【三】固留少頃　「固」，文集清抄本作「因」。

【四】固知潭州　「固」，文集清抄本作「故」。

【五】始者　「者」原誤作「都」，據《説郛》改。

【六】屣步　「屣」《説郛》作「履」。

【七】八邪穴　「八」，文集清抄本作「入」。

不得。」其人曰：「滯他不得，是何言？」答曰：「先食禄。」時天禧二年也。來春，二兄長果策名而適拘選限，三兄長不利而歸，都不測前夢何謂矣。秋九月，予自小諫遷中諫，長冬天子有方望之事，得以三兄長之名上奏，恩補右職，即時受俸，乃思已成事、滯不得、先食禄之言不差矣。

太尉文貞王公、左揆文簡向公並久在相位，以疾以年累乞罷退，上悉堅不允，前後抗章非一，至遣中使傳宣閤門通進司不得受二公表狀，君臣終始恩顧，近來罕及也【八】。

内殿承制鄧雅前後將命四方，自題姓名云：「登邑誰不言，安牙在左邊。」郵亭廄置往往有之。

户部郎中、直集賢院石中立性詼諧，累居計省，同列多罹其善謔，户部判官上官佖因戲曰：「石君石君何人奉奈口何？」石應聲曰：「下官口何干上官佖事。」又初爲禮部郎中謁謝時執，時執戲之曰：「今爲正郎，莫須不同自前也！」石曰：「某雖塵忝，豈可改常，況告勑之内並明言之。」時執因問：「告勑内何言也？」石曰：「可授尚書禮部郎中，餘如故。」

孟氏在蜀末年，因除夜自書桃版云：「新年納餘慶，嘉節號長春。」是歲果王師受降【九】，以吕餘慶知成都，長春即太祖誕節之名也。

内臣張繼能頗知書，嘗總戍兵於靈州，屬戎寇圍城，經歲不解。繼能作詩云：「夜聞

【八】近來罕及　「來」，文集清抄本作「世」，義較勝。

【九】王師受降　「王師」，文集清抄本作「主帥」。

塞外鈴聲苦，曉聽城頭角韻哀。不是感恩心似鐵，何人肯向此中來。」

金陵瞽者王光贊聞人言音，知其貴賤休咎，號爲「王聽聲」。太平興國中先大夫爲贊善知句容縣，時故參政蘇公易簡初命將作監丞倅府事，光贊言：「蘇公甚貴，若年過四十，即爵位不可涯也。」至道中，先大夫爲尚書外郎、通判淮陽【一〇】，蘇公以春官貳卿自鄧移陳，方年三十九，强盛無疾，晨接賓僚，方退踣於廳事之後，俄頃不救，時十二月矣，前去四十，不累旬也。因思光贊之言，一何神耶！然聞其爾後言事則稍差矣。

執金曹翰自方鎮黜居環列，嘗爲《言懷詩》，有「曾因國難頒金甲，恥爲家貧賣寶刀」之句，頗爲時人所許。

廉使錢公若水善知人，太尉王公旦始直史館，錢已同知樞密院，每見而歎曰：「王二他日窮極富貴【一一】，世無與比。」翰林學士李宗諤新登第【一二】，大有聲望，皆謂可繼其先相國之躅。錢公云：「李生文行，何官不作，而恐不滿五十歲。」咸平中錢爲工部侍郎知開封府，李與梁顥、趙安仁並命掌誥，錢云：三舍人將來皆不及趙。其後李、梁並終翰林學士、諫議大夫，李年四十九，惟趙參與政事【一三】，官至右丞，壽六十一。

廬山遠師結社之所東林寺，有池極大，每歲芙蓉盛開之際，而今之郡人洎隣境士庶以八月一日爲期，競集於太平興國觀，捨施甚多，號爲蓮華會，而都不霑二林矣。主事僧但自以常住飯兩寺緇褐，爲遠師作忌日齋爾。

【一〇】淮陽　原誤作「淮揚」，據《宋史》卷八五《地理志》改。

【一一】王二　《永樂大典》卷二九七九第九頁作「王公」。

【一二】李宗諤　原誤作「李宗譯」，據《宋史》卷二六五本傳改。

【一三】趙參與　「與」《永樂大典》作「預」。

大貂武惠曹公彬，盛德殊勳，冠於當世，而謙退謹靜，稟之天資，嘗因候對處於内殿幕次，導從悉屏於他處，蓋畏人知也。俄有使臣數人，率銜命外方，未嘗識公者，因搴簾而入，一揖而坐，各恣談笑，久之，問公曰【一四】：「賢甚處得替來？」公不得已曰：「青州得替。」又曰：「合入遠近差遣？」公曰：「遠近即未知。」復曰：「彼此班行，何消藏機，應是已有好勾當處。」又曰：「果然是，果然是。」乃問職位，公曰：「某即樞密使曹彬也。」聞之並狼狽奔迸而去，曹公未嘗形於言，而京師尋悉知之，蓋其中自有以語人者。

屯田胡員外寂言：四十年前有供奉官楊忘其名，乃節帥楊義所謂楊瘂子殿前也。之弟，爲湘潭巡檢，年甚少，因至衡山，乘馬入司天帝祠庭，又於諸殿焚香，不甚恭肅，及出門，墜馬而卒。後有夜見被甲持戈步遶繚垣稱爲巡山使者，今之祭醮衡山者，皆設巡山使者位，即其人也。

真宗好文向學，孜孜不倦。祥符、天禧之際，宸章睿藻，宣示臣下者不間於三五日，自宰執至貼職於三館者皆得與賡載。刑部員外郎、直集賢院梅詢出爲陜西轉運使，奉辭之日面奏，乞遇有聖製，欲令勾當三館中使劉崇超録本附遞至治所，庶得和進。恩旨從之。

祠部江嗣宗郎中爲夔州路轉運使，奉詔討谿蠻平之，獲先被掠生口千餘人。有谷伴舅者，江陵松滋人也【一五】，始年十歲，爲蠻人所驅入山洞間，見本邑鄰居夫婦抱一子纔周歲爾，亦在刼中，以其夫婦潛謀遁歸，並殞於白刃之下，而棄其嬰兒，伴舅即收之而行，得

【一四】問公曰　「問」之前，文集清抄本有「因」字。

【一五】松滋　原誤作「松茲」，據《宋史》卷八八《地理志》改。

在一田斬斫家蓋其官號也。充給使。伴舅養視其嬰兒甚至，日食以山果，或火食之稍甘脆者，出則以布繈負之，田氏亦憐之而不害也，凡四歲而挈之以歸，得各還其家。噫！童子而知爲仁義也。

參政趙侍郎安仁言：故兵部員外郎、直史館陳充，淳化中嘗染疾。一日恍惚若夢中，被人召至一府署中，云：命爲山林主者，掌世人之先代亡靈久未生者，登廳據桉，僕使吏胥至多，簿書委積於階前【一六】，充甚駭焉，意謂已死矣。左右云：「不妨陽間掌事，但不可泄於人爾。」因問：「充之先代何人尚在此？」左右曰：「並已受生。」又問：「妻族何人尚在此？」亦曰：「已受生矣。」因問馬家：「何人尚在此？」左右曰：「有叔姪數人，未得受生。」充曰：「何故也？」答曰：「爲證口舌事未了。」馬氏者，蓋充之内子前夫之家，充固不知其家世，既寤，亦不敢言之。俄而疾愈，因暇偶與内子言，馬家骨肉爲事若何？答曰：「亦皆如常。」因語其性善惡，答曰：「餘無他，但諸子或忿爭，即好於星斗下焚香作呪誓。」充默然心知，乃言口舌事驗矣。充自爾每月率三兩次，如夢寐中，至冥間涖職，積一歲，頗厭怠之，且慮久而不祥，乃與親友言之，由是不復往矣。大中祥符初，始以疾終。

參政又言應舉時，素未嘗至中書也，而忽夢入一公府，升堂坐而決事，回顧堂後室中有四婦人並坐。既寤思之，都莫曉矣。爾後由翰苑參大政，赴本廳上事，怳然宛同昔歲之夢，而凡四娶焉。

【一六】階前　文集清抄本作「階下」。

狀元梁固，予之朋執也，天禧丁巳歲三月遇疾而逝，予往吊之。有女使如玉者，卒然而偃僕於服舍，如中風眩之狀，因作靈語。如玉，吴人，而言音酷類狀元，狀元汶上人也。又且戒家人曰：「勿用悲啼，吾到此極快樂，已與先内翰相見冥間，喜吾至，錫賜甚頻。又得第宅、莊田、器皿、鞍馬、僕從近二百人，今爲陰山諫議矣。汝輩凡上食燒錢，須呼陰山諫議，我方領之。或遇號哭，即言學士，恐外人聞之以爲笑也。」又予與石中立集賢協議於外，將共出俸錢以庀喪事。如玉又於室中云：「可自貨卻馬，更家間收拾，亦恐得少許國家恩賜足以了得，送葬不必更煩祖、石二學士也。」俄而中使傳宣賻錢百千羊酒等，及貨馬，自餘家資果能營辦。又曰：「可掃廳安椅子，劉筠舍人來矣。」食頃，紫微至。又曰：「後事並托祖學士，然正字年小，且與撰遺奏，懇切陳乞，正字名述，狀元之弟。亦合得五貫俸錢，且相兼支用。」因思正字未有料錢，若是改轉太祝奉禮，厥俸數亦不同，表既上，朝旨與在京差遣，得監鑄寫務，特添支錢五貫文。既擇日小斂，家人出銀器數副，將置壽木中。予以恐人之所覬覦，因撤去之，家人並不知矣。如玉又曰：「祖學士不欲以銀稜椀碟入棺，何不换兩三副素漆器著。」時俟狀元堂弟名逸，會葬未至，雖闔棺尚未施釘。如玉又曰：「有一物當面甚爲妨礙。」啟棺視之，乃有贈作彩一束横在面。又如玉素不識書，因索茶匣狀元素好事，惟茶器必自爲鑰。起坐自開點啜一甌訖，依前封之，命筆題署，一與狀元同，於今尚在。類此之事甚多，皆不可測。凡三日而愈，若酒醒者，自云不記矣。

海州觀察推官韓炳言：嘗爲隴州從事，會知成州、屯田員外郎劉保衡經由召飡，不食葷肉，因語在郡日，有屠者宰一家，既去毛而舉體有黥，俱若人之文身者，衆聚觀之，中有一鼓刀之士，惨然曰：「此某之兄也，死且三歲。」諦視所刻魚龍之狀宛然，及有文字，歷歷可驗。乃以善價贖而瘗之，此家遂罷其業，保衡感是而不御肉。

相國上谷寇準、始平馮公拯惟不爲禮部，而皆遍歷吏、兵、户、刑、工部尚書。參政天水趙公昌言亦不爲禮部，而遍歷五行侍郎。相國廣平宋公琪自諫議拜刑部尚書、參知政事，不歷丞郎、給舍。太原王公欽若自學士、左正言拜諫議、參知政事。貳卿吕公祐之自右史掌誥拜諫議，並不歷郎中、員外。中憲趙公安仁自學士、工部員外郎拜諫議、參知政事。内翰梁公顥自司諫、掌誥拜諫議、户部使，中憲劉公筠自學士、兵部員外郎拜諫議，副翰晏公殊自學士、户部員外郎拜左庶子充職，並不歷郎中。

僧贊寧者頗有學問，近代罕有其比，著《僧史》，言今之車駕前中使乘馬擁袍以繡帕覆之者，俗指爲駕頭。贊寧乃云：「其中有《人王經》一部」，蓋不知而妄作也，此乃大朝會時殿中御座爾，其形如杌子。

予讀《高僧傳》，有杯渡者不知名氏，時人莫測之，但見以木杯渡水，因以目之。今其傳因事當指名之可云師，或云和尚，或以杯渡兩字呼之，亦可辨矣，而乃十餘處，全只稱度【一七】，似實單名者，此誤爲矣，亦猶今之鄙俗有談開元、天寶時事，指明皇自稱宗者可

【一七】度　據上文，當作「渡」。

絶倒矣。

阮都官中度言：陳詢爲太子中允，嘗夢人語之曰：「爾之官止於此矣。」既寤，甚惡之，而不敢泄。後遷太常丞，方以語其妻，翊日染疾而逝。

宋尚書白初爲貳卿日，嘗夢於一水邊見一人立於水南，其人隔水輒拜，白曰：「素不與足下相識，何故下拜？」對曰：「無答拜。某是將來狀元，侍郎即將來主文也。」後累年，尚書果爲侍郎主文，以王世則爲狀元，及瓊林宴日，視之狀貌，乃昔夢中所遇人也，因問其方來，則曰：「某湖南人也。」

王參政化基未及第時，嘗於齋中晝寢甚美，忽爲鼠囓其指，覺而遂起。良久，寢所牆倒。自是家中不令畜貓，懼其殺鼠也。

古人作詩引用故實，或不原其美惡，但以一時中的而已。如李端於郭曖席上賦詩，其警句云：「新開金埒教調馬，舊賜銅山許鑄錢。」善則善矣，而鑄錢乃比鄧通爾，既非令人，又非美事，何足筭哉！大凡用故事多以事淺語熟，更不思究，便率爾而用之，往往有誤矣。只如李商隱《路逢王二十入翰林詩》云【一八】：「定知欲報淮南詔，急召王褒入九重【一九】。」漢武帝以淮南王安屬爲諸父，善文辭，尊重之，每爲報書及賜，常召司馬相如等視草，乃遣褒，是宣帝時人【二〇】。邇者王禹偁作《筍詩》亦云：「稚川龍過頻回首，認得青青數代孫。」稚川即葛洪之字，投杖化龍乃費長房爾，蓋是使葛陂之事，此乃不思之由。

【一八】李商隱　按其下所引詩，《劉賓客文集》卷二四、宋洪邁《萬首唐人絶句》卷五、《全唐詩》卷三六五均云作者爲劉禹錫。

【一九】急　《劉賓客文集》、《萬首唐人絶句》、《全唐詩》均作「促」。

【二〇】褒是　胡仔《漁隱叢話前集》卷四〇引作「王褒自是」。

又孫僅《傅巖詩》云：「刑人一旦起幽深，功業煌煌照古今。」且傅說已非刑人，蓋當時有胥靡修築巖道，而説在困約中代之以假其資，是爲胥靡傭賃也，豈可謂説爲刑人哉！

廬山者，按山記並郡圖言：「匡廬山，本周武王時自匡續隱居此山學道【二二】，歲久累徵不起，仙而上升，至王時以其結廬之所，賜號爲匡，召靖廬山，今山下有匡先生廟存焉，乃匡廬只是一山也。」近張景《匡先生詩序》引葛洪所授《五嶽真形圖記》云：「黄帝署廬山爲使者」，是黄帝時既有廬山。又取張密《廬山實録》云：「因廬水而曰廬山也。」是山本名廬，而因續曰匡也。唐李衛公《望匡廬賦序》曰：「望匡、廬之二山。」則不指其所出，莫得而詳焉。（《龍學文集》卷一四）

【二二】自匡續隱居　「自」，文集清抄本作「有」。

祖德恭題跋

每覽叔祖《話記》，乃見編次有序，記述甚詳。其間告戒，亦有深意，使人讀之，當銘佩其言，不可遺也。書於資中郡舍坐嘯堂，時建炎二年八月初四日也。（《龍學文集》卷十四）

⊙張君房撰

麗情集

黄寶華　整理

點校説明

《麗情集》一卷，張君房撰。張君房，字尹才，安州安陸（今屬湖北）人（王得臣《麈史》），景德進士，官至尚書度支員外郎，充集賢校理。大中祥符中在御史臺，因鞫獄無狀謫官寧海。真宗崇道，下詔編集《道藏》，先成《寶文統録》，錯漏嚴重，主事者王欽若、戚綸遂薦君房主持重修，出任著作佐郎，天禧三年（一〇一九）編成《大宋天宫寶藏》四千五百六十五卷，又從中選撮其精要萬餘條，成《雲笈七籤》一百二十二卷，作爲道教類書，其精華内容具備於是。君房博通釋老，所著多小説家言，如《乘異記》、《搢紳脞説》之類即是。

《麗情集》也屬此類著述，專記女性人物之傳奇故事，主題關乎男女情愛，且多涉詩歌篇詠，體類詩話。晁公武《郡齋讀書志》（衢本）卷十三《小説類》著録爲二十卷，「張君房唐英編古今情感事」。馬端臨《文獻通考》卷二一七《經籍考》四四承之，所謂「唐英」實爲另一人，晁、馬均誤。原書已散佚，《説郛》曾予摘引，今宛委山堂本《説郛》弓七十八收録十二條，但每條均寥寥數語，已非全貌。《説郛》本爲此後諸家叢書所承，如明代《格致叢書》、《緑窗女史》，清代《香艷叢書》，民國《五朝小説大觀》均著録爲一卷。又，南宋曾慥《類説》卷二十九收録此書二十四條，其中十條與《説郛》所述事同，但《類説》所載更詳，故今次整理以明刻本《類説》（題「明新野馬之駿參閲，山陽岳鍾秀訂正」）爲底本，以相關作品作參校。此外，其他類書、總集中所引《麗情集》條目則作爲附録收載，内容重出者則不取，但文字有異同，酌情收録。其中《緑窗新話》參考引用了古典文學出版社一九五七年出版的周夷先生校補本成果。掛一漏萬，勢所難免。

烟中仙

越漁者楊父，一女絶色，爲詩不過兩句，或問胡不終篇，答曰：「無奈情思纏繞，至兩句即思迷不繼。」有謝生求娶焉，父曰：「吾女宜配公卿。」謝曰：「諺云：『少女少郎，相樂不忘；少女老翁，苦樂不同。』且安有少年公卿耶？」翁曰：「吾女詞多兩句，子能續之稱其意，則妻矣。」示其篇曰：「珠簾半床月，青竹滿林風。」謝續曰：「何事今宵景，無人解與同？」女曰：「天生吾夫。」遂偶之。後七年春日，楊忽題曰：「春盡花隨盡，其如自是花！」謝曰：「何故爲不祥句？」楊曰：「吾不久於人間矣！」謝續曰：「從來説花意，不過此容華。」楊即瞑目而逝。後一年，江上烟光溶曳，見楊立江中曰：「吾本仙，謫居人間。後倘思之，即復謫下，不能得仙矣【一】。」

【一】不能得仙矣 「能」原作「爲」，據文淵閣《四庫全書》本（以下簡稱「四庫本」）《類説》改。

崔徽

蒲女崔徽，同郡裴敬中爲梁使蒲，一見爲動，相從累月。敬中言還，徽不得去，怨抑不能自支。後數月，敬中密友知退至蒲，有丘夏善寫人形，知退爲徽致意於夏，果得絶筆。徽捧畫謂知退曰【二】：「爲妾謝敬中，崔徽一旦不及卷中人【三】，徽且爲郎死矣！」明日發狂，自是稱疾，不復見客而卒。

灼灼

錦城官妓也，善舞《柘枝》，能歌《水調》。相府筵中，與河東人坐，神通目授【四】，如故相識。自此不復面矣，灼灼以軟綃多聚紅淚，密寄河東人。

燕子樓

張建封僕射節制武寧，舞妓盼盼，公納之燕子樓。白樂天使經徐，與詩曰：「醉嬌無氣力，風裊牡丹花。」公薨，盼盼誓不它適，多以詩代問答，有詩近三百首，名《燕子樓集》。嘗作三詩云：「樓上殘燈伴曉霜，獨眠人起合歡床。相思一夜情多少，地角天涯不是長。」「北邙松柏鎖愁烟，燕子樓中思悄然。自埋劍履歌塵散，紅軟香銷一十年。」「適看鳴雁岳陽回，又覩玄禽過社來。瑶瑟玉簫無意緒，任從蟲網任從灰。」樂天和曰：「滿窗明月滿簾霜，被冷香銷獨卧床。燕子樓前清月夜，秋來只爲一人長。」「鈿暈羅衫色似烟【五】，一回看着一潸然。自從不舞霓裳曲，疊在空箱得幾年！」「今年有客洛陽回，曾到

【二】捧畫　「畫」原作「書」，據四庫本改。

【三】卷中人　「卷」原作「巷」，據四庫本改。

【四】神通目授　「目」原作「自」，據四庫本改。

【五】鈿暈羅衫色似烟　「鈿暈」原作「屢慰」，據四庫本及白居易《燕子樓三首》之二改。

尚書塚上來。見説白楊堪作柱，爭教紅粉不成灰！」又一絶云：「黄金不惜買蛾眉【六】，揀得如花三四枝【七】。歌舞教成心力盡，一朝身去不相隨。」盼盼泣曰：「妾非不能死，恐百載之後，人以我公重於色。」【八】乃和白公詩云：「自守空樓斂恨眉，形同春後牡丹枝。舍人不會人深意，剛道泉臺不去隨。」

無雙仙客

唐王仙客者，劉振之甥。振有女曰無雙，幼與戲弄相雅，振妻戲呼仙客爲「王郎子」。後無雙長成，舅氏以位尊官顯，欲廢前約，每窺見無雙明艷若神仙中人，有青衣告客：「親事情恐參差也。」一日，振趨朝，忽走馬歸云：「涇源兵士姚令言領兵入含元殿，天子出苑北門，百官奔走行在。召仙客勾當家事，當以無雙嫁，乃裝金帛押領出開遠門，我與骨肉出啟夏門，遶城續至。」仙客依教出城外，久待不至，遂至啟夏門。守夏門者皆持白棒，徐問城中有何事，今日有何人出此門，答云：「朱太尉作天子。午後有人重載攜家欲出去，是租庸使劉尚書，門司不敢放出，追騎至向北去矣【九】。」仙客驚懼，走歸襄陽。後知克復京闕，入京訪舅氏，見舊使蒼頭塞鴻。仙客曰：「阿舅、阿母安否？」鴻曰：「尚書授僞命，與夫人皆處極刑，無雙已入宮掖，家人唯婢採蘋在焉。」訪求得之【一〇】，與居。京兆尹以仙客爲富平尉，忽報中使押内家三十人往園陵，仙客令塞鴻假爲驛吏，夜深簾下呼

【六】黄金不惜買蛾眉　「買」原作「責」，據四庫本及白居易《感故張僕射諸妓》詩改。

【七】揀得如花三四枝　「三四」原作「五四」，據白居易《感故張僕射諸妓》詩改。四庫本作「四五」。

【八】人以我公重於色　「我公」原作「我」，據四庫本補「公」。

【九】追騎　原作「追驅」，據四庫本改。

【一〇】訪求得之　原作「訪得求之」，據四庫本改。

塞鴻曰：「郎健否？明日紫褥下取書。」鴻明日得書，云：「嘗見勅書説富平古押衙，人間有心人，能求之否？」仙客乃訪古生者，居村墅，厚贈金寶。歲餘，古生曰：「察君之意，將有求於老夫耳？士爲知己用，願粉身以答深海之恩。」仙客以實告，古生曰：「此事大昜。」後半歲曰：「何人識無雙？」仙客以採蘋對。古曰：「宿留數日。」後忽聞有高品過處置園陵宫人，仙客令刺探，所殺者乃無雙也。是夕，扣門甚急，古生領一兜子入，曰：「此無雙也，今死矣，後日當活。」古生又曰：「暫借塞鴻。」乃抽刀斷其頸，仙客甚怒，古曰：「今日報郎君足矣！比聞茅山道士有藥，服者立死，三日復活。求得一丸，昨令採蘋假作中使，以無雙逆黨，賜藥令自盡，至陵下，托以親故，百練贖其尸，舁人等皆殺之【一一】，以滅口，老夫亦自刎。」言訖，舉刃而死。仙客挈無雙，變姓名，歸襄陽諧老。

蓮花妓

嚴子牧豫章，陳陶隱西山，操行清潔，守欲撓之，遣小妓蓮花往侍焉。陶殊不採，妓乃獻詩求去，云：「蓮花爲號玉爲腮，珍重尚書遣妾來。處士不生巫峽夢，虛勞神女下陽臺。」陶答曰：「近來詩思清於水，老去風情薄似雲。已向昇天得門户，錦衾深愧卓文君。」

【一一】舁人　「舁」原作「羿」，據四庫本改。

蜀妓薛濤

元微之元和中使蜀【一二】，籍妓薛濤者有才色，府公嚴司空知元之情，遣濤往侍焉。後登翰林，以詩寄曰：「錦江滑膩峨眉秀，毓出文君與薛濤。言語巧偷鸚鵡舌，文章奪得鳳凰毛。紛紛詞客皆停筆，個個公侯欲夢刀。別後相思隔烟水，菖蒲花發五雲高。」

愛愛

姓楊氏，錢塘娼家女也。七夕泛舟西湖，採荷香，爲金陵少年張逞所調，相携潛遁於京師。餘二年，逞爲父捕去，後或傳逞已卒，致愛愛感念而亡【一三】。小婢錦兒出其故綉手籍、香囊、纈履，郁然如新。

酥香

杜秘書多情多才也，號善小詞【一四】，元微之所謂「能道人意中語」者，信有之也。隣有富家翁，姓張氏，有處子，小字酥香。凡才人所爲歌曲悉皆諷之，一夕踰垣而至。杜疑爲怪，女曰：「兒乃隣家，慕郎詞章，願無棄也！」杜始望不至此，黎明徙居僻地。富家翁失女，不敢自明。後十年，僕有過，杜笞之【一五】，僕以聞官，杜捕逮鞫實，除籍，流于河朔，

【一二】元微之　「微」原作「徽」，據四庫本改。下同。

【一三】致愛愛感念而亡　「致」原空缺，據四庫本補。

【一四】號善小詞　「善」原作「於」，據四庫本改。

【一五】杜笞之　「杜」原作「枉」，據四庫本改。

瀕行，述《承過樂》一詞訣別，女持紙三唱，絶脰而死。

燕女墳

宋末唱家女姚玉京嫁襄州小校敬瑜，敬瑜溺水而死，玉京守志養姑舅，常有雙燕巢梁間，一日爲鷙鳥所獲，其一孤飛悲鳴，徘徊至秋，翔集玉京之臂，如告别然。玉京以紅縷繫足曰：「新春定來爲吾侶也。」明年果至，因贈詩曰：「昔年無偶去，今春猶獨歸【一六】。故人恩義重，不忍更雙飛。」自爾秋歸春來，凡六七年，其年玉京病卒，明年復來，周章哀鳴。家人語曰：「玉京死矣，墳在南郭。」燕遂至葬所亦死。每風清月明，襄人見玉京與燕同遊漢水之上。

泰娘【一七】

韋尚書家善謳者，會樂工琵琶新聲【一八】。尚書薨，爲蘄州刺史張懸所得。懸死，泰娘無所歸，抱樂器而哭，其音焦以悲。劉禹錫歌曰：「泰娘家本閶門西，門前緑水環金堤【一九】。有時粧成好天氣，走上皐橋折花戲。風流太守韋尚書，路旁忽見停隼旟【二〇】。斗量明珠鳥傳意【二一】，紺幰迎入專城居【二二】。從郎西入帝城中，貴遊簪組香簾櫳【二三】。低鬟緩視抱明月，纖指破撥生胡風【二四】。繁華一旦有消歇，佩劍無光履聲絶。

【一六】昔年無偶去今春猶獨歸　原作「昔躊新偶去，今年春又歸」，據四庫本改。

【一七】泰娘　原作「秦娘」，據四庫本及劉禹錫《泰娘歌》改。下同。

【一八】會樂工琵琶新聲　「琵」字原缺，據劉禹錫《泰娘歌序》補。案：原句不通。《泰娘歌序》云：「初，尚書爲吴郡，得之，命樂工誨之琵琶。」

【一九】門前緑水環金堤　「環」原作「繞」，據四庫本及《泰娘歌》改。

【二〇】隼旟　原作「隼旗」，據四庫本及《泰娘歌》改。

蘄州刺史張公子，白馬親到銅駝里。自言買笑擲黃金【二五】，月墮雲中從此始。安知鵬鳥坐隅飛，寂寞旅魂招不歸【二六】。秦家鏡破前時結【二七】，韓壽香銷故篋衣【二八】。舉目風煙非舊時，歸尋岐路多參差。如何將此兩行淚，更洒湘江斑竹枝【二九】！」

張好好

杜牧佐沈傳師在江西，張好好年十三【三〇】，始以善歌來入樂籍中。公移鎮宣城，復置好好宣城籍中【三一】。後二歲，爲沈述師著作以雙鬟納之【三二】。

湖州髫髻女

唐杜牧太和末徃遊湖州【三三】，刺史崔君素所厚者，悉致名妓，殊不愜意。牧曰：「願張水戲，使州人畢觀，牧當間行寓目。」使君如其言，兩岸觀者如堵，忽有里姥引髫髻女，年十餘歲，真國色也。將致舟中，姥女皆懼，牧曰：「且未即納，當爲後期。吾十年必爲郡，若不來，乃從他適。」因以重幣結之。洎周墀入相【三四】，牧上牋乞守湖州，比至郡則十四年，所納之姝已從人三載而生二子。牧亟使召之，父母懼其見奪，携幼以詣，母曰：「向約十年，不來而後嫁，嫁已三年矣。」牧俛首曰：「其詞直，强之不祥。」乃禮而遣之，爲《悵别》詩曰：「自是尋春去較遲，不須惆悵怨芳時。狂風落盡深紅色，緑葉成陰子

【二一】鳥傳意　「意」原作「語」，據四庫本及《泰娘歌》改。

【二二】紺幰　原作「一旦」，據四庫本及《泰娘歌》改。

【二三】簪組香　原作「美結秀」，據四庫本及《泰娘歌》改。

【二四】破撥　原作「披撥」，據四庫本及《泰娘歌》改。

【二五】擲黃金　原作「直千金」，據四庫本及《泰娘歌》改。

【二六】招不歸　原作「招不起」，據四庫本及《泰娘歌》改。

【二七】秦家鏡破前時結　「結」原作「給」，據四庫本改。案：《泰娘歌》原诗作：「秦嘉（一作家）镜有前時結。」（《全唐詩》卷三五六）

滿枝。」

三卿題

云：予家本若耶溪東，與閨中同志者紉蘭佩蕙，趨閑之境，不得從人，不幸良人已失，邈然無依，命筆聊書絶句。「姓二九，下父後，玉無瑕，弁無首，荆山石，往往有。」以筆墨非女之事，名姓故隱而不書。詩曰：「昔逐良人西入關，良人身没妾東還。謝娘衛女不相待，爲雨爲雲歸舊山。」李舒解曰：「『二九』十八也，十加八木字。子爲父後，木下子李字。『玉無瑕』去其點也。『弁無首』，存其廾也。王下廾【三五】，弄字也。『荆山石，往往有』者，荆石多韞玉。當是姓李名弄玉也。」

黄陵廟詩

開寶中，賈知微遇曾城夫人杜蘭香及舜二妃於巴陵。二妃誦李羣玉《黄陵廟》詩曰【三六】：「黄陵廟前青草春，黄陵女兒茜裙新。輕舟短棹唱歌去，水遠天長愁殺人。」賈與夫人别，命青衣以秋雲羅帕覆定命丹五十粒，曰：「此羅是織女繅玉蠶織成，遇雷雨密收之。其仙丹每歲但服一粒，則保一年。」後大雷雨，見篋間一物如雲烟騰空而去。

【二八】故篋衣　「篋」原作「舞」，據四庫本及《泰娘歌》改。

【二九】斑竹枝　「斑」原作「班」，據四庫本及《泰娘歌》改。

【三〇】年十三　「年」原無，據杜牧《張好好詩序》（《樊川詩集》卷一）補。

【三一】復置好好宣城籍中　「置」原無，據《張好好詩序》補。

【三二】爲沈述師著作以雙鬟納之　原作「爲過沈師着作雙鬟納之」，據四庫本改，但四庫本無「以」，據《張好好詩序》補，詩序作：「爲沈著作述師以雙鬟納之。」

贈妓詩

歐陽詹贈太原妓詩云：「高城已不見【三七】，况乃城中人！」

文宗詩

文宗與宰相謀誅宦官，事洩，番爲内官所殺。上登臨游幸，未嘗爲樂，往往瞠目獨語，因題詩殿柱曰：「輦路生春草，上林花滿枝。凭高何限意，無復侍臣知。」明日便殿觀牡丹云：「俯者如愁，仰者如悦，開者如笑，合者如咽。」吟罷方省舒元輿詞也【三八】，歎息泣下，命樂適情。宫人沈翹翹舞《河滿子》，詞云：「浮雲蔽白日。」上曰：「汝知書耶？此是《文選》古詩第一首，念君臣值姦邪所蔽，正是今日。」乃賜金臂環，翹翹善玉方響，以響犀爲椎，紫檀爲架。後出宫歸秦城，奉使日東，翹翹將玉方響登樓，撰一曲名《憶秦郎》。

非烟

武公業，咸通中任河南功曹【三九】，愛妾曰非烟，善秦聲，好文學。比隣趙象者【四〇】，窺見悦之，因門媪題絶句寄非烟，以金鳳牋答詩，象又以玉葉紙賦詩，非烟又以連蟬錦香囊、碧苔牋贈詩。象夜登梯踰垣，入堂中，盡繾綣之意。明日象送詩曰：「十洞三清雖路

【三三】唐杜牧　「唐」原無，據四庫本補。

【三四】周墀　「周」原作「丹」，四庫本同，《苕溪漁隱叢話》後集卷十五引此條作「周」，據以改。

【三五】王　原作「玉」，據四庫本改。

【三六】李羣玉　「玉」原作「王」，據四庫本改。

【三七】高城已不見　「見」原作「知」，據歐陽詹《初發太原途中寄太原所思》詩改。

【三八】舒元輿　「輿」原作「與」，據四庫本改。

阻，有心還得傍瑶臺。瑞香風引思深夜，知是蘂宮仙馭來。」烟復贈：「相思只怕不相識，相見還愁却別君。願得化爲松下鶴【四一】，一雙飛去入行雲。」無何，烟以細過捶女奴，女奴乘間以告公業，縛之大柱，鞭楚流血，但云「生相親，死亦何恨」，乃飲水而絶【四二】。洛陽有崔、李二生，與武掾遊，崔詩云：「恰似傳花人飲散，空林池下最繁枝【四三】。」其夕夢烟謝曰：「妾貌不迨桃李，而零落過之。」李詩云：「艷魄香魂如有在，還應羞見墜樓人。」夢烟曳手曰：「士有百行，君得全乎？何至苦相詆斥！當屈君於地下面證之。」數日而生卒。

薛瓊瓊

開元宮中第一箏手。清明日，上令宮妓踏青，狂生崔懷寶竊窺瓊瓊，悦之，因樂供奉楊羔潛班中得之。羔令崔小詞方得見薛，崔作詞云：「平生無所願，願作樂中箏。得近玉人纖手子，砑羅裙上放嬌聲，便死也爲榮。」羔飲懷以薰肌酒，曰：「此常春草所造，亦云千歲藟草，可令髮白變黑，致長生之道。」及崔爲刑南司録，瓊瓊理箏，爲吏所收赴闕，明皇因以賜之。

【三九】河南　「河」原作「何」，據四庫本改。

【四〇】比隣　「比」原作「北」，據《太平廣記》卷四九一《非烟傳》改。

【四一】松下鶴　「下」原作「上」，據《太平廣記》卷四九一《非烟傳》改。

【四二】乃飲水而絶　「水」原作「楚」，不通，蓋承上「鞭楚」而致誤。案：《非烟傳》載：「深夜，公業怠而假寐。烟呼其所爱女僕曰：『與我一杯水。』水至，飲盡而絶。」故據以改。

【四三】空林池下最繁枝　「空林池下」《非烟傳》作「空牀抛下」。

柳枝娘

洛中里娼也，聞誦李義山《燕臺》詩，乃折柳結帶贈義山，以乞詩。

趙嘏姬

進士趙嘏有姬纖麗，迫與計偕，將携之西上，爲母氏所沮，乃留之鶴林寺。因中原齋會，浙帥窺之，强致去奄有。明年嘏登第，以詩箴之曰：「寂寞堂前日又曛，陽臺去作不歸雲。當時聞説沙吒利，今日青娥屬使君。」帥得詩甚慚【四四】，乃遣歸之。

琴客

柳宜城之愛妾也，善撫琴瑟，宜城請老，琴出嫁。顧况歌曰：「佳人玉立生北方，雖家邯鄲不是娼。頭髻摇墮手爪長，善撫琴瑟有文章。南山闌干千丈雪，七十非人不煖熱。人情銷歇古共然，相公心在特書絶。上善若水任方圓，憶昨好之今棄捐。服藥不如獨自眠，從他别嫁一少年。」

【四四】帥得詩甚慚　「诗」原無，據四庫本補。

香兒

元載妓薛瓊英，幼以香屑雜飲食啖之，長而肌香，又名香兒。

余媚娘

適周氏，夫亡，以介潔自守。陸希聲使媒游説，媚娘曰：「陸郎中不置側室及女奴，則可爲婦。」希聲諾之。娶二年，劈牋沫墨，更唱迭和。媚娘又能饌五色膾，妙不可及。無何，希聲納蘚英，媚娘許之，希聲以爲誠然。既共居，略無他説。候希聲已他適【四五】，將蘚英閉室中，手刃殺之，碎其肌體，盛以二大合，封題云「送物歸別墅」。閽吏異之，送京兆獄，媚娘遂就極典。

【四五】候希聲已他適　「已」原無，據四庫本補。

附録

浣沙柱子

霍小玉，侍兒之名。

遺策郎

鄭生過李妓宅，見娃，徘徊不能去。詐遺以駐馬。後訪，自呼曰：「前遺策郎也。」

卷中人

唐裴敬中爲察官，奉使蒲中，與崔徽相從。敬中回，徽以不得從爲恨，久之成疾，自寫其真以寄裴曰：「崔徽一旦不如卷中人矣！」

環者還也

崔郎寄張生信，有玉指環，云「環者還也」。

秋雲羅帕

賈知微遇曾城夫人杜蘭香【一】，既別，贈賈秋雲羅帕，裹丹五十粒，云：「此羅是玉女繅玉蠶繭以織成。」

沈翹翹

文宗時，宮人有白玉方響，以犀爲椎，以紫檀爲架。後出宫歸秦氏，秦出，翹製曲以寄之，名曰《憶秦郎》。（以上六條載於《香艷叢書》）

蕊草春 并序　顧況

隴西李迅者，別宅監奴，爲刺史配嫁，監奴投井而死，因作《蕊草春》。《麗情集》作：隴西李迅者，納別宅監奴，出，迅不喜【二】。欲訪故人，爲刺史强而配焉，既歸而不合，監奴投井而死，因作《蕊草春》歌以悲之。

蕊草春，杳容與，江南艷歌京一作「凉」。西舞。執心輕子都，信節冠秋胡。議以腰支嫁，時論自有夫。蟬鬢蛾眉明一作「洞」。井底，燕裙趙袂一作「趙帶」，又作「越帶」。縈轆轤。李生聞之淚如綆，不忍迴頭看此井。月中桂樹落一枝，池上鴆鵲唳孤影。露桃穠李自一作

【一】賈知微遇曾城夫人　「遇」原無，據《類説》本《黄陵廟詩》條補。

【二】迅不喜　原作「不喜迅」，據顧況《瑶草春》詩序（《全唐詩》卷二六五）改。

「日」。成蹊，溪一作「流」。水終天不向西。翠帳綠窗寒寂寂，錦茵羅薦夜凄凄。菭草春，丹井遠，別後相思意深淺。（《文苑英華》卷三四六）

湘中怨解 并序　沈亞之

《湘中怨》者，事本怪媚，爲學者不當集作「未嘗」。有述，然而淫溺之人往往不悟。今欲概其所論，以著誠而已。從生常赦喜集作「善」。譔樂府，故牽而廣之，以應其詠。

垂拱年中，駕在上陽宫，太學進士鄭生晨發銅駝里，乘曉月，度洛橋，聞橋下有哭甚哀，生下馬，循聲察集作「索」。之，見艷女三字集作「見有」。《麗情集》作「見其」。翳然蒙袖《麗情集》作「袂」。曰：「我孤養於兄，嫂惡常苦我。《麗情集》作「嫂惡視我」。今欲赴水，故留哀須臾。」生曰：「能遂集作「逐」。我歸之乎？」應曰：「婢御無悔。」遂載與居，號曰「汜人」。所《麗情集》作「能」。誦楚人《九歌》、《招魂》、《九辨》之書，亦嘗擬其調，賦爲怨詞，其詞麗絶，《麗情集》作「亦嘗擬詞，賦爲怨歌，其詞艷麗」。世莫有屬者。因譔《風光集作「光風」。詞》曰：「隆佳秀兮昭《麗情集》作「招」。盛時，播薰一作「芳」。綠兮淑華歸。故里蕪集作「英」。與處萼兮，潛重房以飾姿。見雅集作「推」。態之韶羞《麗情集》作「容」。兮【三】，蒙長蔿集作「靄」。以爲幃。醉融光兮渺渺瀰瀰，迷千里兮涵洇媚，晨陶陶兮暮熙熙。舞姚娜之穠條兮，嫂集作「騁」。盈盈以披遲。酡遊《麗情集》作「容」。顏兮倡蔓卉轂，流蒨電兮石髮髓施。《麗情集》作「隨」。」生居貧，汜

【三】雅態　「態」原作「能」，據四庫全書本《文苑英華》改。

人嘗解箧，出輕繒一端與賣，胡人酬之千金。居數歲，生遊長安，是夕謂生曰：「我湘中蛟宫之娣也，謫而從君。今歲滿，無以久留，君所欲爲訣耳。」相倚二字集作「即相持」。啼泣【四】，生留之不能，《麗情集》作「啼泣留之」。竟去。後十餘年，生之兄爲岳州刺史，會上巳日，與家徒登岳陽樓，望鄂渚，張宴樂酣，生愁思吟之曰：「情無垠兮蕩蕩洋洋，懷佳期兮屬三湘。」聲未終，有畫艫浮漾而來，中爲《麗情集》作「有」。綵樓，高百餘尺，其上施幃帳，欄櫳蓋集作「畫」。飾帷褰，有彈絃鼓吹者，皆神仙娥眉，被服煙電，《麗情集》作「霞」。裙《麗情集》作「裾」。袖皆廣長。其中一人起舞，含嚬凄怨，《麗情集》作「怨望」。形類汜人，舞而歌曰：「泝清風集作『青山』。《麗情集》作『青春』。兮江之隅，拖湘波兮裛緑裙。荷拳拳兮情未舒，匪同歸兮將焉如？」舞畢，斂袖翔然，凝望樓中，縱觀方悟眙。二字《麗情集》作「臨檻」。須臾，風濤崩怒，遂迷所往。元和十三年，余聞之於朝集作「朋」。中，因悉補其詞，題之曰《湘中怨》，蓋欲使南昭嗣煙中之述集作「志」。爲偶唱集作「倡」。也。（《文苑英華》卷三五八）

長恨歌傳　陳鴻【五】

此篇又見《麗情集》及京本大曲，頗有異同，並録于後。

開元中，六符炳靈，四海無波，禮樂同，人神和。天子在位歲久，倦乎旰食，始委國政于右丞相，端拱深居，儲思國色。先是，元獻皇后、武惠妃皆有寵，相次萝謝，宫侍無可意

【四】相倚啼泣　「倚」原作「椅」，據四庫全書本《文苑英華》改。

【五】長恨歌傳陳鴻　標題據文意補。

者，上心忽忽焉不自樂【六】。時歲十月，駕幸驪山之華清宮，浴于温泉，内外命婦，熠燿景從，浴日餘波，賜以湯浴，靈液不凍，玉樹早芳，春色澹蕩，思生其間。上心油然，恍若有遇，顧宮女三千，粉光如土，使搜諸外宮，得弘農楊氏女，既笄矣，緑雲生鬟，白雪凝膚，渥飾光華，纖穠有度【七】，舉止閑冶，如漢武帝李夫人。上見之明日，詔浴華清池，清瀾三尺，中洗明玉，蓮開水上，鸞舞鑑中。既出水，嬌多力微，不勝羅綺。春正月，上心始悦，自是天子不早朝，后夫人不得侍寢。時省風九州，泥金五嶽，驪山雪夜，上陽春朝，行同輦，止同宴，妖其容，巧其詞，歌舞談笑，婉孌便佞，以中上心。故以爲上宮春色，四時在目。天寶中，後宮良家女萬數，使天子無顧盼意。叔父、昆弟皆爲通侯【八】，女弟、女兄，富埒王室；車服制度，爵邑邸第與大長公主侔矣；恩澤勢力，則又過之，出入禁門不問，京師長吏爲之側目。天寶末，兄國忠盜丞相位，竊弄國柄。羯胡亂燕，二京連陷，翠華南幸，駕出都西門百餘里，六師徘徊，擁戟不行，從官郎吏伏上馬前，請誅錯以謝之。國忠奉氂纓盤水，死於道周。左右之意未快，當時敢言者請以貴妃塞天下之怒。上慘容怛心【九】，不忍見其死，反袂掩面，使牽之而去。拜於上前，回眸血下，墜金鈿翠羽於地，上自收之。嗚呼！蕙心紈質，天王之愛不得已而死於尺組之下！叔向母云：「甚美必甚惡【一〇】。」李延年歌曰：「傾國復傾城。」此之謂也。既而玄宗狩成都，肅宗受命靈武。粵明年大赦，改元，大駕還都，駐六龍於馬嵬道中，君臣相顧，日月無光，不翼日父子堯舜，

【六】忽忽　原作「怱怱」，據四庫全書本《文苑英華》改。

【七】纖穠　「穠」原作「憹」，據四庫全書本《文苑英華》改。

【八】通侯　「侯」原作「候」，據四庫全書本《文苑英華》改。

【九】怛心　「怛」原作「但」，據四庫全書本《文苑英華》改。

【一〇】甚美　「甚」原作「其」，據四庫全書本《文苑英華》改。

天下大和，太上皇就養南宮。宮槐夏花，梧桐秋雨，春日遲遲兮恨深，冬夜長長兮怨急。自死之日齋之月，莫不感皇容，悼宸衷。每朱樓月曉，淥池冰散，梨園弟子，玉琯一聲，聞《霓裳羽衣曲》則天顔不怡【一一】，侍兒掩泣，三載一意，其念不衰【一二】。自是南宮無歌舞之思【一三】，求諸夢而精魂不來，求諸神而致誠莫敢。成都方士能乘氣，而遊上清，感皇心追念楊貴妃不已，乃上大羅天，入地府，目眩心摇，求之不見。遂駕琅輿，張雲蓋，浮碧落，東下海中三山，遂入蓬萊宮中，金殿西廂有洞户，闔其門，署曰「玉真大妃院」。扣門久之，有青衣玉童出，方士傳漢天子命。既入，瓊扉重闔，悄然無聲。方士息氣重足，拱手門下，海上風微，洞天日暖，乃見仙女數人，相隨出户，延客至玉堂，堂上褰九華帳，有一人，冰雪姿，芙蓉冠，露綃帔，儼然如在姑射山，前揖，方士傳漢天子命，言未終，退立慘然，憶一念之心，復墮下界，因泣下，使青衣小童取金釵一股、鈿合一扇，奉太上皇，苟心如金、堅如鈿，上爲天人，下爲世人，重相見時，好合如舊【一四】。方士受其信，將行，色有不足。玉妃固徵其意，復前跪致詞曰：「請付當時一事不聞於人者，驗於漢天子，畏金釵、鈿合負新垣平之詐也【一五】。」仙子斂容低眉【一六】，含羞而言曰【一七】：「昔天寶六年，侍輦避暑于驪山宮【一八】，七月牽牛織女相見之夕，秦人風俗：是夜張錦綉，繒綺樹瓜花，陳飲食，焚香于庭，謂之乞巧。三拜畢，縷針於月，紝線于裳，夜方半歇，侍衛於東西廂，獨侍於帝，憑肩而立【一九】，相與盟心，誓曰：『世世爲夫婦。』誓畢，執手各嗚咽。此獨君王知之。」

【一一】聞霓裳羽衣曲則天顔不怡　「霓」原作「雹」，「顔」原空缺，據四庫全書本《文苑英華》改補。
【一二】不衰　「衰」原作「哀」，據四庫全書本《文苑英華》改。
【一三】歌舞　「舞」原作「無」，據四庫全書本《文苑英華》改。
【一四】如舊　「舊」原作「舅」，據四庫全書本《文苑英華》改。
【一五】新垣平　「垣」原作「坦」，據四庫全書本《文苑英華》改。
【一六】斂容低眉　原作「欽客低肩」，據四庫全書本《文苑英華》改。
【一七】含羞　「含」原作「合」，據四庫全書本《文苑英華》改。
【一八】侍輦　「輦」原作「輩」，據四庫全書本《文苑英華》改。

方士還長安，奏於太上皇，上皇甚感自悲，殆不勝情。嘻！女德無極者也，死生大别者也，故聖人節其慾，制其情，防人之亂者也。生感其志，死溺其情，又如之何？元和年冬十二月，太原白居易尉于盩厔【二〇】，予與琅邪王質夫家仙游谷，因暇日攜手入山，質夫於道中語及於是。白樂天深於思者也，有出世之才，以爲往事多情而感人也深，故爲《長恨詞》以歌之，使鴻傳焉。世所隱者，鴻非史官，不知；所知者有《玄宗内傳》今在。予所據王質夫説之爾。（《文苑英華》卷七九四陳鴻《長恨歌傳》篇後小字注）

馮燕傳　沈亞之

馮燕者，魏豪人，父祖無聞名。燕少以意氣任俠【二一】，專《麗情集》作「俠」。爲擊毬、鬬雞戲。魏市有爭財鬬者，燕聞之，往搏殺不平【二二】，遂沉匿田間。官捕急，遂亡滑，益與滑軍中少年雞毬相得。時相國賈公耽在滑，能燕才，留屬軍中。集作「中軍」。他日出行里中，見户傍婦人翳袖而望者，色甚冶，使人熟其意，遂室焉。集作「之」。其夫滑將張嬰者也，嬰聞其故，累毆妻，妻黨皆怨望。會嬰《麗情集》有「嬰暮」二字。從其類飲，燕伺得間，復偃寢中，拒寢戶。嬰還，妻開户納嬰，以裾蔽燕，燕卑脊步就蔽，轉匿户扇後，而巾墮枕下，與佩刀近。嬰醉目瞑【二三】，燕指巾，令其妻取，妻取刀授燕，燕熟視，斷其妻頸，遂持巾去。明旦，嬰起，見妻毀死，愕然，欲出自白。嬰隣以爲妻嬰殺，留縛之，趣集作「趨」。告。妻黨皆

【一九】而立　「立」原作「玄」，據四庫全書本《文苑英華》改。

【二〇】尉于　「尉」原作「慰」，據四庫全書本《文苑英華》改。

【二一】任俠　「俠」原無，據《太平廣記》卷一九五引《馮燕傳》補。

【二二】搏殺　「搏」原作「摶」，據《太平廣記》卷一九五引《馮燕傳》改。

【二三】目瞑　「目」原作「且」，據《太平廣記》卷一九五引《馮燕傳》改。

來，曰：「常嫉毆吾女，迺誣以過失，今復賊殺之矣！安得他殺事？即其他殺而集無「而」字安得獨全耶？」共持嬰，且百餘笞，遂不能言。官家收繫殺人罪，莫有辨者，强伏其辜。司法官、《麗情集》有「與」字。小吏持朴者數十人將嬰就市【二四】，看者圜面千有餘人。有一人排看者來呼曰：集有「且」字。「無令不辜死者。吾竊其妻而又殺之，當繫我。」吏執有言人，乃燕也。司法官與俱見賈公，盡以狀對。賈公以狀聞，請歸其印，以贖燕死。上義之，下詔：「凡滑城死罪皆免。」亞之二字集作「贊」。曰：「余尚大言二字集作「大史言」。而又好叙義事，其賓黨耳目之所聞見而一作「者」。爲余道。元和中外郎劉元鼎語予貞元【二五】年中集無此四字。有集作「以」。馮燕事，得傳焉。嗚呼！淫惑一作「忒」。之心，有甚水火，可不畏哉！而燕殺不義，白不辜，真古豪矣！（《文苑英華》卷七九五）

鶯鶯寄詩

貞元中，張生與崔氏女小字鶯鶯往來，後棄之。鶯鶯已委身於人，張亦娶。適經其所，求見不得，崔知之，潛賦一章曰：「一從銷瘦減容光，萬轉千回懶下牀。不爲旁人羞不起，爲郎憔悴却羞郎。」竟不見。元稹嘗爲作歌。（《古今事文類聚》後集卷十六）

【二四】持朴者　「朴」原作「扑」，據《太平廣記》卷一九五引《馮燕傳》改。

【二五】貞元　「貞」原作「真」，據四庫全書本《文苑英華》改。

寫真寄郎

崔徽，河中娼也。裴敬中以興元幕使河中，與徽相從累月。敬中歸，情懷怨抑。後東川白知退歸，徽乃寫真奉書，謂知退曰：「爲妾謂敬中：崔徽一旦不及卷中人，且爲郎死矣！」元稹爲作歌。

約妓愆期

杜牧太和末往游湖州，刺史崔君素所厚者，悉致名妓，殊不愜意。牧曰：「愿張水嬉，使人畢觀，牧當閒行寓目。」使君如其言，兩岸觀者如堵，忽有里姥引髽髻女，年十餘歲，真國色也！將至舟中，姥女皆懼，牧曰：「且不即納，當爲後期。吾十年後必爲此郡。若不來，乃從他適。」因以重幣結之。洎周墀入相，牧上牋乞守湖州，比至郡，則十四年，所約之姝已從人三載而生二子。牧亟使召之，夫母懼其見奪，攜幼以詣。母曰：「向約十年，不來而後嫁，嫁已三年矣。」牧俛首曰：「其詞直，强之不祥。」乃禮而遣之，爲《悵別》詩：「自是尋春去較遲，不須惆悵怨芳時。狂風落盡深紅色，茂緑成陰子滿枝。」《麗情集》（以上二條輯自《古今事文類聚》後集卷十七）

悵别

自恨尋芳到已遲，往年曾見未開時。如今風擺花狼藉，緑葉成陰子滿枝。

《麗情集》云：「唐大和末，杜牧自侍御史出佐沈傳師宣城幕。雅聞湖州爲浙西名郡，風物妍好，且多麗色，往游之。時刺史崔公，亦牧之素所厚者，頗諭其意，凡籍之名妓，悉爲致之，牧殊不愜所望。使君復候其意，牧曰：『願得張水戲，使州人畢觀之。俟其雲合，牧當閒行，寓目冀或有閲焉。』使君大喜，如其言。至日，兩岸觀者如堵，迨暮竟無所得。將罷，忽有里姥引髽髻女，年纔十餘歲，牧熟視之曰：『此真國色也。』因使語其姥將致舟中，姥女皆懼。牧曰：『且不即納，當爲後期。吾十年必爲此郡，若不來乃從所適。』因以重幣結之。大中三年，牧移授湖州刺史。比至郡，則前十四年所約之姝已從人三載而生二子矣。牧即政之夕，亟使召之。女母懼其見奪也，因攜幼以詣之。牧詰其母曰：『曩既許我矣，何爲適人？』母拜曰：『向約十年不來而後嫁，嫁已三年矣。』牧俛首曰：『辭也直，强之不祥。』乃禮而遣之，因爲《悵别》詩云。」（《詩林廣記》前集卷六）

任生娶天上書仙

曹文姬，本長安娼女也。生四五歲，好文字戲，每讀一卷，能通大義，人疑其夙習也。

及笄，以上六句原無，據《青瑣高議》補【二六】。姿艷絕倫，原作「姿質豔麗」。尤工翰墨，自棧素外，至於羅綺窗户，可書之處，必書之，日數千字。以上五句原無，據《青瑣高議》補。人「人」上原有「時」字。號爲書仙，筆力爲關中第一。當時工部周郎中越，馬觀察端，一見稱賞不已。家人教以絲竹，曰：「此賤事，吾豈樂爲之？惟墨池筆塚，使吾老於此間足矣！」由是藉藉聲名，以上十一句原無，據《青瑣高議》補。豪貴之士，原作「長安豪傑之士」。願輸金委玉，求與偶者，不可勝計。原作「輸金求爲偶者無算」。女曰：「此非吾偶也，欲偶『偶』下原有『吾』字。者，請托原作『必先』。投詩，當自裁擇。原作『吾當自擇』。」自是長篇短句，艷詞麗語，日馳數百。女悉阿意。以上四句無，據《青瑣高議》補。有岷江任生，客於長安，賦才敏捷，聞之喜曰：「吾得偶矣。」或問之，則曰：「鳳棲梧而魚躍淵，物有所歸耳。」遂「客於長安」等各句原無，據《青瑣高議》補。投之詩曰：「玉皇殿前掌書仙，一染塵心謫九天，莫怪濃香薰骨膩，霞衣曾惹御爐烟。」女得詩喜原作「大笑」。曰：「此真吾夫也！不然，何以知吾行事耶？吾願妻之，幸勿他顧。」家人不能阻，以上五句原無，據《青瑣高議》補。遂以爲偶。自此春朝秋夕，夫婦相攜，此句原無，據《青瑣高議》補。微吟小酌，以盡一時之景。此句原無，據《青瑣高議》補。如是五年，原作「歲」。因「因」上原有「後」字。三月晦日，「晦日」二字原無，下句多「相與」二字。送春對飲，女題詩曰：「仙家無夏亦無秋，紅日清風滿翠樓，況有原作『是』。碧霄歸路穩，可能同駕五雲遊？原作『虬』。」吟畢，嗚咽此二字原無，據《青瑣高議》補。泣曰：「吾本上天司書仙人，以情愛謫居塵寰二紀。」謂任曰：此

【二六】以上六句原無，據青瑣高議補。案：《綠窗新話》宋皇都風月主人編，今采用古典文學出版社一九五七年版周夷校補本，小字注及按語均為校補者所加，下同。

句原無，據《青瑣高議》補。「吾將原作『欲』。歸，子可偕行乎？天上之樂，勝於人間，幸無疑焉。」以上三句原無，據《青瑣高議》補。俄聞仙樂飄空，異香滿室，家人驚異，共窺「異香」等十字原無，據《青瑣高議》補。見朱衣吏持下原有「一」字。玉板，朱書篆文，此句原無，據《青瑣高議》補。且曰：「李長吉新撰《白玉樓記》就，天帝召汝寫碑，可速駕無緩。」家人曰：「李長吉，唐之詩人，迄今三百年，焉有此？妖也。」女笑曰：「非爾等所知，人世三百年，仙家猶頃刻耳。」以上十一句原無，據《青瑣高議》補。女與生易衣此二字原無，據《青瑣高議》補。拜命，舉步騰空，原文下加「而去」二字作結，以下均據《青瑣高議》補。雲霞爍爍，鸞鶴繚繞，於是觀者萬計，以其所居地爲書仙里。按：此條注出《麗情集》，實見《青瑣高議》。

謝生娶江中水仙

越溪有漁者楊父，一女絶色，年十四能詩，每吟不過兩句，或原作「人」，據《類説》改。問：「胡不終篇？」答曰：「無奈情思纏繞，至兩句，即思迷，不復爲繼。」有謝生求娶焉。「焉」字原缺，據《類説》補。父曰：「吾女宜配公卿。」謝曰：「諺云：『少女少郎，相樂不忘；少女老翁，苦樂不同。』且安有少年公卿耶？」以上各句原無，據《類説》補。父曰：「吾女爲詞，多不過兩句，子能續之，稱吾女意，則妻矣。」乃命女奴示其篇曰：「珠簾半牀月，清竹滿林風。」謝續曰：「何事今宵景，無人解與同？」女曰：「天生吾夫。」遂偶之。後七年，夫婦每相樂，必對泣，多欲引泛江湖。春日，女忽題曰：「春盡花隨盡，其如自是花。」謝曰：「何故爲此不祥之句？」女曰：「吾不久於人間矣，此句原無，據《類説》補。君且續之。」謝曰：「從來説花意，不過此容華。」女曰：「逝水難駐，千萬自保。」即以首枕生膝，瞑目此二字原無，據《類説》補。而逝。謝感傷不已。後一原作「二」年，江上烟波溶曳，見女立于江中，曰：「吾本水仙，謫居人間，今復爲仙，後倘思郎，即復謫下，不得爲仙矣。」末句原無，據《類説》補。〔《南卓解題敘》〕按：本條所注出處雖爲《南卓解題敘》，然據曾慥《類説》所引，則知亦出《麗情集》。又《南卓解題敘》似非書名，南卓或即係《羯鼓録》之作者，《羯鼓録》所載多屬樂、曲方面有關的故事，而本篇内容無涉及樂、曲處，亦不相類。

杜牧之覩張好好

杜牧之在江西時，張好好以善歌，來入樂籍。後别三年，於洛陽城東，重覩好好，題詩贈之曰：

君爲豫章姝，十三纔有餘。翠茁鳳生尾，丹葉蓮含跗。高閣倚天半，章江聯碧虚。此地試君唱，特使華筵鋪。主公顧四座，始訝來踟躇。吴娃起引替，徘徊映長裾。雙鬟可高下，纔過青羅襦。此二句原無，據《樊川文集》補。盼盼乍垂袖，一聲離鳳呼，繁絃迸關細，塞管裂圓盧，此二句原無，據《樊川文集》補。衆音不能逐，裊裊穿雲衢。主公再三嘆，謂言天下殊。贈之天馬錦，副以水犀梳。龍沙看秋浪，明月遊東湖。此二句原無，據《樊川文集》補。自此每相見，三日已爲疎。玉質隨月滿，艷態逐春舒。此四句原無，據《樊川文集》補。絳脣漸輕巧，雲步轉虚徐。此二句原無，據《樊川文集》補。旌旆忽東下，笙歌隨舳艫。霜凋謝樓樹，沙暖句溪蒲。此二句原無，據《樊川文集》補。身外任塵土，樽前極歡娱。飄然集仙客，著作嘗任集賢校理。諷賦欺相如。聘之碧瑶珮，載以紫雲車。洞閉水聲遠，月高蟾影孤。爾來未幾歲，散盡高陽徒。洛城重相見，綽綽爲當壚。怪我苦何事，少年垂白鬚，朋游今在否？落拓更能無。此四句原無，據《樊川文集》補。門館慟哭後，水雲秋景初，斜日掛衰柳，此二句原無，據《樊川文集》補。涼風生座隅。灑盡滿襟淚，短歌聊一書。

越娘因詩句動心

陳敏夫隨兄任廣州參軍，其兄素無妻室，專寵一妾，名越娘，美貌能詩。兄在任不禄，敏夫與越娘搬挈還家。歸次洪都，越娘吟詩一聯曰：「悠悠江水漲帆渡，疊疊雲山緩轡行。」命敏夫和之。敏夫應聲曰：「今夜不知何處宿，清風明月最關情。」微寓相挑之意。越娘見詩，微笑。是夜，宿雙溪驛，月明如晝，越娘開樽，同敏夫飲，唱酬歡洽。問敏夫：「今夜何處睡？」答曰：「廊下。圖得看月。」各有餘情。夜向深，敏夫聞廊下有履聲，乃潛起看，見越娘摇手令低聲，迎進相抱曰：「今日被君詩句，惹動春心。」遂就寢。越娘乃吟詞曰：「一自東君去後，幾多恩愛暌離，頻凝淚眼望鄉畿，客路迢迢千里。顧我風情不薄，與君驛邸相隨，參軍雖死不須悲，幸有連枝同氣。」按《輟耕録》謂：「《麗情集》：陳敏兄妾越娘，貌美。兄死，遂與欵狎。」此處作陳敏夫，未知孰是。

崔徽私會裴敬中

崔徽，蒲妓也。同郡此二字原無，據曾慥《類説》補。裴敬中爲梁使蒲，一作「爲察官奉使」，又一説「爲興元幕奉使」。一見爲動，相從累月。敬中言旋，徽不得去，怨抑不能自支。後數月，敬中密友東川白知退至蒲，有丘夏善寫真，《類説》作「人形」。知退爲徽致意于夏，果得絶筆。徽持畫《類説》作「捧書」。謂知退曰：「爲妾謝敬中，崔徽一旦不及卷中人，徽且爲郎死矣！」明日，發狂。自是移《類説》作「稱」。疾，不復舊時形容「舊時形容」四字《類説》作「見客」。而卒。

王仙客得到無雙

唐王仙客，劉振《無雙傳》作「震」。之甥，與母同歸舅氏家，有女曰無雙，幼稚戲狎，常呼仙客爲王郎。後無雙長成，舅氏欲廢前約。時振爲尚書租庸使。涇源兵反，振召仙客勾當家事，許以無雙嫁之。乃裝金帛，押令出開遠門；振與骨肉出啟夏門，追騎至，驅向北去。仙客驚畏，走歸襄陽。後入京，訪消息，聞尚書處極刑，無雙入宫掖，惟婢採蘋在將軍王遂中「中」字原無，據《無雙傳》補，下同。宅。仙客懇告，遂中薦知長樂驛。按據《無雙傳》，薦仙客知長樂驛者，乃京兆尹李齊運，非王遂中。忽中使領内眷往園陵，仙客領舊使蒼頭塞鴻，假爲驛吏，因見無雙，得書云：「常見敕使説，富平古押衙，人間有心人，能求之否？」仙客乃訪，厚贈金寶帛，以實告。後半歲，古生問：「何人識無雙？」仙客以採蘋對。古曰：「借留數日。」一夕，叩門甚急，「急」字原無，據《無雙傳》補。古生領一兜子入，曰：「此無雙也，今死矣，後日當活。郎君不得更居此。老夫今日報郎君足矣。」乃自刎。仙客挈無雙，變姓名，歸襄陽偕老焉。按：此篇注出《麗情集》，實則《麗情集》亦係節録唐薛調《無雙傳》。

沈真真歸鄭還古

太常博士鄭還古，寓東都，與柳將軍《侍兒小名録》謂柳將軍名尚，《唐詩紀事》、《盧氏雜記》謂名當。同巷。還古將調西都，柳盛此字原無。張筵以餞，盡出家妓謳歌，薦酒行杯。有第三姬，原作「其左次三妓」。容艷妖絶。鄭竊窺之，有眷眷意。原作「鄭窺之拳拳」。柳謂鄭曰：「此沈真真，本良家子，頗好文詞，請賦詩以定情，候博士拜命，即當送賀。」還古賦詩曰：「洞房出神仙，清聲當管絃，詞輕白苧曲，歌揭彩原作「碧」。雲篇。既未生裴秀，何妨乞鄭玄，不堪金谷水，横過墜樓前。」柳覽詩大喜，俾真真拜謝。還古抵京，旋拜伊闕令，得重疾，此三字原無，據還古起前，遽執真真手，長吁原作「呼」。而卒。

姚玉京持志割耳

宋末娼女姚玉京，美態而聰慧，始笄歲，嫁襄陽《類説》作「州」。小史《類説》作「校」。衛《類説》無此字。敬瑜。三月，敬瑜溺漢水而死，姚之父逼迫令他適，玉京割耳自誓獲免。遂守志養姑舅。此句原無，據《類説》補。所住户上有雙燕巢梁間，一日爲鷙鳥所獲，其一孤飛悲鳴，徘徊至秋，翔集玉京之臂，如告别然。「徘徊」等三句原作「若依玉京」，據《類説》補。玉京嘆異之。數月，秋風忽興，郡燕將去，玉京以紅縷繫足，撫而祝曰：「新春定來爲吾侣也。」明年，此燕果至，前縷猶存，玉京因贈詩曰：「昔時無偶去，今年還獨歸，故人恩義重，不忍更雙飛。」自爾秋歸春來，凡六七年，原作「自爾七歲」。其年秋，燕去，玉京疾終。明年燕來，訝其無人，徘徊《類説》作「周章」。哀鳴。姚氏之舉族泣曰：「玉京死矣，墳在南城。」《類説》作「郭」。燕遂悲鳴至墳所，亦死。姚氏族因瘗於墳側。其後每風清月明裏，「每」等六字原無，從《類説》補。有人見玉京與燕，同游於漢水之上。至唐，李公佐撰《燕女墳記》。此句原無，據《青泥蓮花記》補。

按：此條未注出處，據曾慥《類説》所引，知出《麗情集》。（以上八條輯自《緑窗新話》卷上）

馮燕殺主將之妻

《沈亞之歌》按《麗情集》以此歌爲沈亞之作，實則沈但有傳，未嘗作歌也，歌乃司空圖作。曰：「魏中義士有馮燕，豪傑幽并最少年，避讐偶作滑臺客，嘶風躍馬來翩翩。此時恰遇鶯花月，堤上軒車晝原作「日」。不絶。兩面高樓語笑聲，指點行人情暗結。擲果潘郎誰不慕？朱門別見紅粧露。故故推門掩不開，似教歐軋傳言語。馮生敲鐙袖籠鞭，半拂垂楊半惹煙。樹間春鳥知人意，的的心期暗與傳。以上八句原缺，據《唐音統籤》司空圖《馮燕歌》補。傳道張嬰偏嗜酒，從此香閨爲我有。梁間客燕正相欺，屋上鳴鳩空自鬬。嬰歸醉卧非讐汝，豈知負過人懷懼，燕依户扇欲潛逃，原作「避」。巾在枕傍指令取。誰知狠戾心能忍，原作「難悉」。待我情深情不隱，回身本謂取巾難，倒柄方知授霜刃。馮君撫劍即遲疑，自顧平生心不欺。『爾能負彼必相負，假手他人復在誰？』妻以刃與燕殺其夫，燕反殺妻。窗間紅艶猶可掬，熟視花鈿情不足，唯將大義斷胸襟，粉頸初迴原作「過」。如切玉。鳳凰釵碎各分飛，怨魄嬌魂何處追？凌波如唤遊金谷，羞彼揶揄淚滿衣。此四句原無，據司空圖《馮燕歌》補。新人藏匿舊人起，白晝喧呼駭鄰里，誣執張嬰不自明，貴免生前遭拷捶。官將赴市擁紅塵，掉臂人來擗看人，傳聲『莫遣有冤濫，盜殺嬰家即我身』。初聞僚吏翻疑歎，呵叱風狂詞不變。縲囚解縛猶自疑，疑是夢中方脱免。未死勸君莫浪言，臨危不顧始知難。已爲不平能割愛，更將身命救深冤。以上八句原缺，據《唐音統籤》司空圖《馮燕歌》補。白馬賢侯賈相公，長懸金帛募才原作「勸英」。雄，持章請贖馮燕罪，千原作「萬」。古三河激義風，黄河東注無時歇，注盡波瀾名不滅。爲感詞人沈下賢，長歌更與分明説。此君精爽知猶在，長與人間留炯誡，鑄作金燕香作堆，焚香酬酒聽歌來。」

張建封家姬吟詩

張建封僕射此二字原無，據《類説》補。節制武寧。舞妓盼盼，公納之燕子樓。白樂天使經徐，與詩曰：「醉嬌無氣力，風裊牡丹花。」公薨，盼盼誓不他適，多以詩代問答，有詩近「近」字原脱，據《類説》補。三百首，名《燕子樓集》。嘗作三詩，一曰：「樓上殘燈伴曉霜，獨眠人起合歡床，相思一夜情多少，地角天涯不是長。」二曰：「北邙松柏鎖愁烟，燕子樓中思悄然，自埋劍履歌塵散，紅軟香銷一十年。」三曰：「適看鴻雁岳陽回，又覩玄禽逼社來，瑶瑟玉簫無意緒，任從塵網任從灰。」樂天和曰：「滿窗明月滿簾霜，被冷燈殘拂卧床，燕子樓中霜月夜，秋來只爲一人長。」又曰：「鈿暈羅衫色似烟，幾迴欲著即潸然，自從不舞霓裳曲，疊在空箱十一年。」又曰：「今春有客洛陽回，曾到尚書墓上來，見説白楊堪作柱，争教紅粉不成灰。」又曰：「黄金不惜買蛾眉，揀得如花四五枝。歌舞教成心力盡，一朝身去不相隨。」盼盼見詩泣曰：「妾非不能死，恐百載之後，人以我公重於色。」乃和白

公詩云：「自守空樓斂恨眉，形同春後牡丹枝，舍人不會人深意，訝道泉臺不去隨。」（出《麗媚記》）

按此條注出《麗媚記》。《麗媚記》書未見，惟照上文所載，似嫌簡略。兹據《白氏長慶集》及《麗情集》爲詳載其事如下：盼盼，姓關氏。張建封節制武寧，門下客皆詞人名士，至於歌舞姝，必求知書者。盼盼，乃徐府奇色也，初納之燕子樓，三日樂不輟，後別構新樓貯寵之。公薨，盼盼感恩，誓不他適。或有問答，皆以詩，有《燕子樓集》三百首。白樂天有和燕子樓詩，其序云：「徐州張尚書，有愛妓盼盼，善歌舞，雅多風態。予爲校書郎時，遊淮泗間，張尚書宴予，酒酣，出盼盼佐歡，予因贈詩，落句云：『醉嬌勝不得，風裊牡丹花。』一歡而去，後絶不復知，兹一紀矣。昨日司勳員外郎張仲素繢之訪予，因吟新詩，有《燕子樓詩》三首，辭甚婉麗，詰其由，乃盼盼所作也。繢之從事武寧累年，頗知盼盼始末，云：『張尚書既殁，彭城有張氏舊第，中有小樓，名燕子，盼盼念舊愛而不嫁，居是樓十餘年，於今尚在。』盼詩有云：『樓上殘燈伴曉霜，獨眠人起合歡牀，相思一夜情多少，地角天涯不是長。』又云：『北邙松柏鎖愁煙，燕子樓中思悄然，自埋劍履歌塵散，紅袖香銷已十年。』又云：『適看鴻雁岳陽迴，又覩玄禽逼社來，瑶瑟玉簫無意緒，任從蛛網任從灰。』余嘗愛其新作，乃和之云：『滿窗明月滿簾霜，被冷燈殘拂卧牀，燕子樓中寒月夜，秋來祇爲一人長。』又云：『鈿帶羅衫色似煙，幾迴欲起即潸然，自從不舞霓裳曲，疊在空箱十二年。』又云：『今春有客洛陽迴，曾到尚書墓上來，見説白楊堪作柱，爭教紅粉不成灰？』又贈之絶句云：『黄金不惜買娥眉，揀得如花三四枝，歌舞教成心力盡，一朝身去不相隨。』後仲素以予詩示盼盼，乃反覆讀之，泣曰：『自公薨背，妾非不能死，恐百載之後，人以我公重色，有從死之妾，是玷我公清範也，所以偷生耳！』乃和白公詩云：『自守空樓斂恨眉，形同春後牡丹枝，舍人不會人深意，訝道泉臺不去隨。』盼盼得詩後，快快旬日，不食而卒，但吟詩云：『兒童不識衝天物，謾把青泥污雪毫。』」

趙象慕非烟揠秦

臨淮原作「唐」。武公業，咸通中，此三字原無，據《三水小牘》補。任河南府功曹參軍。愛妾曰非烟，姓步氏，容止纖麗，若不勝綺羅；此二句原無，據《三水小牘》補。善秦聲，好文墨，原作「好詩筆」。尤工擊甌，其韻與絲竹合。公業甚嬖之。此三句原無，據《三水小牘》補。其比隣，天水趙氏第也，亦衣纓之族，其子曰象，此數句原作「比鄰趙象」。端秀有文，纔弱冠矣。時方居喪禮，忽一日，於南垣隙中，此數句原無，據《三水小牘》補。窺見非烟，原作「窺見悦之」。神氣俱喪，廢食忘寐，乃厚賂公業之閽，以情告之。閽有難色，復爲厚利所動，乃令其妻伺非烟閒處，具以象意言焉。非烟聞之，但含笑凝睇而不答。門媪盡以語象，象發狂心蕩，不知所持。以上十三句原無，據《三水小牘》補。乃取薛濤箋，題絶句原作「題詩」。曰：「一原作「偶」。覩傾城貌，塵心只自猜。不隨蕭史去，擬學阿蘭來。」以所題密緘之，祈門媪達非烟。此二句原作「賂門媪達非烟」。烟讀畢，吁嗟良久，謂媪曰：「我亦曾窺見趙郎，大好才貌。此生薄福，不得當之！」蓋鄙武生粗悍，非良配耳。乃復酬一篇，以上九句原無，據《三水小牘》補。寫於金鳳牋曰：「緣慘雙蛾不自持，只緣幽恨在新詩。郎心應似琴心怨，脈脈春情更泥原作「促」。誰？」封付門媪，令遺象。象啟緘，吟諷數四，拊掌此六字原無，據《三水小牘》補。喜曰：「吾事諧矣！」又以剡溪玉葉紙，賦詩以謝曰：「珍重佳人贈好音，綵牋芳翰兩情深。薄于蟬翼難供恨，密似蠅頭未寫心。疑是落花迷碧洞，只思輕雨洒原作「滿」。幽襟。百回消息千回夢，裁作長謡寄緑琴。」詩去旬日，門媪不復來。象幽懣，恐事洩，或非烟追悔。春夕，于前庭獨坐，賦詩曰：「緑暗紅藏起暝烟，獨將幽恨小庭前。沉沉良夜與誰語？星隔銀河月半天。」明日晨起，吟際，而門媪來，傳非烟語曰：「勿訝旬日無信，蓋以微有不安。」因授象以連蟬錦香囊，並碧苔牋，詩曰：「無力嚴妝倚繡櫳，暗題蟬錦思難窮。近來羸得傷春病，柳弱花攲怯曉風。」象結錦香囊于懷，細讀小簡，又恐非烟幽思增疾，乃剪烏絲闌爲迴緘曰：「春日遲遲，人心悄悄。自因窺覯，長役夢魂。雖羽駕塵襟，難于會合，而丹誠皎日，誓以周旋。昨日瑶臺青鳥忽來，殷勤寄語，蟬錦香囊之贈，芬馥盈懷，佩服徒增，翹戀彌切。況又聞乘春多感，芳履違和，耗冰雪之妍姿，鬱蕙蘭之佳氣。憂抑之極，恨不翻飛。且望寬情，無至憔悴。莫孤短願，寧爽後期？惝恍寸心，書豈能盡？兼持菲什，仰繼華篇。伏維試賜凝睇！」詩曰：「見説傷情爲見春，想封蟬錦綠蛾顰。叩頭爲報烟卿道：第一風流最損人！」閫媪既得迴報，徑賫詣非烟閣中。武生爲府掾屬，公務繁夥，或數夜一直，或竟日不歸，此時恰值入府曹。非烟折書，得以欵曲尋繹。既而長太息曰：「丈夫之志，女子之心，情契魂交，視遠如近也。」於是闔户垂幌，爲書曰：「下妾不幸，垂髫而孤。中間爲媒妁所欺，遂匹合于瑣類。每至清風朗月，移玉柱以增懷；秋帳冬釭，泛金徽而寄恨。豈期公子，忽貽好音。發華緘而思飛，諷麗句而目斷。所恨洛川波隔，賈午牆高，連雲不及于秦臺，薦夢尚遥于楚岫。猶望天從素懇，神假微機，一拜清光，九殞無恨！兼題短什，用寄幽懷，伏維特賜吟諷也。」詩曰：「畫簷春燕須同宿，蘭浦雙鴛肯獨飛？長恨桃源諸女伴，等閒花裏送郎歸。」封訖，乃召閽媪，令達于象。象覽書及詩，以非烟意切，喜不自持，但靜室焚香，虔禱以候。自「詩去旬日」以下至此原無，據《三水小牘》補。忽一日，將夕，此二字原無。閽媪促步而至，笑且拜曰：「趙郎願見神仙否？」象驚，速問之，傳非烟語曰：「值今夜功曹府直，可謂良時。妾家後庭，郎君之前垣也。若不渝惠好，此五字原無。專望來儀。方寸萬重，悉候晤語。」既此九字原無。曛黑，象乃躋梯而登，原作「踰垣」。非烟已令重榻于下。既下，以上二句原無。見非烟靚妝盛服，立于庭前，交拜訖，俱以喜極不能言。「靚妝」等四句原無，據《三水小牘》補。乃相攜自後門入房中，原作「相攜入室中」。遂背釭解幌，此句原無。盡繾綣之意焉。及曉鐘初動，復送象于垣下。非烟執象手泣曰：「今日相遇，乃前生姻緣耳。勿謂妾無玉潔松貞之志，放蕩如斯，直以郎之風調，不能自固。願深鑒之！」象曰：「挹希世之貌，見出人之心，已誓幽庸，永奉歡洽。」言訖，象踰垣而歸。以上十七句原無，據《三水小牘》補。明日，託閽媪贈詩曰：原作「明日，象送詩曰」。「十洞三清雖路阻，有心還得傍瑶臺。瑞香風引思深夜，知是蕊宫仙馭來。」非烟覽詩微笑，因復贈象詩曰：原作「烟笑復贈詩曰」。「相思只怕不相識，相見還愁卻別君。願得化爲松下鶴，一雙飛去入行雲。」封付閽媪，乃令語象曰：「賴值兒家有小小篇詠，不然，君作幾許大才面目？」兹不盈旬，常得一期于後庭，展幽微之思，罄宿昔之心，以爲鬼神不知，天人相助。或景物寓目，歌詠寄情，來往頻繁，不能悉載。如是者周歲，以上十七句原無，據《三水小牘》補。無何，非烟數以細過撻其女奴。女奴陰銜之，乘間盡以告公業。公業曰：「汝慎勿揚聲，我當伺察之。」後至直日，乃僞陳狀請假，殆夜，如常入直，遂潛于里門，街鼓既作，匍伏而歸，循牆至後庭，見非烟方倚户微吟，象則據垣斜睇。公業不勝其憤，挺前欲擒，象覺，跳去，公業搏之，得其半襦。乃入室，呼非烟詰之。非烟色動聲顫，而不以實告。以上二十二句原無，據《三水小牘》補。公業愈怒，此二字原無。縛之大柱，鞭楚血流。原作「流血」。但云：「生得相親，死亦何恨！」深夜，公業怠而假寐。非烟呼其所愛女僕曰：「與我一盃水。」水至，以上八句原無，據《三水小牘》補。飲盡而絶。原作「遂飲盃水而絶」，原文止此，以下均據《三水小牘》補。公業起，將復笞之，已死矣。乃解縛，舉置閣中，連呼之。聲言非烟暴疾致殞。數日，窆之北邙，而里巷間皆知其死矣。象因變服，易名遠，自竄於江、浙間。洛中才士有崔、李二生，嘗與武掾游處。崔賦詩，末句云：「恰似傳花人飲散，空林拋下最繁枝。」其夕，夢非烟謝曰：「妾貌雖不迨桃李，而零落過之。捧君佳什，愧抑無已！」李生詩末句云：「艷魄香魂如有在，還應羞見墜樓人。」其夕，夢非烟戟手而詈曰：「士有百行，君得全乎？何至務矜片言，苦相詆斥！當屈君于地下面證之。」數日，李生卒。時人異焉。按本條原注出《麗情集》，實見唐皇甫枚《三水小牘》。

沈翘翘善敲方響

《樂府雜録》云：胡部樂無方響，只有絲竹，此句原無，據《樂府雜録》補。緣方響有直拔聲，不應諸調。原作「緣直拔聲不應諸調」。太宗於内庫别收一片鐵方響，下於中吕調頭一運聲，名大吕，應高般涉調頭，方得應二十八調。「一片」下原作「有方響應二十八調」。是箏只有宫、商、角、羽四調，臨時移杫，應二十八調。

唐文宗與宰相謀誅宦官，事洩，翻爲内官所殺。上登臨游幸，未嘗爲樂，往往瞠目獨語，因題詩殿柱曰：「輦路生春草，上林花滿枝，憑高何限意，無復侍臣知。」以上見《類説》引《麗情集》。明日，上於便殿觀牡丹，翘足憑欄，此四字見《杜陽雜編》。忽吟舒元輿賦云：此七字見《麗情集》。「俯者如愁，仰者如語，含者如咽。」吟罷，方省元輿詞，不覺歎息良久，泣下沾臆。以上各句據《杜陽雜編》及《麗情集》補。命樂適情。時有宫人沈翹翹，《杜陽雜編》作「沈阿翹」。爲上此二字原缺，據《杜陽雜編》補。舞《河滿子》，詞云：「浮雲蔽白日。」調聲風態，率皆宛暢。曲罷，以上三句原缺，據《杜陽雜編》補。上曰：「汝知書耶？此是《文選·古詩》第一首，念君臣值姦邪所蔽，正是今日。」乃賜金臂環，遂問其從來，翹翹泣曰：「妾本吴元濟之妓女，原作「妾實吴元濟女」。濟敗，因以聲律得爲宫人。原作「自陷國，入臣掖庭，易姓沈氏，得配樂籍」。本藝方響，乃白玉也。《杜陽雜編》作「俄遂進白玉方響，云本吴元濟所與也」。願賜臣妾。」勅取賜之。既至，光明皎潔，可照十數步，言其犀槌，即響犀也，凡物有聲，乃響應其中焉；架則雲檀香也，而文彩若雲霞之狀，芬馥着人，彌月不散。制度精妙，固非中國所有。「光明」等十二句據《杜陽雜編》，原作「以響犀爲槌，紫檀爲架，制度精妙，非中國所出」。上命奏《涼州曲》，音韻清越，聽者無不淒然。此句原無，據《杜陽雜編》補。上謂之天上樂，乃選内人與翹翹爲弟子焉。此二句亦出《杜陽雜編》。因命翹翹曰：「卿欲居宫掖，欲他適？」翹翹不對。上知其意，爲選左金吾衛判官秦誠而聘焉。出降之夕，勅内人伴歸，花燭之盛，皆自天恩。數年，誠奉使日東地。一夕，月明如晝，翹翹將玉方響登樓，自撰一曲，名曰：《憶秦郎》。〔出段安節《樂府雜録》〕按：此條雖注云出段安節《樂府雜録》，然《樂府雜録》中僅有此條首一段，並無沈翹翹善敲方響之記載，此故事實據《杜陽雜編》及《麗情集》而來。（以上四條輯自《緑窗新話》卷下）

服歲丹

《麗情集》：開寶中，賈知微遇曾城夫人杜蘭香及舜二妃於巴陵。二妃誦李羣玉黄陵廟詩曰：「黄陵廟前春草生，黄陵女兒茜裙新。輕舟短楫唱歌去，水遠天長愁殺人。」賈與夫人别，命青衣以秋羅帕覆定命丹五十粒，曰：「此羅是織女採玉蠶織成，遇雷雨密收之。其丹每歲旦服一粒，可保一年。」後大雷雨，見篋中一物如雲烟騰空而去。（《歲時廣記》卷七）

賜宫娥

《麗情集》：明皇時，樂供奉楊羔以貴妃同姓，寵倖殊常，或謂之「羔舅」。天寶十三載，節届清明，敕諸宫娥爁出東門，恣遊賞踏青。有狂生崔懷寶，佯以避道不及，映身樹下，覘車中一宫嬪，斂容端坐，流眄於生。忽見一人重戴黄緣衫，乃羔舅也，斥生曰：「何人在此？」生悼駭，告以竊窺之罪，羔笑曰：「爾是大憨漢，識此女否？乃教坊第一箏子。爾實有心，當爲爾作狂計。今晚可來永康坊東，問楊將軍宅。」生拜謝而去。晚詣之，羔曰：「君能作小詞，方得相見。」生吟曰：「平生無所願，願作樂中箏。得近玉人纖手子，砑羅裙上放嬌聲，便死也爲榮。」羔喜，俄而遣美人相見曰：「美人姓薛，名瓊瓊，本良家女，選入宫爲筝長。今與崔郎永奉箕箒。」因各賜薰肌酒一杯，曰：「此酒千歲藥所造，飲之白髮變黑，致長生之道。」是日，宫中失筝手，敕諸道尋求之不得。後旬日，崔因調補荆南司録，即事行李。羔曰：「瓊瓊好事崔郎，勿更爲本藝，恐驚人聞聽也。」遂感咽敍别。自是常以唱和爲樂。瓊有詩云：「黄鳥翻紅樹，青牛卧緑苔。諸宫歌舞地，輕霧鎖樓臺。」後因中秋賞月，瓊瓊理筝彈之，聲韻不常，吏輩異之，曰：「近來索筝手甚切，官人又自京來。」遂聞監軍，即收崔赴闕，事屬内侍司。生狀云：「楊羔所賜。」羔求救貴妃，妃告云：「是楊二舅與他，乞陛下留恩。」上赦之，下制賜瓊瓊與崔懷寶爲妻。（《歲時廣記》卷十七）

《麗情集》：愛愛楊氏，本錢塘倡家女，年十五尚垂鬟，性喜歌舞，初學胡琴數曲，遂能緣其聲以通他調。七月七日，泛舟西湖，採荷香，爲金陵少年張逞所調，遂相攜潛遁，旅於京師二年。逞爲父捕去，不及與愛愛别。後傳逞已死，愛愛亦感疾而亡，其小婢錦兒常出其故繡手藉香囊纈履等示人，皆郁然如新。（《歲時廣記》卷二十八）

歸舊姬

《麗情集》：進士趙嘏家於浙西，有姬纖麗，嘏甚惑之。洎預計偕，將攜西上，爲母氏阻而不行，且留鶴林寺。值中元齋會，居人仕女，競遊賞之，趙姬亦往，浙帥窺之，乃强致去，因爲掩有。嘏知之，亦無奈何，明年登第，乃以一絶箴之曰：「寂寞堂前日又曛，陽臺去作不歸雲。當時聞説沙吒利，今日青娥屬使君。」浙帥得詩不自安，乃遣歸。（《歲時廣記》卷二十九）

杜秋娘

李錡叛，有妾杜秋娘没入宫，後又放歸，杜牧感而作詩，有云：「椒壁懸錦幕【二七】，鏡奩蟠玉螭。月上白壁門【二八】，桂影浮参差。金階玉露重，閑把紫簫吹。燕禖得皇子【二九】，天人親捧持【三〇】。虎睛珠絡褓【三一】，金盤犀鎮帷【三二】。」

書仙

長安中有娼女曹文姬，尤工翰墨，爲闔中第一，時號爲「書仙」。有任生者，投之詩曰：「玉皇前殿掌書仙，一染塵心下九天。莫怪濃香薰骨膩，雲衣曾惹御爐烟。」（以上二條輯自《天中記》卷二十）

鏡銘

張君房《麗情集》：蜀王宗衍幸鳳州，州将某妻嚴氏有美色，衍愛幸之，賜以粧鏡，其

【二七】錦幕　原作「綿幕」，據杜牧《樊川詩集》卷一《杜秋娘詩》改。

【二八】白壁　原作「白璧」，據《杜秋娘詩》改。

【二九】燕禖　「禖」原作「媒」，據《杜秋娘詩》改。

【三〇】天人親捧持　「天」原作「夫」，「捧」原作「棒」，據《杜秋娘詩》改。

【三一】虎睛　「睛」原作「晴」，據《杜秋娘詩》改。

【三二】鎮帷　「帷」原缺，據《杜秋娘詩》補。

銘曰：「煉形神冶，瑩質良工。當眉寫翠，對臉敷紅。如珠出匣，似月停空。綺窗綉幌，俱涵影中。」（《全蜀藝文志》卷四十四）

《麗情集》載：章仇公鎮成都，有真珠之惑，或上詩以諷云：「神女初離碧玉階，彤雲猶擁牡丹鞋。應知子建憐羅襪，顧步褰衣拾墜釵。」（《譚苑醍醐》卷三）

⊙張君房撰

乘異記

張劍光　整理

點校説明

《乘異記》一卷，北宋張君房撰。張君房（約九六四—一〇四五）字尹方，一字允方，北宋安州安陸（今屬湖北）人。宋史無傳。博學多聞，平生喜藏書、著書。景德二年（一〇〇五）進士及第，年已四十餘。除將仕郎、試校書郎、知江寧縣事。大中祥符三年，爲開封府功曹參軍，次年爲御史台主簿，不久從謫爲浙江寧海督郵。六年，任著作佐郎。時真宗崇尚道教，以秘閣所藏道教經典交付杭州整理，君房爲戚綸推薦專司修校《道藏》之事。八年，知錢塘縣事，充秘閣校理。仁宗時爲江陵通判，歷知隨、郢、信陽三郡。天聖間官朝奉郎、尚書度支員外郎、充集賢殿校理。於六十九歲致仕，約八十餘卒。著有《雲笈七籤》一百二十卷、《乘異記》三卷、《縉紳脞説》二十卷、《科名分定録》七卷、《麗情集》二十卷、《潮説》三卷、《野語》三卷、《儆戒會最》一卷、《慶曆集》三十卷等。

《乘異記》是一部筆記體志怪小説集，據《默記》卷下説是張君房知錢塘縣時「刊作大字板攜歸，印行于世」，陳振孫《直齋書録解題》説書前有咸平癸卯序，因此此書當編撰于真宗咸平六年，在大中祥符八年雕版面世。據晁公武《郡齋讀書志》記載，書前有張君房自序，談到書名時説：「乘者，載記之名；異者，非常之事。」書中主要記載的是仙道、幻術、征驗和鬼神變怪等神異之事，大多是君房創作而成。如君房同年白稹常輕其爲人，君房心銜之，在書中説稹死後變爲鼋。書刊行後，某日君房爲白稹子毆擊，令君房毀書版，「君房哀祈如約，乃得去」。

據《郡齋讀書志》、《直齋書録解題》《文獻通考·經籍考》、《宋史·藝文志》記載，此書最初爲三卷，凡十一門七十五事，後散佚。今書共存有兩個節本，一爲《類説》卷八收有該書十一事，另一爲《紺珠集》卷一一收有該書四事。《紺珠集》中有三事與《類説》相同，僅一條《類説》未收。委宛山堂《説郛》本所收四事，與《紺珠集》完全相同。清中期馬俊良《龍威秘書》第五集所收爲《説郛》本，亦僅四事。明清一些類書、韻書所録此書的一些條目，主要來源於上述二個節本。此書另還有若干佚文留存，如韓國成任編《太平通載》卷六六引《乘異》三事，都爲神鬼之事，亦應是此書佚文。南宋范成大《吴郡志》卷四四、元楊譓《至正昆山郡志》卷六有引《乘異記》一事，亦應是佚文。蘇軾《漁樵閒話》下篇和王銍《默記》卷下各有一條，文字或有改動，但亦是二則佚文。

本次整理，我們主要收録了兩個節本的十二條材料，對兩節本重複的三條作了對校。另外各書收録的若干條佚文，一併附在後面，没有標題者不再另擬。校點難免有誤，敬請大家批評指正。

天水碧

李後主末年，宮人競服碧衣，取靛花盛天雨水，澄而染之，號天水碧。

道士唱感庭秋詞

蜀有狂道士，詣紫極宮謁杜光庭先生，求安泊。朝夕飲醉，謳歌《感庭秋》詞。一夕，燈燭熒煌，列席甚盛，道士正坐，二青衣童侍立。光庭窺戶，曰：「識度凡淺，不料上仙降監。」匍匐門下，冀拜光靈。道士曰：「何辱先生勤學如此！」乃令二童收拾筵具，摺擛之，隨手而小如符子狀。又將二童合爲一木偶，可寸許，悉納冠中，乃啓戶。光庭欣然而入，已無見矣，但四壁焉。

陶穀換眼【一】

陶穀少時，夢數吏云【二】：「奉符換眼。」吏附耳求錢十萬，安第一眼【三】，穀不應。又

校勘記

【一】陶穀換眼　《紺珠集》卷一一、宛委山堂《説郛》本卷一一八作「安第三等眼」。

【二】夢數吏云　《紺珠集》、《説郛》本作「夢爲吏追去云」。

【三】第一眼　《紺珠集》、《説郛》本作「第一等眼」。

云錢五萬，安第二眼【四】，復不答。吏曰：「止安第三眼【五】。」即以二彈丸納眼中。既覺，眼色深碧【六】。後有善相道士陳紫陽曰【七】：「好貴人貴氣，奈一雙鬼眼，何必不至大位【八】。」

李昱爲師子國王

賈黄中守金陵，恍惚有人展刺云：「前國主李昱祇謁。」既見，乃清瘦道士也。賈知其意，乃曰：「太師安得及此？」李曰：「某幼擇釋氏，未至通達，誤有所見。今爲師子國王，適思鍾山，故來相見。」懷中取詩授賈，忽然不見。詩曰：「異國非所志，煩勞殊未閒。風濤千萬里，無復見鍾山。」載閱之，隨手灰滅。

秦婦罰爲牝羊

劉道芳爲蓬溪令，秩滿歸京，夜宿縣界富民秦氏。忽見一紅裳婦人泣曰：「妾本秦氏子婦，夫婿市一妾，性剛不相下，遂爲兒鞭撻而死。其妾訴于陰府追攝，兒已償命，餘業罰爲牝羊，今在秦氏之欄。以員外經過，將烹爲饌，念爲羊固甘忍死，腹中有羔就烹，其業轉甚，候娩就死無恨。」道芳戒主人出，致意云：「私忌不茹葷血，切勿烹宰。」遲明有人出，告之，笑曰：「適已烹羊。」道芳嘆訝，告以夜來之事。秦氏舉家感傷，内其羔于腹中

【四】第二眼　《紺珠集》、《説郛》本作「第二等眼」。

【五】止安第三眼　《紺珠集》、《説郛》本作「只得第三等眼矣」。

【六】眼色深碧　《紺珠集》、《説郛》本作「眼睛深碧色」。

【七】陳紫陽　《紺珠集》、《説郛》本「陽」後有「相穀」兩字。

【八】何必不至大位　《紺珠集》、《説郛》本作「固當清貴，然不至大位也」；《説郛》本「也」字後有「後果然」三字。

瘗之。

桐葉題詩

張士傑客壽陽被酒，歷淮濱入龍祠，見後帳龍女塑像甚美，乃於桐葉題詩，投帳中曰：「我是夢中傳彩筆，書於葉上寄朝雲。」忽見舍有美女【九】，士傑遂詣置酒，女吟曰：「落帆且泊小沙灘，霜月無波淮上寒。若向江湖得消息，爲傳風水到長安。」士傑昏醉既醒，孤坐于廟門之石【一〇】。小女奴曰：「娘子傳語還，君桐葉勿復置念。」

龍有雄雌【一一】

劉洞微善畫龍【一二】。一日，有夫婦造門，曰【一三】：「龍有雄雌，其狀不同。雄者角峭浪，凹目深鼻【一四】，豁鬣，大鱗密【一五】，上壯下殺，朱火煒煒。雌者角靡浪，平目肆鼻，直鬣【一六】，圓鱗薄，尾壯於腹。」洞微聳然曰【一七】：「何以知之【一八】？」其人曰：「身乃龍也【一九】。」化爲雙龍飛去。

化鶴丹

許邀有幻術。每爲人燒丹，必厚取以市藥造爐【二〇】，俾其人自守之【二一】。每燒，以

【九】忽見舍有美女　「舍」，《佩文韻府》卷五二之一作「一舍」。

【一〇】廟門之石　「石」，《佩文韻府》卷五一之一作「右」。

【一一】龍有雄雌　《紺珠集》、《説郛》本作「論雌雄龍」。

【一二】劉洞微　「微」，《紺珠集》、《説郛》本、《佩文韻府》卷一六之十作「徽」。

【一三】夫婦造門曰　《紺珠集》、《説郛》本、《佩文韻府》作「夫婦二人造門觀畫因謂劉曰」。《格致鏡原》卷九十作「夫婦造門觀畫因謂曰」。

【一四】角峭浪凹目　《紺珠集》、《説郛》本、《格致鏡原》、《天中記》卷五六、《詩傳名物集覽》卷一作「角浪凹峭目」。

【一五】谽鬣大鱗密　「鬣」，《紺珠集》、《説郛》本、《佩文韻府》作「鬐」；「大」，作「尖」。

【一六】直鬣　「鬣」，《紺珠集》、《説郛》本作「鬐」。

【一七】洞微聳然曰　《紺珠集》、《説郛》本作「劉不能平作色問」。《格致鏡原》、《天中記》作「劉不能平問之」。

【一八】何以知之　「知」，《紺珠集》、《説郛》本作「名」。

四十九日成。將成，必有犬逐猫，觸其爐破，有雙鶴飛去。每每如此，人呼化鶴丹。

秘閣壁詩

淳化中，秘閣上高壁有詩一聯，云：「涼風送炎去，庭樹葉齊落。」後月餘，宋炎、葉齊直舒，俱以事出。

蠶飛

端拱中，常、潤民蠶大眠起後，一旦有蟲如蝗，翳日而飛過江北去。有力不及而墮者，乃蠶也。是年，通、泰民家蠶有獲數十倍者，後吴中大饑，民死大半。

王生不食

張生，京城賊功也。有王山人者，往來洽熟，知不食烟火已五十年，張求之，王以「二物鋪三貼併服二日。初一日，覺甚饑，慎勿思食。二日猶饑，不可念食。三日後，即永不食矣」。生服之，果應。數年後，忽見王生氣息羸弱，生哀之，曰：「吾兄絶食之久，何有此病？」王曰：「藥毒因循，不曾解之故也。君他日藥自發，亦當如是。」生欲藥無發，王曰：「歸湌葵羹，服巴豆，腹中之藥後可無患。」生歸服之，下泄數日，其臭皆香。後下黄脂一塊，光瑩中有小孔，可容釵股，乃通氣上下往來之所。凡下三塊，即曩日所鋪二物也。後忽逢王君，顔采如舊。生喜問之，云是前藥之功，即不解亦不至害人。生大追悔，乃悟王生見試也。（以上《類説》卷八）

沈彬石墓【二二】

郎官沈彬既葬，掘地得石墓，中有石蓮花燈三碗，無他物。傍有銘云：「開成一年開【二三】，雖開即不埋。漆燈猶不點【二四】，留待沈彬來。」因就葬之【二五】。（《紺珠集》卷一一、宛委山堂《説郛》本卷一一八）

謝知遠

前江州德安令謝知遠，説德安縣署内廚南，每于陰晦，若聞人有哭泣者，其聲甚悲咽。暨往聽之，又絶無影響。謝素剛直，雅不爲信。時院内少浴室，遂令平治其地，建浴室一間。既就，未暇湯沐，見一婦人以帛著項，滿胸血痕，自浴室中而出，小大驚怖而走。謝竟來觀，尚隱約而見，遂仗劍逐之，乃入浴室。去後數數而見，謝亦無如之何。有老吏告曰：「數十年前，李氏有宗子嘗宰此邑者，聞有寵妾一人，以奸得罪。李鞭胸二十，以巾縊而死，埋於所犯舍下，恐員外所見者是其鬼矣。」謝大然之。乃令掘其浴室，深五尺外，

【一九】身乃龍也　《紺珠集》、《説郛》本、《格致鏡原》、《天中記》此句後有「請公觀之遂」五字。

【二〇】必厚取以市藥　「以」，《紺珠集》、《説郛》本作「其資云」。

【二一】自守之　《紺珠集》、《説郛》本「守」後有「而候」兩字。

【二二】沈彬石墓　「墓」，《分門古今類事》卷一七作「燈」。

【二三】開成一年開　「一年」，《分門古今類事》作「二年」。

【一四】漆燈猶不點　「漆燈」，《分門古今類事》作「石燈」。

【一五】因就葬之　「就」，《分門古今類事》作「遂」。

得枯骸一具，乃焚之，後果絶其怪。出《乘異》。

徐繼周

池陽進士徐繼周，薄有家緒。端拱中，孫郎中邁得替歸京，郡中士子拜送于江滸。會日將晚，徐不及歸家，乃宿于法華精舍，蓋其還往所也。夜鐘始鳴，院僧備茶果，躬來召徐，忽失徐矣。乃秉炬遍於院閑僻處周索之，了無蹤跡，顧其院門及垣牆，又扃鐍完固。遲明，官司未窮所由，乃系其僧於非所。後一十五日，徐卻自池陽之東，約百余里曰焦山中出。且云始解帶後，倦怠將寢，忽有二吏至，云孫郎中請徐秀才，狼忙隨去，忿忿而行。俄至江岸，即非朝來孫郎中泊舟之所也。徐微訝之，詰二吏曰：「今夜已深，召我何往？」二吏曰：「郎中船不遠，但行可至。」徐益駭之，乃辭將歸。二吏怒曰：「郎中相召，今來到此何辭也！」徐知非人，又意其莊舍在近，乃大步南走。二吏逐之，徐且罵且逃，約走五里方逸，益大恐怖，於是得一岩石下宿。洎來晨，乃尋微徑而出，亦迷其莊之方向。日且高，複抵一村落，其居聚亦數十室，其居人競來相訊，然皆耆耋者，曰：「某等故與秀才鄰莊近矣。不因問津，何以見過？必且少駐。」共延徐入廳事，備酒饌甚豐潔，笑言諠譁，不覺至夜，遂宿其室。來日既別其家，乃令數豎子引道送徐伯莊。徐行約二十里間，複過一村落，其居處人煙，又勝昨宵。宿處複有老父數人來請，其筵饌亦倍。洎夜，又留宿之。明日告行，亦令人導往，且行約二十里，又過一村落，其人煙筵饌之禮，又倍之比夜。如是且行且宿，凡十有三日，徐忽怪悖之。明日，人導之行，又將至一村落，然已近一山，徐意謂焦山矣，乃不顧其人，望山而走。後見數老父果來奔逐，云：「秀才何不且住？何去之速也。」徐但不應之，走約十余里，方免。既困且息，憩於一樹傍。俄見樵者至，因訪路得歸莊，但覺心煩而嘔吐之，蝦蟹及青泥之狀。徐凡自寺中出，至得還，正十五日，竟不知所止村落老父之所，又是何怪也。出《乘異》。

毛舜

毛舜修進士業，寓止于陳之南頓，而頗殖資産。淳化癸巳中，陳蔡水潦大饑，流人父子不能相保，或男或女，有易斗粟而爲售者。舜於是擇其可養輩得八人，爲家之婢僕，年皆十四五。既一二年間，甚馴其指使。舜嘗有故來京師，以舟行，夜泊於村岸荒寂之所。中宵間，忽聞有人呼「毛舜」者數聲，舜於舟内望之，並不見人，亦不應。良久呼之。舜素有膽勇，不畏鬼神，遂引弓望其所呼處射之，於是止息。然心慮有災怪，乃卻回南頓，修釋氏法以禳之。數日後，舜卧堂中，未寢間又聞有呼者，舜遂诘之曰：「爾屢呼我者何神？作何災怪？豈我補壽將衰也。」答曰：「非敢爲災怪，但爲君占留卻我八個男女矣。君能善免而盡放之，我即去矣。」舜大異而諾之。至明，召其八人，具告之故，人惠錢二百文，手帕子一條，令其自遂。八人亦感戀而去。既散之街市，亦不知其所往。信宿後，方五更初，聞自外有人扣門甚急者，舜轉驚駭，問之，乃莊賓也。報云昨晚到莊南，古塚上有小人骸骨八具，每具邊有錢二百文，手帕子一條，然每帕上書云「還毛舜」三字。舜心異之，乃俱令掩瘞，竟不窮其怪。弘農楊儼説之。出《乘異》。（以上三條輯自《太平通載》卷六六）

咸平元年夏四月，昆山縣有漁婦李氏，張罾河上。得一白龜如錢大，其色玉瑩，朱眸雪尾【二六】，宮晝粲然。婦愛之，因授兒爲戲【二七】。又恐爲所傷，放於河【二八】。頃之，龜複在網，如是者三。婦雖怪之，然複棄去。中夜，岸有火熒熒，往觀之，白龜在焉。因取以歸。近村王道榮留龜置神像前，翌日失之。道榮私念，此或靈物。若虔禱，當複見，則必獻於官府。禱之，忽自鼠竇出，精瑩愈於前。乃具狀獻于縣令李維，維上之郡。時陳省華守蘇州之二歲也。異而神之，曰：「麟、鳳、龜、龍，王者之嘉瑞。今見於是，豈天意俾予尸之，以告新駿命耶？」即具表以聞。時張君房客于蘇，省華以白龜事訪之。君房曰：「按孫氏《瑞應圖》云，龜千歲，巢蓮葉之上。是龜之質，固可巢于蓮葉。而其出也，又將以應于千歲之運乎？且其色白，白，西方也。豈其應在西戎乎？龜者，歸也。西方其有逆命不廷之虜，畏威懷德歸我乎哉？」明年朔方叛帥李繼遷貢馬請命，遂有銀、夏、綏、宥四鎮之拜。君房嘗爲之頌，省華尋徙漳州。明年秋，賦試進士昆山進白龜詩。《乘異記》。

【二六】朱眸雪尾　《至正昆山郡志》卷六引《乘異記》作「黿眸朱尾」。

【二七】婦愛之因授兒爲戲　「愛之因」，《至正昆山郡志》作「取歸」。

【二八】放於河　「放」，《至正昆山郡志》作「縱」。

(《吴郡志》卷四四、《至正昆山郡志》卷六)

及作《乘異記》,載白積死：其友行舟,夢積曰：「我死罰爲鼋,汝来日舟過,當見我矣。」如其言,行舟見人聚觀,而烏鵲噪于岸,倚舟問之,乃漁人網得大鼋。其友買而放之于江中。(《默記》卷下)

張君房好志怪異,嘗記一人,劍州男子李忠者,因病而化爲虎也。忠既病久,而其子市藥歸,乃省其父。忠視其子,朵頤而涎出,子訝而視父,乃虎也,急走而出,與母弟返閉其室。旋聞哮吼之聲,穴壁而窺之,乃真虎也。(《漁樵闲话》下篇)

圖書在版編目(CIP)數據

全宋筆記. 第8編. 8 / 上海師範大學古籍整理研究所編.— 鄭州 : 大象出版社, 2017. 6
ISBN 978-7-5347-9274-8

Ⅰ.①全…　Ⅱ.①上…　Ⅲ.①中國歷史—史料—宋代
Ⅳ. ①K244. 066

中國版本圖書館 CIP 數據核字(2017)第 130182 號

全宋筆記

第八編　八

出 版 人　王劉純
特約編輯　陳　新
責任編輯　郭一凡
整體設計　張　勝
出版發行　大象出版社
　　　　　鄭州市開元路16號(450044)
製　　版　上海杰申電腦排版有限公司
印　　刷　北京匯林印務有限公司
版　　次　2017年7月第1版2017年7月第1次印刷
開　　本　640mm×960mm　1/16　23.25印張
字　　數　279千字
印　　數　1—3000册
定　　價　56.00元